D0062898

HISTORIA DE MAYTA

MARIO VARGAS LLOSA

HISTORIA
DE MAYTA

Seix Barral **Biblioteca Breve**

Cubierta: Amand Domènech

Primera edición: octubre 1984
Segunda edición: noviembre 1984

© 1984: Mario Vargas Llosa

Derechos exclusivos de edición en castellano
reservados para todo el mundo:
© 1984: Editorial Seix Barral, S. A.
Córcega, 270 - 08008 Barcelona

ISBN: 84-322-0507-9

Depósito legal: B. 36.479 - 1984

Impreso en España

I

CORRER en las mañanas por el Malecón de Barranco, cuando la humedad de la noche todavía impregna el aire y tiene a las veredas resbaladizas y brillosas, es una buena manera de comenzar el día. El cielo está gris, aun en el verano, pues el sol jamás aparece sobre el barrio antes de las diez, y la neblina imprecisa la frontera de las cosas, el perfil de las gaviotas, el alcatraz que cruza volando la quebradiza línea del acantilado. El mar se ve plomizo, verde oscuro, humeante, encabritado, con manchas de espuma y olas que avanzan guardando la misma distancia hacia la playa. A veces, una barquita de pescadores zangolotea entre los tumbos; a veces, un golpe de viento aparta las nubes y asoman a lo lejos La Punta y las islas terrosas de San Lorenzo y el Frontón. Es un paisaje bello, a condición de centrar la mirada en los elementos y en los pájaros. Porque lo que ha hecho el hombre, en cambio, es feo.

Son feas estas casas, imitaciones de imitaciones, a las que el miedo asfixia de rejas, muros, sirenas y reflectores. Las antenas de la televisión forman un bosque espectral. Son feas estas basuras que se acumulan detrás del bordillo del Malecón y se desparraman por el acantilado. ¿Qué ha hecho que en este lugar de la ciudad, el de mejor vista, surjan mulada-

7

res? La desidia. ¿Por qué no prohíben los dueños que sus sirvientes arrojen las inmundicias prácticamente bajo sus narices? Porque saben que entonces las arrojarían los sirvientes de los vecinos, o los jardineros del Parque de Barranco, y hasta los hombres del camión de la basura, a quienes veo, mientras corro, vaciando en las laderas del acantilado los cubos de desperdicios que deberían llevarse al relleno municipal. Por eso se han resignado a los gallinazos, las cucarachas, los ratones y la hediondez de estos basurales que he visto nacer, crecer, mientras corría en las mañanas, visión puntual de perros vagos escarbando los muladares entre nubes de moscas. También me he acostumbrado, estos últimos años, a ver, junto a los canes vagabundos, a niños vagabundos, viejos vagabundos, mujeres vagabundas, todos revolviendo afanosamente los desperdicios en busca de algo que comer, que vender o que ponerse. El espectáculo de la miseria, antaño exclusivo de las barriadas, luego también del centro, es ahora el de toda la ciudad, incluidos estos distritos —Miraflores, Barranco, San Isidro— residenciales y privilegiados. Si uno vive en Lima tiene que habituarse a la miseria y a la mugre o volverse loco o suicidarse.

Pero estoy seguro que Mayta nunca se habituó. En el Colegio Salesiano, a la salida, antes de subir al ómnibus que nos llevaba a Magdalena, donde vivíamos los dos, corría a darle a Don Medardo, un ciego harapiento que se apostaba con su violín desafinado a la puerta de la Iglesia de María Auxiliadora, el pan con queso de la merienda que nos repartían los Padres en el último recreo. Y los lunes le regalaba un real, que debía ahorrar de su propina del domingo. Cuando nos preparábamos para la primera comunión, en una de las pláticas, hizo dar un respingo al Padre Luis preguntándole a boca de jarro: «¿Por qué hay pobres y ricos, Padre? ¿No somos todos hijos de Dios?» Andaba siempre hablando de los pobres, de los ciegos, de los tullidos, de los huérfanos, de los locos callejeros, y la última vez que lo vi, muchos años después de haber sido condiscípulos salesianos, volvió a su viejo tema, mientras tomábamos un café en la Plaza San Martín: «¿Has visto la cantidad de mendigos, en Lima? Miles de miles.» Aun antes de su famosa huelga de hambre, en la clase muchos creíamos que sería cura. En ese tiempo, preocuparse por los miserables nos parecía cosa de aspirantes a la tonsura, no de revolucionarios. Entonces sabíamos mucho de religión, poco de política y absolutamente nada de revolución. Mayta era un gordito crespo, de pies planos, con los dientes separados y una manera de caminar marcando las dos menos diez. Iba siempre de pantalón corto, con una chompa de motas verdes y una chalina friolenta que conservaba en las clases. Lo fastidiábamos mucho por preocuparse de los pobres, por ayudar a decir misa, por rezar y santiguarse con tanta devoción, por lo malo que era jugando fútbol, y, sobre todo, por llamarse Mayta. «Cómanse sus mocos», decía él.

Por modesta que fuera su familia, no era el más pobre del colegio. Los alumnos del Salesiano nos confundíamos con los de los colegios fiscales, porque el nuestro no era un colegio de blanquitos como el Santa María o La Inmaculada, sino de chicos de estratos pobres de la clase media, hijos de empleados, funcionarios, militares, profesionales sin mucho éxito, artesanos y hasta obreros calificados. Había entre nosotros más cholos que blancos, mulatos, zambitos, chinos, niseis, sacalaguas y montones de indios. Pero aunque muchos salesianos tenían la piel cobriza, los pómulos salientes, la nariz chata y el pelo trinche, el único de nombre indio que yo recuerde era Mayta. Por lo demás, no había en él más sangre india que en cualquiera de nosotros y su piel

9

paliducha verdosa, sus cabellos ensortijados y sus facciones eran los del peruano más común: el mestizo. Vivía a la vuelta de la parroquia de La Magdalena, en una casita angosta, despintada y sin jardín, que yo conocí muy bien, porque durante un mes fui allí todas las tardes a que leyéramos juntos, en voz alta, *El conde de Montecristo*, novela que me habían regalado en mi cumpleaños y que a los dos nos encantó. Su madre trabajaba de enfermera en la Maternidad y ponía inyecciones a domicilio. La veíamos desde la ventanilla del ómnibus, cuando abría la puerta a Mayta. Era una señora robusta, de cabellos grises, que daba a su hijo un beso expeditivo, como si le faltara tiempo. A su papá nunca lo vimos y yo estaba seguro que no existía, pero Mayta juraba que andaba siempre de viaje, por su trabajo, pues era ingeniero (la profesión reverenciada de aquellos tiempos).

He terminado de correr. Veinte minutos de ida y vuelta entre el Parque Salazar y mi casa es decoroso. Además, mientras corría, he conseguido olvidar que estaba corriendo y he resucitado las clases en el Salesiano y la cara seriota de Mayta, sus andares bamboleantes y su voz de pito. Está ahí, lo veo, lo oigo y lo seguiré viendo y oyendo mientras se normaliza mi respiración, hojeo el periódico, desayuno, me ducho y comienzo a trabajar.

Cuando su madre murió —estábamos en tercero de media—, Mayta se fue a vivir con una tía que era también su madrina. Hablaba de ella con cariño y nos contaba que le hacía regalos en la Navidad y en su santo y que lo llevaba a veces al cine. Debía ser muy buena, en efecto, pues la relación entre él y Doña Josefa se mantuvo después de que Mayta se independizó. A pesar de los percances de su vida, la siguió visitando regularmente a lo largo de los años y fue en casa de ella, precisamente, que tuvo lugar aquel encuentro con Vallejos.

10

¿Cómo es ahora, un cuarto de siglo después de aquella fiesta, Doña Josefa Arrisueño? Me lo pregunto desde que hablé con ella por teléfono y, venciendo su desconfianza, la persuadí que me recibiera. Me lo pregunto al bajar del colectivo que me deja en la esquina del Paseo de la República y la Avenida Angamos, a las puertas de Surquillo. Éste es un barrio que conozco bien. Venía de chico, con mis amigos, en noches de fiesta, a tomar cerveza en El Triunfo, a traer zapatos a renovar y ternos a darles la vuelta, y a ver películas de cowboys en sus cines incómodos y malolientes: el Primavera, el Leoncio Prado, el Maximil. Es uno de los pocos barrios de Lima que casi no ha cambiado. Todavía está lleno de sastres, zapateros, callejones, imprentas con cajistas que componen los tipos a mano, garajes municipales, bodeguitas cavernosas, barcitos de tres por medio, depósitos, tiendas de medio pelo, pandillas de vagos en las esquinas y chiquillos que patean una pelota en plena pista, entre autos, camiones y triciclos de heladeros. La muchedumbre en las veredas, las casitas descoloridas de uno o dos pisos, los charcos grasientos, los perros famélicos parecen los de entonces. Pero, ahora, estas calles antaño sólo hamponescas y prostibularias son también marihuaneras y coqueras. Aquí tiene lugar un tráfico de drogas aún más activo que en La Victoria, el Rímac, el Porvenir o las barriadas. En las noches, estas esquinas leprosas, estos conventillos sórdidos, estas cantinas patéticas, se vuelven «huecos», lugares donde se vende y se compra «pacos» de marihuana y de cocaína y continuamente se descubren, en estos tugurios, rústicos laboratorios para procesar la pasta básica. Cuando la fiesta que cambió la vida de Mayta, estas cosas no existían. Muy poca gente sabía entonces en Lima fumar marihuana, y la cocaína era cosa de bohemios y de boites de lujo, algo que usaban sólo algunos noctámbulos para quitarse la borrachera y continuar la farra. La droga estaba lejos de convertirse en el negocio más próspero de este país y de extenderse por toda la ciudad. Nada de eso se ve, mientras camino por el Jirón Dante hacia su encuentro con el Jirón González Prada, como debió hacerlo Mayta aquella noche, para llegar a casa de su tía-madrina, si es que vino en ómnibus, colectivo o tranvía, pues en 1958 todavía traqueteaban los tranvías por donde ruedan ahora, veloces, los autos del Zanjón. Estaba cansado, aturdido, con un leve zumbido en las sienes y unas ganas enormes de meter los pies en el lavador de agua fría. No había mejor remedio contra la fatiga del cuerpo o del ánimo: esa sensación fresca y líquida en las plantas, el empeine y los dedos de los pies sacudía el cansancio, el desánimo, el malhumor, levantaba la moral. Había caminado desde el amanecer, tratando de vender *Voz Obrera* en la Plaza Unión a los trabajadores que bajaban de los ómnibus y tranvías y entraban a las fábricas de la Avenida Argentina, y, luego, hecho dos viajes desde el cuarto del Jirón Zepita hasta la Plaza Buenos Aires, en Cocharcas, llevando primero unos esténciles y luego un artículo de Daniel Guérin, traducido de una revista francesa, sobre el colonialismo francés en Indochina. Había estado horas de pie en la minúscula imprenta de Cocharcas, que, pese a todo, seguía editando el periódico (con pie de imprenta falso y cobrando por adelantado), ayudando al tipógrafo a componer los textos y corrigiendo pruebas, y, luego, tomando un solo ómnibus en vez de los dos que hacía falta, ido al Rímac, donde, en un cuartito de la Avenida Francisco Pizarro, dirigía todos los miércoles un círculo de estudios con un grupo de estudiantes de San Marcos y de Ingeniería. Y después, sin darse un respiro, con el estómago que protestaba porque en todo el día sólo le había echado un plato de arroz con menestras en el restaurante universitario del Jirón Moquegua (al

12

que aún tenía acceso por un carnet del año de la mona, que cada cierto tiempo falsificaba, actualizándolo), había asistido a la reunión del Comité Central del POR(T), en el garaje del Jirón Zorritos, que había durado dos horas largas, humosas y polémicas. ¿Quién podía tener ganas de una fiesta después de ese trajín? Aparte de que siempre había detestado las fiestas. Las rodillas le temblaban y sus pies parecían pisar ascuas. Pero ¿cómo no ir? Salvo por ausencia o cárcel, nunca había faltado. Y en el futuro, cansado o no, con los pies deshechos o no, tampoco faltaría, aunque fuera sólo para una visita veloz, el tiempo de decirle a la tía que la quería. La casa estaba llena de ruido. La puerta se abrió en el acto: hola, ahijado.

—Hola, madrina —dijo Mayta—. Feliz cumpleaños.

—¿La señora Josefa Arrisueño?

—Sí. Pase, pase.

Es una mujer que se conserva bien, pues tiene que haber dejado atrás los setenta. No lo delata en absoluto: su piel no luce arrugas y en sus cabellos trigueños hay pocas canas. Es regordeta pero bien formada, con unas caderas abundantes y un vestido lila ceñido por una correa roja. La habitación es amplia, oscura, con sillas disímiles, un gran espejo, una máquina de coser, un televisor, una mesa, un Señor de los Milagros, un San Martín de Porres, fotografías en la pared y un florero con rosas de cera. ¿Fue aquí la fiesta en la que Mayta conoció a Vallejos?

—Aquí mismo —asiente la señora Arrisueño, echando una mirada circular. Me señala una mecedora atiborrada de periódicos—: Los estoy viendo, ahí, conversa y conversa.

No había mucha gente, pero sí humo, voces, retintín de vasos y el vals *Idolo* a todo el volumen del picup. Una pareja bailaba y varias seguían el ritmo de la música batiendo palmas o canturreando. Mayta sintió, como siempre, que sobraba, que en cualquier momento metería la pata. Nunca tendría desenvoltura para alternar en sociedad. La mesa y las sillas habían sido arrinconadas de modo que hubiera sitio para bailar y alguien tenía una guitarra en los brazos. Estaban las gentes previsibles y otras más: sus primas, sus enamorados, vecinos del barrio, parientes y amistades que recordaba de otros cumpleaños. Pero al flaquito parlanchín lo veía por primera vez.

—No era un amigo de la familia —dice la señora Arrisueño—, sino enamorado o pariente o algo de una amiga de Zoilita, la mayor de mis hijas. Ella lo trajo y nadie sabía nada de él.

Pero pronto supieron que era simpático, bailarín, bueno para el trago, contador de chistes y conversador. Después de saludar a sus primas, Mayta, con un sandwich de jamón en una mano y un vaso de cerveza en la otra, buscó una silla donde derrumbar su cansancio. La única libre estaba junto al flaquito, quien, de pie, accionando, mantenía atento a un corro de tres: las primas Zoilita y Alicia y un viejo en zapatillas de levantarse. Tratando de pasar desapercibido, Mayta se sentó junto a ellos, a esperar que corriera el tiempo prudente para irse a dormir.

—Nunca se quedaba mucho —dice la señora Arrisueño, revolviendo sus bolsillos en pos de un pañuelo—. No le gustaban las fiestas. No era como todo el mundo. Nunca lo fue, ni de chico. Siempre serio, siempre formalito. Su madre decía: «nació viejo». Ella era mi hermana ¿sabe? El nacimiento de Mayta fue la desgracia de su vida, porque, apenas supo que había quedado embarazada, su novio se hizo humo. Hasta nunca jamás. ¿Usted cree que Mayta sería así por no haber tenido padre? Sólo venía a mi santo por cumplir conmigo. Yo me lo traje aquí cuando murió mi hermana. Fue el hombrecito que

14

no me dio Dios. Sólo hijas tuve. Zoilita y Alicia. Las dos en Venezuela, casadas y con hijos. Les va muy bien allá. Yo hubiera podido casarme de nuevo, pero mis hijas se oponían tanto que me quedé viuda no-más. Un gran error, le digo. Porque, ahora, vea usted lo que es mi vida, sola como un hongo y expuesta a que los ladrones se metan aquí cualquier día. Mis hijas me mandan algo todos los meses. Si no fuera por ellas, no pararía la olla ¿sabe?

Mientras habla, me examina, disimulando apenas su curiosidad. Tiene una voz con gallos, parecida a la de Mayta, unas manos como tamales, y, aunque sonría a veces, ojos tristes y aguanosos. Se queja de la vida que sube, de los atracos callejeros —«No hay una sola vecina en esta calle que no haya sido asaltada por lo menos una vez»—, del robo a la sucursal del Banco de Crédito con un tiroteo que causó tantas desgracias, y de no haber podido irse también a Venezuela, donde al parecer sobra la plata.

—En el Salesiano, creíamos que Mayta se metería de cura —le digo.

—Mi hermana también lo creía —asiente, sonándose—. Y yo. Se persignaba al pasar por las iglesias, comulgaba cada domingo. Un santito. Quién lo hubiera dicho ¿no? Que terminara comunista, quiero decir. En ese tiempo parecía imposible que un beato se volviera comunista. También eso cambió, ahora hay muchos curas comunistas ¿no? Me acuerdo clarito el día que entró por esa puerta.

Avanzó hasta ella con sus libros del colegio bajo el brazo y, cerrando los puños como si fuera a trompearse, recitó de un tirón lo que venía a anunciarle, esa decisión que lo había tenido en vela toda la noche:

—Comemos mucho, madrina, no pensamos en los pobres. ¿Sabes lo que comen ellos? Te advierto que, desde hoy, sólo tomaré una sopa al mediodía y un pan en la noche. Como Don Medardo, el cieguito.

15

—Por esa ventolera terminó en el hospital —recuerda Doña Josefa.

La ventolera le duró varios meses y lo fue enflaqueciendo, sin que en la clase adivináramos el porqué, hasta que el Padre Giovanni nos lo reveló, lleno de admiración, el día que lo internaron en el Hospital Loayza. «Todo este tiempo ha estado privándose de comer, para identificarse con los pobres, por solidaridad humana y cristiana», murmuraba, pasmado con lo que la madrina de Mayta había venido a contar al colegio. A nosotros la historia nos dejó confusos, tanto que no nos atrevimos a hacerle muchas bromas cuando volvió, repuesto a base de inyecciones y tónicos. «Este muchacho dará que hablar», decía el Padre Giovanni. Sí, dio que hablar, pero no en el sentido que usted creía, Padre.

—En mala hora se le ocurrió venir esa noche —suspira la señora Arrisueño—. Si no hubiese venido, no habría conocido a Vallejos y no habría pasado nada de lo que pasó. Porque fue Vallejos el invencionero, eso lo sabe todo el mundo. Mayta venía, me daba el abrazo y al ratito se iba. Pero esa noche se quedó hasta el último, habla que habla con Vallejos, en ese rincón. Habrán pasado veinticinco años y me acuerdo como si fuera ayer. La revolución para aquí, la revolución para allá. Toda la santa noche.

¿La revolución? Mayta se volvió a mirarlo. ¿Había hablado el muchacho o el viejo en zapatillas?

—Sí, señor, mañana mismo —repitió el flaquito, elevando el vaso que empuñaba en la mano derecha—. La revolución socialista podría empezar mañana mismo, si quisiéramos. Como se lo digo, señor.

Mayta volvió a bostezar y se desperezó, sintiendo cosquillas en el cuerpo. El flaquito hablaba de la revolución socialista con el mismo desparpajo con que, un momento atrás, contaba chistes de Otto y Fritz o la última pelea de «nuestro crédito nacional, Frontado». A pesar de su cansancio, Mayta se puso

16

a escuchar: eso que estaba pasando en Cuba no era nada comparado con lo que podría pasar en el Perú, si quisiéramos. El día que los Andes se muevan, el país entero temblará. ¿Sería aprista? ¿Sería rabanito? Pero, un comunista en la fiesta de su madrina, imposible. Mayta no recordaba haber oído jamás hablar a nadie de política en esta casa.

—¿Y qué está pasando en Cuba? —preguntó la prima Zoilita.

—Ese Fidel Castro juró que no se cortará la barba hasta derrocar a Batista —se rió el flaquito—. ¿No has visto lo que hacen por el mundo los del 26 de Julio? Pusieron una bandera en la estatua de la libertad, en Nueva York. Batista se hunde, es ya un colador.

—¿Quién es Batista? —preguntó la prima Alicia.

—Un déspota —explicó el flaquito, con ímpetu—. El dictador de Cuba. Lo que pasa allá no es nada comparado con lo que puede pasar acá. Gracias a nuestra geografía, quiero decir. Un verdadero regalo de Dios para la revolución. Cuando los indios se alcen, el Perú será un volcán.

—Bueno, pero ahora bailen —dijo la prima Zoilita—. Aquí se viene a bailar. Voy a poner algo movido.

—Las revoluciones son cosa seria, yo por lo menos no soy partidario —oyó Mayta decir al anciano en zapatillas, con voz pedregosa—. Cuando el levantamiento aprista de Trujillo, el año treinta, hubo una matanza de padre y señor mío. Los apristas se metieron al cuartel y liquidaron no sé cuántos oficiales. Sánchez Cerro mandó aviones, tanques, los aplastó y fusilaron a mil apristas en las ruinas de Chan Chan.

—¿Usted estuvo ahí? —abrió los ojos el flaquito, entusiasmado. Mayta pensó: «Las revoluciones y los partidos de fútbol son para él la misma cosa».

—Yo estaba en Huánuco, en mi peluquería —dijo

17

el viejo en zapatillas—. Hasta allá arriba llegaron ecos de la matanza. A los pocos apristas que había en Huánuco, los correteó y metió en cintura el Prefecto. Un militarcito de mal genio, muy enamoradizo. El Coronel Badulaque.

Al poco rato, la prima Alicia también se fue a bailar y el flaquito pareció desanimarse al ver que se había quedado con el anciano de único interlocutor. Descubriendo a Mayta, le estiró el vaso: salud, compadre.

—Salud —dijo Mayta, chocando su vaso.

—Me llamo Vallejos —dijo el flaquito, estrechándole la mano.

—Y yo Mayta.

—Por hablar tanto, perdí a mi pareja —se rió Vallejos, señalando a una muchacha con cerquillo, a la que Pepote, un lejano primo de Alicia y Zoilita, trataba de pegarle la cara mientras bailaban *Contigo en la distancia*—. Si la aprieta un poco más, Alci le manda su sopapo.

Parecía de dieciocho o diecinueve, por su esbeltez, su cara lampiña y su pelo cortado casi al rape, pero, pensó Mayta, no debía ser tan joven. Sus ademanes, tono de voz, seguridad, sugerían alguien más cuajado. Tenía unos dientes grandes y blancos que le alegraban la cara morena. Era uno de los pocos que llevaba saco y corbata, y, además, un pañuelito en el bolsillo. Sonreía todo el tiempo y había en él algo directo y efusivo. Sacó una cajetilla de Inca y ofreció un cigarrillo a Mayta. Se lo encendió.

—Si la revolución aprista del treinta hubiera triunfado, otro gallo cantaría —exclamó, echando humo por la nariz y por la boca—. No habría tanta injusticia ni desigualdad. Se habrían cortado las cabezas que hay que cortar y el Perú sería otro. No creas que soy aprista, pero al César lo que es del César. Yo soy socialista, compadre, por más que digan que militar y socialista no cuadran.

18

—¿Militar? —respingó Mayta.

—Alférez —asintió Vallejos—. Me recibí el año pasado, en Chorrillos.

Carambolas. Ahora entendió de dónde salían el corte de pelo de Vallejos y sus maneras impulsivas. ¿Era eso lo que llamaban don de mando? Increíble que un militar hubiera dicho esas cosas.

—Fue una fiesta histórica —afirma la señora Josefa—. Porque Mayta y Vallejos se conocieron y también porque mi sobrino Pepote conoció a Alci. Se enamoró de ella y dejó de ser el vago y mataperro que era. Buscó trabajo, se casó con Alci y se fueron a Venezuela también, quién como ellos. Pero parece que andan ahora cada uno por su lado. Ojalá que sean sólo chismes. Ah, lo reconoce ¿no? Sí, es Mayta. Hace un montón de años.

En la imagen, esfumada en los contornos, amarillenta, parece de cuarenta o más. Es una instantánea de fotógrafo ambulante, tomada en una plaza irreconocible, con poca luz. Está de pie, una bufanda suelta sobre los hombros y una expresión de incomodidad, como si la resolana le hiciera cosquillas en los ojos o lo avergonzara posar ante los transeúntes, en plena vía pública. Lleva en la mano derecha un maletín o un paquete o una carpeta, y, a pesar de lo borroso de la imagen, se advierte lo mal vestido que está: los pantalones bolsudos, el saco descentrado, la camisa con un cuello demasiado ancho y una corbata con un nudito ridículo y mal ajustado. Los revolucionarios usaban corbata entonces. Tiene los cabellos alborotados y crecidos y una cara algo distinta a la de mi memoria, más llena y ceñuda, una seriedad crispada. Ésa es la impresión que comunica la fotografía: un hombre con un gran cansancio a cuestas. De no haber dormido lo suficiente, haber caminado mucho, o, incluso, algo más antiguo, la fatiga de una vida que ha llegado a una frontera, todavía no la vejez pero que puede serlo si atrás de ella no

19

hay, como en el caso de Mayta, más que ilusiones rotas, frustraciones, equivocaciones, enemistades, perfidias políticas, estrecheces, malas comidas, cárcel, comisarías, clandestinidad, fracasos de toda índole y nada que remotamente se parezca a una victoria. Y, sin embargo, en esa cara exhausta y tensa se trasluce también de algún modo esa probidad secreta, incólume ante los reveses, que siempre me maravillaba reencontrar en él a lo largo de los años, esa pureza juvenil, capaz de reaccionar con la misma indignación contra cualquier injusticia, en el Perú o en el último rincón del mundo, y esa convicción justiciera de que la única tarea impostergable y urgentísima era cambiar el mundo. Una foto extraordinaria, sí, que atrapó de cuerpo entero al Mayta que conoció Vallejos aquella noche.

—Yo le pedí que se la tomara —dice Doña Josefa, volviendo a colocarla en la repisita—. Para tener un recuerdo de él. ¿Ve esas fotos? Todos parientes, algunos lejanísimos. La mayoría muertos ya. ¿Ustedes eran muy amigos?

—Dejamos de vernos muchos años —le digo—. Después, nos encontrábamos algunas veces, pero muy de cuando en cuando.

Doña Josefa Arrisueño me mira y yo sé lo que piensa. Quisiera tranquilizarla, disipar sus dudas, pero es imposible porque, a estas alturas, sé tan poco de mis proyectos sobre Mayta como ella misma.

—¿Y qué va a escribir sobre él? —murmura, pasándose la lengua por los labios carnosos—. ¿Su vida?

—No, su vida no —le respondo, buscando una fórmula que no la confunda más—. Algo inspirado en su vida, más bien. No una biografía sino una novela. Una historia muy libre, sobre la época, el medio de Mayta y las cosas que pasaron en esos años.

—¿Y por qué sobre él? —se anima la señora Arrisueño—. Hay otros más famosos. El poeta Javier Heraud, por ejemplo. O los del MIR, de la Puente, Lobatón, esos de los que se habla siempre. ¿Por qué Mayta? Si de él no se acuerda nadie.

En efecto ¿por qué? ¿Porque su caso fue el primero de una serie que marcaría una época? ¿Porque fue el más absurdo? ¿Porque fue el más trágico? ¿Porque, en su absurdidad y tragedia, fue premonitorio? ¿O, simplemente, porque su persona y su historia tienen para mí algo invenciblemente conmovedor, algo que, por encima de sus implicaciones políticas y morales, es como una radiografía de la infelicidad peruana?

—O sea que tú no crees en la revolución —simuló escandalizarse Vallejos—. O sea que eres de los que creen que el Perú seguirá tal cual hasta el fin de los tiempos.

Mayta le sonrió, negando.

—El Perú cambiará. La revolución vendrá —le explicó, con toda la paciencia del mundo—. Pero tomará su tiempo. No es tan fácil como tú crees.

—En realidad, es fácil, yo te lo digo porque lo sé —Vallejos tenía la cara brillante de sudor y los ojos tan fogosos como las palabras—. Es fácil si conoces la topografía de la sierra, si sabes disparar un Máuser y si los indios se alzan.

—Si los indios se alzan —suspiró Mayta—. Tan fácil como sacarse la lotería o el pollón.

La verdad, nunca soñó que el cumpleaños de la madrina resultara tan entretenido. Había pensado, al principio: «Es un provocador, un soplón. Sabe quién soy, quiere jalarme la lengua». Pero unos minutos después de estar conversando con él, estuvo seguro que no; era un angelito con alas, no sabía dónde estaba parado. Y, sin embargo, no sentía ninguna gana de tomarle el pelo. Lo divertía oírlo hablar de la revolución como de un juego o proeza deportiva, algo que se lograba con un poquito de esfuerzo e ingenio. Había en el muchacho tanta se-

21

guridad e inocencia, que provocaba seguir oyéndole esos disparates toda la noche. Se le había quitado el sueño y estaba en el tercer vaso de cerveza. Pepote bailaba siempre con Alci —el chotis *Madrid*, de Agustín Lara, coreado por la concurrencia— pero al Alférez parecía importarle un pito. Había arrastrado una silla junto a Mayta y sentado a horcajadas le explicaba que cincuenta hombres decididos y bien armados, empleando la táctica de las montoneras de Cáceres, podían encender la mecha del polvorín que eran los Andes. «Es tan joven que podría ser mi hijo, pensó Mayta. Y tan pintoncito. Debe tener todas las chicas que quiera.»

—¿Y tú a qué te dedicas? —dijo Vallejos.

Era una pregunta que siempre lo ponía incómodo, aunque estaba preparado para responderla. Su respuesta, media verdad media mentira, le sonó más falsa que otras veces:

—Al periodismo —dijo, preguntándose qué cara pondría el Alférez si lo oyera decir: «A eso de lo que hablas tanto, meando fuera de la bacinica. A la revolución, qué te parece».

—¿Y en qué periódico?

—En la Agencia France Presse. Hago traducciones.

—O sea que hablas franchute —hizo una morisqueta Vallejos—. ¿Dónde lo aprendiste?

—Solito, con un diccionario y un libro de idiomas que se ganó en una tómbola —me cuenta Doña Josefa—. Usted no me lo creerá pero yo lo vi con estos ojos. Se encerraba en su cuarto y repetía palabras, horas de horas. El párroco de Surquillo le prestaba revistas. Él me decía: «Ya entiendo algo, madrina, ya voy entendiendo». Hasta que lo entendió, porque se pasaba los días leyendo libros en francés, créame.

—Por supuesto que le creo —le digo—. No me extraña que lo aprendiera solito. Cuando se le me-

22

tía algo, lo hacía. He conocido pocas personas tan
tenaces como Mayta.

—Hubiera podido ser un abogado, un profesional
—se lamenta Doña Josefa—. ¿Sabía que ingresó a
San Marcos a la primera intentona? Y con buen
puesto. Muchachito todavía, de diecisiete o dieciocho a lo más. Hubiera podido sacar su título a los
veinticuatro o veinticinco. ¡Qué desperdicio, Dios
mío! ¿Y para qué? Para hacer política, para eso. No
tiene perdón de Dios.

—¿Estuvo muy poco en la Universidad, no es
cierto?

—A los pocos meses o, a lo más, al año, lo metieron preso —dice Doña Josefa—. Ahí empezaron
sus calamidades. Ya no regresó a esta casa, se fue a
vivir solo. Desde entonces de peor a pésimo. ¿Dónde
está tu ahijado? Escondido. ¿Dónde anda Mayta?
Preso. ¿Ya lo soltaron? Sí, pero lo andan buscando
de nuevo. Si le dijera todas las veces que la policía
vino aquí a revolverlo todo, a faltarme el respeto, a
darme sustos, creería que exagero. Y si le digo cincuenta veces me quedo corta. En vez de estar ganan-
do juicios, con la cabeza que le dio Dios. ¿Es vida
ésa?

—Sí, lo es —la contradigo, suavemente—. Dura,
si usted quiere. Pero, también, intensa y coherente.
Preferible a muchas otras, señora. No me puedo imaginar a Mayta envejeciendo en un bufete, haciendo
todos los días una misma cosa.

—Bueno, eso quizá sea verdad —asiente Doña Josefa, por educación, no porque esté convencida—.
Desde chiquito se podía adivinar que no tendría
una vida como los demás. ¿Se ha visto nunca que
un mocosito deje un buen día de comer porque en
el mundo hay gente que pasa hambre? Yo no me lo
creía ¿sabe? Se tomaba su sopa y dejaba lo demás.
Y en la noche, su pan. Zoilita, Alicia y yo nos burlá-
bamos: «Te das tus banquetes a escondidas, tram-

23

poso». Pero resulta que era cierto, no comía nada más. Si de chico le daba por eso, por qué no iba a ser de grande como fue.

—¿Viste *Deshojando la margarita*, con Brigitte Bardot? —cambió de tema Vallejos—. Yo la vi ayer. Unas piernas largas, largas, que se salen de la pantalla. Me gustaría ir a París alguna vez y ver a la Brigitte Bardot de carne y hueso.

—Déjate de hablar tanto y bailemos —Alci acababa de zafarse de Pepote y a tirones quería levantar a Vallejos de la silla—. No voy a pasarme toda la noche bailando con ese pesado que se me pega. Ven, ven, un mambo.

—¡Un mambo! —cantó el Alférez—. ¡Qué rico mambo!

Un momento después, giraba como un trompo. Bailaba con ritmo, moviendo las manos, haciendo figuras, cantando, y, animadas por su ejemplo, otras parejas comenzaron a hacer ruedas, trencitos, a intercambiarse. Pronto el salón fue un remolino que aturdía. Mayta se levantó y pegó su silla a la pared, para dejar más espacio a los bailarines. ¿Alguna vez bailaría como Vallejos? Nunca. Comparado con él, hasta Pepote era un as. Sonriendo, Mayta recordó la desagradable sensación de haberse convertido en el hombre de Cromagnon que lo invadía cada vez que no le quedaba más remedio que sacar a bailar a Adelaida, incluso los bailes más fáciles. No era su cuerpo el torpe, era esa cortedad, pudor, inhibición visceral, de estar tan cerca de una mujer lo que lo volvía un muñecón. Por eso había optado por no bailar sino a la fuerza, como cuando la prima Alicia o la prima Zoilita lo obligaban, lo que podía ocurrir ahora en cualquier momento. ¿Habría aprendido a bailar León Davidovich? Seguramente. ¿No decía Natalia Sedova que, descontando la revolución, había sido el más normal de los hombres? Padre cariñoso, esposo amante, buen jardinero, le encantaba dar de comer a los conejos. Lo más normal de los hombres normales era que les gustara bailar. A ellos el baile no les parecería, como a él, algo ridículo, una frivolidad, perder el tiempo, olvidar lo importante. «No eres un hombre normal, recuerda eso», pensó. Terminado el mambo, hubo aplausos. Habían abierto las ventanas a la calle, para que se aireara la sala, y, entre las parejas, Mayta podía ver las caras aplastadas contra los postigos y el alféizar de los mirones, ojos masculinos que devoraban a las mujeres de la fiesta. La madrina hizo un anuncio: había caldito de pollo, que vinieran a ayudarla. Alci corrió a la cocina. Vallejos vino a sentarse de nuevo junto a Mayta, sudando. Le ofreció un cigarrillo.

—En realidad, estoy y no estoy aquí —le guiñó un ojo con burla—. Porque debería estar en Jauja. Vivo allá, soy el jefe de la cárcel. No debería moverme, pero me doy mis escapadas cuando se presenta la ocasión. ¿Conoces Jauja?

—Conozco otras partes de la sierra —dijo Mayta—. Jauja, no.

—¡La primera capital del Perú! —hizo el payaso Vallejos—. ¡Jauja! ¡Jauja! ¡Qué vergüenza que no la conozcas! Todos los peruanos deberían ir a Jauja.

Y, casi sin transición, Mayta lo oyó enfrascarse en un discurso indigenista: el Perú verdadero estaba en la sierra y no en la costa, entre los indios y los cóndores y los picachos de los Andes, y no aquí, en Lima, ciudad extranjerizante y ociosa, antiperuana, porque desde que la fundaron los españoles había vivido con la mirada en Europa y en Estados Unidos, de espaldas al Perú. Eran cosas que Mayta había oído y leído muchas veces, pero sonaban distintas en boca del Alférez. La novedad estaba en la manera despercudida y sonriente que las decía, arrojando argollas de humo gris. Había en su manera de hablar algo espontáneo y vital que mejoraba lo que decía. ¿Por qué este muchacho le traía esa nostalgia, esa sensación de algo definitivamente extinto? «Porque es sano, pensó Mayta. No está maleado. La política no ha matado en él la alegría de vivir. No debe haber hecho jamás política de ninguna clase. Por eso es tan irresponsable, por eso dice todo lo que se le viene a la cabeza.» En el Alférez no había el menor cálculo, segundas intenciones, una retórica prefabricada. Estaba aún en esa adolescencia en que la política consistía exclusivamente en sentimientos, indignación moral, rebeldía, idealismo, sueños, generosidad, mística. Sí, esas cosas todavía existen, Mayta. Ahí las tenías, encarnadas —quién lo hubiera dicho, carajo— en un oficialito. Oye lo que dice. La injusticia era monstruosa, cualquier millonario tenía más plata que un millón de pobres, los perros de los ricos comían mejor que los indios de la sierra, había que acabar con esa iniquidad, alzar al pueblo, invadir las haciendas, tomar los cuarteles, sublevar a la tropa que era parte del pueblo, desencadenar las huelgas, rehacer la sociedad de arriba abajo, establecer la justicia. Qué envidia. Ahí estaba, jovencito, delgado, buen mozo, risueño, locuaz, con sus invisibles alitas, creyendo que la revolución era una cuestión de honestidad, de valentía, de desprendimiento, de audacia. No sospechaba y acaso no llegaría nunca a saber que la revolución era una larga paciencia, una infinita rutina, una terrible sordidez, las mil y una estrecheces, las mil y una vilezas, las mil y una... Pero ahí estaba el caldito de pollo y a Mayta se le hizo agua la boca al sentir el aroma del plato humeante que Alci puso en sus manos.

—Qué trabajo y, también, qué gastadera, cada cumpleaños —recuerda Doña Josefa—. Quedaba endeudada un montón de tiempo. Rompían vasos, sillas, floreros. La casa amanecía como después de una guerra o un terremoto. Pero yo me daba el trabajo cada año porque ya era una institución en el barrio. Muchos parientes y amigos se veían ese único día al año. Lo hacía también por ellos, para no defraudarlos. Aquí, en Surquillo, la fiesta de mi cumpleaños era como las Fiestas Patrias o la Navidad. Todo ha cambiado, ahora no está la vida para fiestas. La última fue el año que Alicita y su marido se fueron a Venezuela. Ahora, en mi cumpleaños, veo un rato la televisión y me acuesto.

Pasa una mirada tristona por el cuarto sin gente, como reponiendo en esas sillas, rincones, ventanas, a los parientes y amigos que venían a cantarle *Happy Birthday*, a festejar su buena mano para la cocina, y suspira. Ahora sí parece de setenta años. ¿Sabía si alguien, algún pariente, conservaba los cuadernos de apuntes y los artículos de Mayta? Renace su desconfianza.

—¿Qué parientes? —susurra, haciendo una mueca—. El único pariente que Mayta tenía era yo, y aquí nunca trajo ni una caja de fósforos, porque cada vez que lo perseguían éste era el primer sitio que la policía venía a rebuscar. Además yo nunca supe que fuera escritor ni nada que se le parezca.

Sí, escribía, y alguna vez yo leí los artículos que aparecían en esos periodiquitos —hojas, más bien— donde colaboraba, y que eran siempre, por supuesto, los que él mismo sacaba, y de los que ahora no parece quedar rastro ni en la Biblioteca Nacional ni en ninguna colección privada. Pero es normal que Doña Josefa no se enterara de la existencia de *Voz Obrera* ni de ninguna de las otras hojitas, como, por lo demás, la inmensa mayoría de gentes de este país, en especial aquellos para quienes eran escritas e impresas. De otro lado, Doña Josefa tenía razón: no era un escritor ni nada que se le parezca. Pero, por más que le pesara, un intelectual sí que lo era. Todavía recuerdo la dureza con que me habló de ellos, en esa última conversación, en la Plaza San Martín. No servían para gran cosa, según él:

—Los de este país al menos —precisó—. Se sensualizan muy rápido, no tienen convicciones sólidas. Su moral vale apenas lo que un pasaje de avión a un Congreso de la Juventud, de la Paz, etc. Por eso, los que no se venden a las becas yanquis y al Congreso por la Libertad de la Cultura, se dejan sobornar por el estalinismo y se hacen rabanitos.

Notó que, Vallejos, sorprendido por lo que había dicho, y por el tono con que lo había dicho, lo miraba fijo, la cuchara inmóvil a medio camino de la boca. Lo había desconcertado y en cierta forma alertado. Mal hecho, Mayta, muy mal hecho. ¿Por qué se dejaba ganar siempre por el mal humor y la impaciencia cuando se hablaba de los intelectuales? ¿Qué otra cosa había sido León Davidovich? Lo había sido, y genial, y Vladimiro Ilich también. Pero ellos, antes y sobre todo, habían sido revolucionarios. ¿No despotricabas contra los intelectuales por despecho, porque en el Perú todos eran reaccionarios o estalinistas y ni uno solo trotskista?

—Lo único que quiero decir es que no hay que contar mucho con los intelectuales para la revolución —trató de arreglar las cosas Mayta, alzando la voz para hacerse oír en medio de la huaracha *La negra Tomasa*—. No en primer lugar, en todo caso. En primer lugar están los obreros, y, luego, los campesinos. Los intelectuales a la cola.

—¿Y Fidel Castro y esos del 26 de Julio que están en las montañas de Cuba no son intelectuales? —replicó Vallejos.

—Quizá lo sean —admitió Mayta—. Pero esa revolución todavía está verde. Y no es una revolución socialista, sino pequeño burguesa. Dos cosas muy distintas.

El Alférez se lo quedó mirando, intrigado.

—Por lo menos, piensas en esas cosas —recuperó su aplomo y su sonrisa, entre cucharadas de sopa—. Por lo menos, a ti no te aburre hablar de la revolución.

28

—No, no me aburre —le sonrió Mayta—. Al contrario.

Él sí que no se «sensualizó» nunca, mi condiscípulo Mayta. De las vagas impresiones que me dejaban de él esas rápidas entrevistas que teníamos a lo largo de los años, una de las más rotundas que guardo es la frugalidad que emanaba de su persona, de su atuendo, de sus gestos. Hasta en su manera de sentarse en un café, de examinar el menú, de ordenar algo al mozo y aun de aceptar un cigarrillo, había en él algo ascético. Era eso lo que daba autoridad, una aureola respetable, a sus afirmaciones políticas, por delirantes que pudieran parecerme y por huérfano de adeptos que estuviera. La última vez que lo vi, semanas antes de la fiesta en que conoció a Vallejos, tenía ya más de cuarenta años y llevaba lo menos veinte militando. Por más que se hurgara en su vida, ni sus más encarnizados enemigos podían acusarlo de haberse aprovechado, en una sola ocasión, de la política. Por el contrario, lo más constante de su trayectoria era haber dado siempre, con una especie de intuición infalible, todos los pasos necesarios para que le fuera peor, para atraerse problemas y enredos. «Es un suicidario», me dijo de él, una vez, un amigo común. «No un suicida, sino un suicidario, repitió, alguien que le gusta matarse a poquitos.» La palabreja chisporrotea en mi cabeza, inesperada, pintoresca, como ese verbo reflexivo que estoy seguro de haberle escuchado aquella vez, en su diatriba contra los intelectuales.

—¿De qué te ríes?

—Del verbo sensualizarse. De dónde lo sacaste.

—A lo mejor acabo de inventarlo —sonrió Mayta—. Bueno, tal vez hay otro mejor. Ablandarse, claudicar. Pero, te das cuenta a qué me refiero. Pequeñas concesiones que minan la moral. Un viajecito, una beca, cualquier cosa que halague la vanidad. El imperialismo es maestro en esas trampas. Y el estalinismo también. Un obrero o un campesino no caen fácilmente. Los intelectuales se prenden de la mamadera apenas la tienen delante de la boca. Después, inventan teorías para justificar sus chanchullos.

Le dije que estaba poco menos que citando a Arthur Koestler, quien había dicho que «esos diestros imbéciles» eran capaces de predicar la neutralidad ante la peste bubónica, pues habían adquirido el arte diabólico de poder probar todo aquello que creían y de creer todo aquello que podían probar. Esperaba que me contestara que era el colmo citar a un conocido agente de la CIA como el señor Koestler, pero, ante mi sorpresa, le oí decir:

—¿Koestler? Ah, sí. Nadie ha descrito mejor el terrorismo psicológico del estalinismo.

—Cuidado, por ese camino se llega a Washington y a la libre empresa —lo provoqué.

—Te equivocas —dijo él—. Por ese camino se llega a la revolución permanente y a León Davidovich. Trotski para los amigos.

—¿Y quién es Trotski? —dijo Vallejos.

—Un revolucionario —le aclaró Mayta—. Ya murió. Un gran pensador.

—¿Peruano? —insinuó tímidamente el Alférez.

—Ruso —dijo Mayta—. Murió en México.

—Basta de política o los boto —insistió Zoilita—. Ven, primo, no has bailado ni una. Ven, ven, sácame este valsecito.

—Bailen, bailen —pidió socorro Alci, desde los brazos de Pepote.

—¿Con quién? —dijo Vallejos—. He perdido a mi pareja.

—Conmigo —dijo Alicia, arrastrándolo.

Mayta se vio en el centro de la salita, tratando de seguir los compases de *Lucy Smith*, cuya letra Zoilita tarareaba con mucha gracia. Trató también de cantar, de sonreír, mientras sentía los músculos acalambrados y mucha vergüenza de que el Alférez viera lo mal que bailaba. La salita no debe haber cambiado gran cosa desde entonces; salvo el deterioro natural, éstos debían ser los muebles de aquella noche. No es difícil imaginarse el cuartito atestado de gente, humo, olor a cerveza, el sudor en los rostros, la música a todo volumen, e, incluso, descubrirlos haciendo un aparte en esa esquina, junto al florero de rosas de cera, sumidos en esa charla sobre el único tema importante para Mayta —la revolución— que los demoró hasta el amanecer. El paisaje exterior —caras, gestos, atuendos, utilería— está ahí, muy visible. No, en cambio, lo que pasó dentro de Mayta y del joven Alférez en el curso de esas horas. ¿Brotó una corriente de simpatía desde el primer momento entre ambos, una afinidad, la recíproca intuición de un denominador común? Hay amistades a primera vista, acaso más que amores. ¿O la relación entre ambos fue, desde el principio, exclusivamente política, una alianza de dos hombres empeñados en una causa común? En todo caso, aquí se conocieron y aquí comenzó para los dos —sin que, en el desorden de la fiesta, pudieran sospecharlo— el hecho más importante de sus vidas.

—Si escribe algo, no me mencione para nada —me ruega Doña Josefa Arrisueño—. O, por lo menos, cámbieme el nombre y, sobre todo, la dirección de la casa. Habrán pasado muchos años pero en este país nunca se sabe. Hasta lueguito.

—Espero que hasta lueguito —dijo Vallejos—. Sigamos conversando alguna otra vez. Tengo que agradecerte porque, la verdad, contigo he aprendido un montón de cosas.

—Hasta lueguito, señora —le doy la mano y le agradezco su paciencia.

Regreso a Barranco andando. Mientras cruzo Miraflores, insensiblemente, la fiesta se desvanece y me descubro evocando aquella huelga de hambre que hizo Mayta, cuando tenía catorce o quince años, para igualarse con los pobres. De toda la conversación con su tía-madrina, ese plato de sopa a mediodía y ese pedazo de pan en las noches que fueron su alimento por tres meses, es la imagen que prevalece: nítida, infantil, profética, borra todas las otras.

—Hasta lueguito —asintió Mayta—. Sí, claro, claro, ya seguiremos conversando.

II

EL CENTRO Acción para el Desarrollo tiene su sede
en la Avenida Pardo, en Miraflores, una de las últimas casitas que resiste el avance de los edificios que
han ido sustituyendo, una tras otra, a las viviendas
de ladrillos y madera, rodeadas de jardines, a las
que daban sombra, rumor de hojas y algarabía de
gorriones las copas de los ficus, antes señores de la
calle y ahora pigmeos disminuidos por los rascacie-
los. El buen gusto de Moisés —del «Doctor» Moisés
Barbi Leyva, me recuerda la secretaria de la entrada— ha llenado la casa de muebles coloniales,
que congenian con la construcción, uno de esos re-
medos de los años cuarenta de arquitectura neo-vi-
rreinal —balcones con celosías, patios sevillanos, ar-
cos moriscos, fuentes de azulejos— que no deja dc
tener encanto. La casa brilla y se nota actividad en
los cuartos que dan al jardín, bien podado y regado.
Dos guardias con fusiles, que, al entrar, me registran a ver si no llevo armas, se pasean en el vestíbulo de entrada. Mientras espero a Moisés, examino
las últimas publicaciones del Centro, expuestas en
una vitrina con luz fluorescente. Estudios de economía, estadística, sociología, política, historia, libros
bien impresos y con carátulas que tienen como viñeta un pájaro marino prehistórico. Moisés Barbi Ley-

va es la espina dorsal del Centro Acción para el Desarrollo, el que gracias a su habilidad combinatoria, simpatía personal y prodigiosa capacidad de trabajo es una de las instituciones culturales más activas del país. Lo extraordinario de Moisés, más aún que su voluntad ciclónica y su optimismo a prueba de balas, es su habilidad combinatoria, ciencia antihegeliana que consiste en conciliar los contrarios, y, como hizo el santo limeño San Martín de Porres, hacer comer en el mismo plato a perro, pericote y gato. Gracias al genio ecléctico de Moisés, el Centro recibe subvenciones, becas, préstamos, del capitalismo y del comunismo, de los gobiernos y fundaciones más conservadores y de los más revolucionarios y tanto Washington como Moscú, Bonn como La Habana, París como Pekín, la consideran una institución suya. Están equivocados, por supuesto. El Centro Acción para el Desarrollo es de Moisés Barbi Leyva y no será de nadie más hasta que él desaparezca y es seguro que desaparecerá con él, pues no hay nadie en este país capaz de reemplazarlo en lo que hace.

Moisés, en tiempos de Mayta, era un revolucionario de catacumbas; ahora es un intelectual progresista. Rasgo central de su sabiduría es haber conservado intacta una imagen de hombre de izquierda y haberla incluso robustecido, a medida que el Centro iba prosperando y él con el Centro. Así como ha sido capaz de mantener excelentes relaciones con los más enconados adversarios ideológicos, ha podido llevarse bien con todos los gobiernos que ha tenido este país en los últimos veinte años sin entregarse a ninguno. Con un olfato magistral de las dosis, las proporciones, las distancias, él sabe contrarrestar cualquier concesión excesiva en una dirección con compensatorios alardes retóricos hacia la opuesta. Cuando en un cóctel lo oigo hablar demasiado intensamente contra el saqueo de nuestros recursos por las transnacionales o contra la penetración cultural del imperialismo que pervierte nuestra cultura tercermundista, ya sé que, este año, los aportes norteamericanos a los programas del Centro han sido más considerables que los del adversario, y si en una exposición o concierto lo noto, de pronto, alarmado por la intervención soviética en Afganistán o dolido por la represión de Solidaridad en Polonia, es que, esta vez, sí ha conseguido alguna ayuda de los países del Este. Con estas fintas y argucias él puede probar siempre su independencia ideológica y la de la institución que dirige. Todos los políticos peruanos capaces de leer un libro —no son muchos— lo creen su asesor intelectual y están seguros que el Centro trabaja directamente para ellos, lo que, en un vago sentido, no deja de ser cierto. Moisés ha tenido la sabiduría de hacerles sentir a todos que llevarse bien con la institución que dirige les conviene, y esta sensación, por lo demás, corresponde a la verdad, pues a los derechistas la vinculación con el Centro los hace sentirse reformistas, social-demócratas, casi socialistas; a los izquierdistas los adecenta y los modera, imprimiéndoles cierto empaque técnico, un barniz intelectual; a los militares los hace sentirse civiles, a los curas laicos y a los burgueses proletarios y telúricos.

Como tiene éxito, Moisés despierta convulsivas envidias y mucha gente habla pestes de él y se burla del Cadillac color concho de vino en el que rueda por las calles. Las peores lenguas son, por supuesto, las de los progresistas que gracias al Centro —a él— comen, se visten, escriben, publican, viajan a congresos, ganan becas, organizan seminarios y conferencias y aumentan su prontuario de progresistas. Él sabe las cosas que dicen de él y no le importa, o, si le importa, lo disimula. Su éxito en la vida y la preservación de su imagen dependen de una filosofía que no variará jamás un ápice: es posible que Moisés Barbi Leyva tenga enemigos, pero Moisés Barbi Leyva no es enemigo de nadie de carne y hueso, salvo de esos monstruos abstractos —el imperialismo, el latifundismo, el militarismo, la oligarquía, la CIA, etcétera— que le sirven para sus fines tanto como sus amigos (el resto de la humanidad viviente). El jacobino intratable que era Mayta hace treinta años diría de él, sin duda, que es el caso típico del intelectual revolucionario que se «sensualizó», lo que es probablemente exacto. Pero ¿reconocería que, con todas las transacciones y simulaciones que tiene que hacer en el endemoniado país que le tocó, Moisés Barbi Leyva ha conseguido que varias decenas de intelectuales vivan y trabajen en vez de haraganear en un mundillo universitario corrompido por la frustración y las intrigas, y que otros tantos viajen, sigan cursos de especialización, mantengan un contacto fecundo con sus colegas del resto del mundo? ¿Reconocería que, «sensualizado» como está, Moisés Barbi Leyva ha hecho, él solito, lo que deberían haber hecho el Ministerio de Educación, el Instituto de Cultura o cualquiera de las Universidades del Perú y no ha hecho ninguna otra persona o institución? No, no reconocería nada de esto. Porque esas cosas, para Mayta, eran distracciones de la tarea primordial, la única obligación de quien tiene ojos para ver y decencia para actuar: la lucha revolucionaria.

—Salud —me tiende la mano Moisés.

—Salud, camarada —respondió Mayta.

Era el segundo en llegar, algo excepcional, pues siempre que había reunión del Comité era él quien abría el garaje del Jirón Zorritos que servía de local al POR(T). Los siete miembros del Comité tenían llave y cada cual usaba a veces el garaje para dormir, si no tenía otro techo, o para realizar algún trabajo. Los dos universitarios del Comité, el Camarada Anatolio y el Camarada Medardo, preparaban aquí sus exámenes.

—Hoy te gané —se asombró el Camarada Medardo—. Qué milagro.

—Anoche tuve una fiesta y me acosté tardísimo.

—¿Tú, una fiesta? —se rió el Camarada Medardo—. Otro milagro.

—Algo interesante —explicó Mayta—. Pero no lo que estás pensando. Informaré ahora al Comité, justamente.

En el exterior del garaje no había nada que indicara el género de actividades que tenían lugar adentro, pero, en el interior, colgaba en la pared un cartel con las caras barbadas de Marx, Lenin y Trotski traído por el Camarada Jacinto de una reunión de organizaciones trotskistas en Montevideo. Arrumbados contra las paredes había altos de *Voz Obrera* y volantes, manifiestos, adhesiones a huelgas o denuncias que no habían alcanzado a repartir. Había un par de sillas desfondadas y unos banquitos de tres patas que parecían de ordeñadora o de espiritistas. Y unos colchones apilados uno sobre otro y cubiertos con una frazada que servían también de asiento cuando hacía falta. Sobre una repisa de ladrillos y tablones languidecían algunos libros llenos de polvo de cal y en un rincón se veía el esqueleto de un triciclo sin ruedas. El local del POR(T) era tan estrecho que con un tercio del Comité daba la impresión de haber quórum.

—¿Mayta? —Moisés se echa atrás en su silla mecedora y me examina, incrédulo.

—Mayta —le digo—. ¿Te acuerdas de él, no?

Recupera su aplomo y su sonrisa.

—Por supuesto, cómo no me voy a acordar. Pero me llama la atención. Quién se acuerda en el Perú de Mayta.

—Poca gente. Y, por eso, a los pocos que se acuerdan les estoy exprimiendo los recuerdos.

Sé que me ayudará, porque Moisés es un hombre servicial, siempre dispuesto a echar una mano a todo

37

el mundo, pero me doy cuenta, también, que, para hacerlo, tendrá que romper una prevención psicológica, hacerse cierta violencia, porque Mayta y él estuvieron muy cerca y fueron seguramente muy amigos. ¿Le incomoda el recuerdo del Camarada Mayta en esta oficina llena de libros encuadernados, un mapa del Antiguo Perú en pergamino y una vitrina de huacos fornicantes? ¿Lo hace sentirse en una situación ligeramente falsa el tener que volver a hablar de aquellas acciones e ilusiones que compartieron él y Mayta? Probablemente. A mí mismo, que nunca llegué a ser su compañero político, el recuerdo de Mayta no deja de causarme cierto malestar, de manera que al importante Director del Centro Acción para el Desarrollo...

—Era un buen tipo —dice, prudentemente, a la vez que me mira como queriendo descubrir, en lo más secreto, mi propia opinión de Mayta—. Idealista, bien intencionado. Pero ingenuo, iluso. Yo, por lo menos, en ese desgraciado asunto de Jauja, tengo la conciencia limpia. Le advertí el disparate en que se metía y traté de hacerlo recapacitar. Tiempo perdido, por supuesto, porque era una mula.

—Estoy tratando de reconstruir sus comienzos políticos —le explico—. No sé gran cosa, salvo que, muy chico, a finales del Colegio o el año que estuvo en San Marcos, se hizo aprista. Y después...

—Después se hizo de todo, ésa es la verdad —dice Moisés—. Aprista, comunista, escisionista, trosco. Todas las sectas y capillas. No pasó por otras porque entonces no había más. Ahora tendría más posibilidades. Aquí en el Centro estamos haciendo un cuadro de todos los partidos, grupos, alianzas, fracciones y frentes de izquierda que hay en el Perú. ¿Cuántos calculas? Más de treinta.

Tamborilea en el escritorio y adopta un aire pensativo.

—Pero hay que reconocer una cosa —añade de

pronto, muy serio—. En todos esos cambios no hubo ni pizca de oportunismo. Sería inestable, alocado, lo que quieran, pero, también, la persona más desinteresada del mundo. Te digo algo más. Había en él una tendencia autodestructiva. De heterodoxo, de rebelde orgánico. Apenas se metía en algo, comenzaba a disentir y terminaba en actividad fraccional. Era más fuerte en él que cualquier otra cosa: discrepar. ¡Pobre Camarada Mayta! Qué destino jodido ¿no?

—Se abre la sesión —dijo el Camarada Jacinto. Era el Secretario General del POR(T) y el más viejo de los cinco presentes. Faltaban dos miembros del Comité: el Camarada Pallardi y el Camarada Carlos. Después de esperarlos media hora, habían decidido comenzar sin ellos. El Camarada Jacinto, con voz carrasposa, hizo un resumen de la última sesión, hacía tres semanas. No llevaban libro de actas, por precaución, pero el Secretario General apuntaba en una libretita los principales temas de cada debate y ahora iba revisándola —arrugaba mucho los ojos— mientras hablaba. ¿Qué edad tenía el Camarada Jacinto? Sesenta, acaso más. Cholo fornido y erecto, con una cresta de pelos sobre la frente y unos aires deportivos que lo rejuvenecían, era una reliquia en la organización, pues había vivido su historia desde aquellas reuniones, a comienzos de los años cuarenta, en casa del poeta Rafael Méndez Dorich, cuando, de la mano de unos surrealistas que volvían de París —Westphalen, Abril de Vivero, Moro—, habían llegado las ideas trotskistas al Perú. El Camarada Jacinto había sido uno de los fundadores de la primera organización trotskista, el Grupo Obrero Marxista, en 1946, la simiente del POR, y, en Fertilizantes, S. A. (Fertisa), donde trabajaba hacía veinte años, había integrado siempre, en minoría, la directiva sindical, pese a la hostilidad de apristas y rabanitos. ¿Por qué se había quedado con ellos en vez de irse con el otro grupo? Mayta se alegraba mucho, pero no lo entendía. Toda la vieja guardia trotskista, todos los contemporáneos del Camarada Jacinto, se habían quedado en el POR. ¿Por qué él, en cambio, estaba en el POR(T)? ¿Por no apartarse de la gente joven? Debía ser por eso, pues a Mayta le parecía dudoso que al Camarada Jacinto le importara mucho la polémica internacional del trotskismo entre «pablistas» y «antipablistas».

—El problema de *Voz Obrera* —dijo el Secretario General—. Es lo más urgente.

—Infantilismo de izquierda, hechizo de la contradicción, no sé cómo llamarlo —dice Moisés—. La enfermedad de la ultraizquierda. Ser más revolucionario que, ir más a la izquierda que, ser más radical que... Ésa fue la actitud de Mayta toda su vida. Cuando estábamos en la Juventud Aprista, un par de mocosos recién salidos del cascarón, el Apra en la clandestinidad, Manuel Seoane nos dio unas charlas sobre la teoría del espacio-tiempo histórico de Haya de la Torre y su refutación y superación dialéctica del marxismo. A Mayta, por supuesto, se le metió que teníamos que estudiar marxismo, para saber qué refutábamos y superábamos. Formó un círculo y a los pocos meses la JAP nos puso en disciplina. Y así, sin saber cómo, terminamos colaborando con los rabanitos. El resultado fue el Panóptico. Nuestro bautizo.

Se ríe y yo me río. Pero no nos reímos de las mismas cosas. Moisés se ríe de esos juegos de niños precozmente politizados que eran él y Mayta entonces, y con su risa trata de convencerme que todo aquello no tuvo la menor importancia, un sarampión de imberbes, anécdotas que se llevó el viento. Yo me río de dos fotografías que acabo de descubrir en su escritorio. Se miran y equilibran, cada una en un marco de plata: Moisés estrecha la mano del Senador Robert Kennedy, en su visita al Perú promoviendo la Alianza para el Progreso, y Moisés junto al Presidente Mao Tse Tung, en Pekín, con una delegación de latinoamericanos. En ambas, sonríe con neutralidad.

—Que informe el responsable —añadió el Camarada Jacinto.

El responsable de *Voz Obrera* era él. Mayta sacudió la cabeza para ahuyentar la imagen del Alférez Vallejos que, junto con una gran modorra, lo perseguía desde que despertó esa mañana con sólo tres horas de sueño en el cuerpo. Se puso de pie. Sacó la pequeña ficha con el esquema de lo que iba a decir.

—Así es, camaradas, *Voz Obrera* es el problema más urgente y hay que resolverlo hoy mismo —dijo, conteniendo un bostezo—. En realidad, son dos problemas y debemos tratarlos por separado. El primero, el del nombre, surgido por la salida de los divisionistas. Y, el segundo, el de siempre, el económico.

Todos sabían de qué se trataba, pero Mayta se lo recordó con lujo de detalles. La experiencia le había demostrado que esa prolijidad al exponer un tema ahorraba tiempo más tarde, en el debate. Asunto primero: ¿debían seguir llamando *Voz Obrera* con el añadido de la T al órgano del Partido? Porque los divisionistas habían sacado ya su periódico con el título de *Voz Obrera*, usando la misma viñeta, para hacer creer a la clase obrera que ellos representaban la continuidad del POR, y el POR(T), la división. Una sucia maniobra, por supuesto. Pero, había que encarar los hechos. Que hubiera dos Partidos Obreros Revolucionarios ya resultaba confuso para los trabajadores. Que hubiera dos *Voz Obrera*, aunque una de ellas llevara la letra T de Trotskista, los desorientaría aún más. Por otra parte, el material del nuevo número estaba armado en la imprenta de Cocharcas, así que había que tomar una decisión ahora. ¿Se imprimía como *Voz Obrera (T)* o le cambiaban el nombre? Hizo una pausa, mientras prendía un cigarrillo, a ver si los Camaradas Jacinto, Medardo, Anatolio o Joaquín decían algo. Como permanecieron mudos, siguió, arrojando una bocanada de humo:

—El otro asunto es que faltan quinientos soles para pagar este número. El administrador de la imprenta me ha advertido que, a partir del próximo, el presupuesto subirá lo que ha subido el papel. Veinte por ciento.

La imprenta de Cocharcas les cobraba dos mil soles por mil ejemplares, de dos pliegos, y ellos vendían el número a tres soles. En teoría, si agotaban el tiraje, les hubiera quedado una utilidad de mil soles. En la práctica, los quioscos y canillitas cobraban el cincuenta por ciento de comisión por número vendido, con lo cual —ya que no tenían avisos— perdían cincuenta centavos por ejemplar. Sólo dejaban utilidad los que vendían ellos mismos en las puertas de las fábricas, universidades y sindicatos. Pero, salvo raras veces, como atestiguaban esas rumas de números amarillentos que rodeaban desmoralizadoramente al Comité Central del POR(T) en el garaje del Jirón Zorritos, nunca se habían agotado los mil ejemplares, y, entre los que salían, buena parte no eran vendidos sino regalados. *Voz Obrera* había dejado siempre pérdidas. Ahora, con la división, las cosas empeorarían.

Mayta intentó una sonrisa de aliento:

—No es el fin del mundo, camaradas. No pongan esas caras tristes. Más bien, encontremos una solución.

—Del Partido Comunista lo expulsaron cuando estaba en la cárcel, si la memoria no me falla —recuerda Moisés—. Pero a lo mejor me falla. Me pierdo con todas esas rupturas y reconciliaciones.

—¿Estuvo mucho tiempo en el Partido Comunista? —le pregunto—. ¿Estuvieron?

—Estuvimos y no estuvimos, según por donde se

mire. Nunca nos inscribimos ni tuvimos carnet. Pero
nadie tenía carnet en ese momento. El partido estaba en la ilegalidad y era minúsculo. Colaboramos
como simpatizantes más que como militantes. En la
cárcel, Mayta, con su espíritu de contradicción, empezó a sentir simpatías heréticas. Nos pusimos a leer
a Trotski, yo arrastrado por él. En el Frontón ya
daba conferencias a los presos sobre el doble poder,
la revolución permanente, la esclerosis del estalinismo. Un día le llegó la noticia de que los rabanitos
lo habían expulsado, acusándolo de ultraizquierdis-
ta, divisionista, provocador, trotskista, etcétera. Al
poco tiempo yo salí desterrado a la Argentina. Cuando volví, Mayta militaba en el POR. Pero ¿no tienes
hambre? Vámonos a almorzar, entonces.

Es un mediodía espléndido, de verano, con un
sol blanco y vertical, que alegra casas, gentes, árboles, cuando, en el rutilante Cadillac color concho de
vino de Moisés, salimos a las calles de Miraflores,
más atestadas que otros días de patrullas policiales
y de jeeps del Ejército con soldados encasqueta-
dos. Hay una ametralladora a la entrada de la Diagonal, protegida por sacos de arena, a cargo de la
Infantería de Marina. Al pasar frente a ella, el oficial que comanda el puesto está hablando por una
radio portátil. En un día así lo indicado es comer
junto al mar, dice Moisés. ¿Al Costa Verde o al Sui-
zo de La Herradura? El Costa Verde está más cerca
y mejor defendido contra posibles atentados. En el
trayecto, hablamos del POR en los años finales de
la dictadura odriísta, 1955 y 1956, cuando los presos
políticos salían de la cárcel y los exiliados volvían
al país.

—Entre tú y yo, eso del POR era una broma
—dice Moisés—. Una broma seria, por supuesto,
para los que dedicaron su vida y se jodieron. Una
broma trágica para los que se hicieron matar.
Y una broma de mal gusto para los que se secaron

el cerebro con panfletos masturbatorios y polémicas estériles. Pero, por donde se la mire, una broma sin pies ni cabeza.

Como temíamos, el Costa Verde está repleto. En la puerta, el servicio de seguridad del restaurante nos registra y Moisés deja su revólver a los vigilantes. Le dan a cambio una contraseña amarilla. Mientras esperamos que se desocupe una mesa, nos instalan bajo un toldo de paja, pegado al rompeolas. Tomando una cerveza fría, vemos estallar las olas y sentimos en la cara las salpicaduras del mar.

—¿Cuántos eran en el POR en tiempos de Mayta? —le pregunto.

Moisés se abstrae y bebe un largo trago que le deja un bozal de espuma. Se limpia con la servilleta. Mueve la cabeza, con una sonrisita burlona flotando por su cara:

—Nunca más de veinte —murmura. Habla tan bajito que tengo que acercar la cabeza para no perder lo que dice—. Fue la cifra tope. Lo celebramos en un chifa. Ya éramos veinte. Poco después vino la división. «Pablistas» y «antipablistas». ¿Te acuerdas del Camarada Michael Pablo? El POR y el POR(T). ¿Nosotros éramos «pablistas» o anti? Te juro que no me acuerdo. Era Mayta quien nos embarcaba en esas sutilezas ideológicas. Sí, ya me vino, nosotros éramos «pablistas» y ellos anti. Siete nosotros y ellos trece. Se quedaron con el nombre y tuvimos que añadir una T mayúscula a nuestro POR. Ninguno de los grupos creció después de la división, de eso estoy seguro. Así, hasta el asunto de Jauja. Entonces, los dos POR desaparecieron y empezó otra historia. Fue una buena cosa para mí. Terminé exiliado en París, pude hacer mi tesis y dedicarme a cosas serias.

—Las posiciones están claras y la discusión agotada —dijo el Camarada Anatolio.

—Tiene razón —gruñó el Secretario General—. Votemos con la mano levantada. ¿Quiénes a favor?

La propuesta de Mayta —cambiar el nombre de *Voz Obrera (T)* por *Voz Proletaria*— fue rechazada tres contra dos. El voto del Camarada Jacinto fue el dirimente. Al argumento de Mayta y Joaquín —la confusión que significaría la existencia de dos periódicos con el mismo nombre, atacándose uno al otro—, Medardo y Anatolio replicaban que el cambio parecería dar la razón a los divisionistas, admitir que eran ellos, los del POR, y no el POR(T) quien mantenía la línea del Partido. Regalarles, además del nombre de la organización, el del periódico, ¿no era poco menos que premiar la traición? Según Medardo y Anatolio la similitud de títulos, problema transitorio, se iría aclarando en la conciencia de la clase obrera cuando el contenido de los artículos, editoriales, informaciones, la coherencia doctrinaria, hicieran el deslinde y mostraran cuál era el periódico genuinamente marxista y antiburocrático y cuál el apócrifo. La discusión fue áspera, larguísima, y Mayta pensaba cuánto más divertida había sido la conversación de la víspera con ese muchacho bobo e idealista. «He perdido este voto por el aturdimiento, por la falta de sueño», pensó. Bah, no importaba. Si conservar el título traía más dificultades para distribuir *Voz Obrera (T)*, siempre cabía pedir una revisión del acuerdo, cuando estuvieran presentes los siete miembros del Comité.

—¿Seguro que eran sólo siete cuando Mayta conoció al Subteniente Vallejos?

—También te acuerdas de Vallejos —sonríe Moisés. Estudia el menú y ordena ceviche de camarones y arroz con conchitas. Le he dejado la elección diciéndole que un economista sensualizado, como él, lo hará mejor que yo—. Sí, siete. No me acuerdo de los nombres de todos, pero sí de los seudónimos. Camarada Jacinto, Camarada Anatolio, Camarada Joaquín... Yo era el Camarada Medardo. ¿Te has fijado cómo se ha empobrecido el menú del Costa Verde

45

desde que hay racionamiento? A este paso, pronto se cerrarán todos los restaurantes de Lima.

Nos han colocado en un mesa del fondo, desde la que apenas se divisa el mar, tapado por las cabezas de los comensales: turistas, hombres de negocios, parejas, empleados de una firma que celebran un cumpleaños. Debe haber un político o un empresario importante entre ellos, pues, en una mesa próxima, veo a cuatro guardaespaldas de civil, con metralletas sobre las piernas. Beben cerveza en silencio, ojeando el local de un lado a otro. El rumor de las conversaciones, las risas, el ruido de los cubiertos apagan las olas y la resaca.

—Con Vallejos, en todo caso, llegaron a ocho —le digo—. La memoria te falló.

—Vallejos no estuvo nunca en el Partido —me replica, al instante—. Suena a broma eso de un Partido con siete afiliados ¿no? No estuvo nunca. Para mayor precisión, a Vallejos yo no le vi jamás la cara. La primera vez que se la vi fue en los periódicos.

Habla con absoluta seguridad y tengo que creerle. ¿Por qué me mentiría? De todas maneras, me sorprende, más todavía que el número de militantes del POR(T). Lo imaginaba pequeño pero no tan ínfimo. Me había hecho una composición de lugar sobre presunciones que ahora se esfuman: Mayta llevando a Vallejos al garaje del Jirón Zorritos, presentándolo a sus camaradas, incorporándolo como Secretario de Defensa... Todo eso, humo.

—Ahora, cuando te digo siete, te digo siete profesionalizados —aclara Moisés, luego de un momento—. Había, además, los simpatizantes. Estudiantes y obreros con los que organizábamos círculos de estudios. Y teníamos cierta influencia en algunos sindicatos. El de Fertisa, por ejemplo. Y en Construcción Civil.

Acaban de traer los ceviches y los camarones lucen frescos y húmedos y se siente el picante en el aroma de los platos. Bebemos, comemos y, apenas terminamos, vuelvo a la carga:

—¿Estás seguro que nunca viste a Vallejos?

—El único que lo veía era Mayta. Durante un buen tiempo, al menos. Después, se formó una comisión especial. El Grupo de Acción. Anatolio, Mayta y Jacinto, creo. Ellos sí lo vieron, unas cuantas veces. Los demás, nunca. Era un militar ¿no te das cuenta? ¿Qué éramos nosotros? Revolucionarios clandestinos. ¿Y él? ¡Un Alférez! ¡Un Subteniente!

—¿Un Subteniente? —el Camarada Anatolio rebotó en el asiento—. ¿Un Alférez?

—Le han encargado infiltrarnos —dijo el Camarada Joaquín—. Eso está clarísimo.

—Es lo primero que pensé, por supuesto —asintió Mayta—. Recapacitemos, camaradas. ¿Son tan tontos? ¿Mandarían a infiltrarnos a un Alférez que se pone a hablar de la revolución socialista en una fiesta? Pude tirarle algo la lengua y no sabe dónde está parado. Buenos sentimientos, una posición ingenua, emotiva, habla de la revolución sin saber de qué se trata. Está ideológicamente virgen. La revolución, para él, son Fidel Castro y sus barbudos pegando tiros en la Sierra Maestra. Le huele a algo justo, pero no sabe cómo se come. Hasta donde he podido sondearlo, no es más que eso.

Se había sentado y hablaba con cierta impaciencia porque, en las tres horas de sesión, se habían acabado los cigarrillos y sentía urgencia de fumar. ¿Por qué descartaba que fuera un oficial de inteligencia encargado de recabar información sobre el POR(T)? ¿Y si lo era? ¿Qué tenía de raro que se valieran de una estratagema burda? ¿No eran burdos los policías, los militares, los burgueses del Perú? Pero la imagen jovial y exuberante del joven lenguaraz evaporó de nuevo sus sospechas. Oyó al Camarada Jacinto darle la razón:

—Pudiera que le hayan encargado infiltrarnos. Al

menos, le llevamos la ventaja de saber quién es. Podemos tomar las precauciones que haga falta. Si nos dan la oportunidad de infiltrarlos a ellos, no sería de revolucionarios dejarla escapar, camaradas.

Y así renació, de pronto, un tema que había provocado innumerables discusiones en el POR(T). ¿Había potencialidades revolucionarias en las Fuerzas Armadas? ¿Debían fijarse como una de sus metas infiltrar al Ejército, a la Marina, a la Aviación, formar células de soldados, marineros y avioneros? ¿Adoctrinar a la tropa sobre su comunidad de intereses con el proletariado y el campesinado? ¿O extender el esquema de la lucha de clases al mundo militar era falaz porque, por encima de sus diferencias sociales, el vínculo institucional, el espíritu de cuerpo, unía a soldados y oficiales en una complicidad irrompible? Mayta lamentó haber informado sobre el Alférez. Esto iba a durar horas. Soñó con meter sus pies hinchados en el lavador lleno de agua. Lo había hecho esta madrugada, al volver de la fiesta de Surquillo, contento de haber ido a abrazar a su tía-madrina. Se había quedado dormido con los pies mojados, soñando que él y Vallejos disputaban una carrera, en una playa que podía ser Agua Dulce, sin bañistas, al amanecer. Él se iba quedando atrás, atrás, y el muchacho se volvía a alentarlo, riéndose: «Dale, dale, ¿o te estás volviendo viejo y ya no soplas, Mayta?»

—Duraban horas de horas, quedábamos afónicos —dice Moisés, atacando el arroz—. Por ejemplo ¿Mayta debía seguir viendo a Vallejos o cortar por lo sano? Eso no se decidía así nomás, sino mediante un análisis de las circunstancias, causas y efectos. Teníamos que agotar varias premisas. La Revolución de Octubre, la relación de fuerzas socialistas, capitalistas y burocrático-imperialistas en el mundo, el desarrollo de la lucha de clases en los cinco continentes, la pauperización de los países neocolonizados, la concentración monopolística...

Comenzó risueño y la expresión se le ha ido avinagrando. Regresa al plato el tenedor que se llevaba a la boca. Hace un instante comía con apetito, alabando al cocinero del Costa Verde —«¿por cuánto tiempo más se podrá comer todavía así con las cosas que pasan?»— y, de pronto, se ha vuelto inapetente. ¿Lo han deprimido esos recuerdos que, por hacerme un favor, resucita?

—Mayta y Vallejos me hicieron un gran servicio —murmura, por tercera vez en la mañana—. Si no hubiera sido por ellos, seguiría en algún grupúsculo, tratando de vender cincuenta números quincenales de un periodiquito, a sabiendas de que los obreros no lo iban a leer, o que, si lo leían, no lo iban a entender.

Se limpia la boca y con una seña indica al mozo que se lleve su plato.

—Cuando lo de Vallejos, yo ya no creía en lo que hacíamos —añade, con aire fúnebre—. Me daba perfecta cuenta que no conducía a nada, salvo a que volviéramos a la cárcel de cuando en cuando, al exilio de cuando en cuando, y a la frustración política y personal. Y, sin embargo... La inercia, algo que se puede llamar eso o no sé qué. Un miedo pánico a sentirte desleal, traidor. Con los camaradas, con el Partido, contigo mismo. Un terror a borrar de golpe lo que, mal que mal, han sido años de lucha y sacrificio. A los curas que cuelgan la sotana debe pasarles eso.

Me mira como si sólo en ese instante advirtiera que sigo con él.

—¿Alguna vez Mayta se sintió desanimado? —le pregunto.

—No lo sé, tal vez no, él era granítico. —Queda un momento pensativo y encoge los hombros—. O tal vez sí, pero en secreto. Supongo que todos te níamos arrebatos de lucidez en los que veíamos que estábamos al fondo del pozo y sin escalera para trepar. Pero no lo confesábamos ni muertos. Sí, Mayta y Vallejos me hicieron un gran favor.

—Lo repites tanto que parece que no lo creyeras. O que no te hubiera servido de gran cosa.

—No me ha servido de gran cosa —afirma, con gesto desganado.

Y como me río y me burlo de él diciéndole que es uno de los pocos intelectuales peruanos que ha conseguido independencia y, además, del que puede decirse que hace cosas y ayuda a hacer cosas a sus colegas, me desarma con un ademán irónico. ¿Me refiero a Acción para el Desarrollo? Sí, le servía al Perú, sin duda era un aporte mayor que el que había hecho a este país en veinte años de militancia. Sí, servía también a quienes el Centro les publicaba libros, les conseguía becas y los libraba del burdel de la Universidad. Pero a él, en cambio, lo frustraba. De otra manera que el POR(T), por supuesto. Él hubiera querido —me mira como preguntándose si merezco la confidencia— ser uno de ellos. Investigar, escribir, publicar. Un viejo proyecto muy ambicioso que, ahora lo sabía, nunca llevaría a cabo. Una Historia Económica del Perú. General y pormenorizada, desde las culturas preincaicas hasta nuestros días. ¡Descartado, igual que todos los otros proyectos académicos! Mantener el Centro vivo significaba ser administrador, diplomático, publicista y, sobre todo, burócrata, veinticuatro horas del día. No, veintiocho, treinta. Pues, para él, los días tenían treinta horas.

—¿No es gracioso que un ex-trotskista que se pasó la juventud despotricando contra la burocracia termine de burócrata? —dice, intentando recobrar su buen humor.

—El asunto no da para más —protestó el Camarada Joaquín—. No da para más ¿no se dan cuenta?

En efecto, pensó Mayta, no lo daba, y, además

¿cuál era el asunto en cuestión? Pues hacía rato que, por culpa del Camarada Medardo, quien había traído al debate la participación de los soviets de soldados en la Revolución rusa, discutían sobre la rebelión de los marineros de Kronstad y su aplastamiento. Según Medardo, esa rebelión antisocialista, en febrero de 1921, era una buena prueba de la dudosa conciencia de clase de la tropa y de los riesgos de confiar en las potencialidades revolucionarias de los soldados. Picado de la lengua, el Camarada Jacinto replicó que en vez de hablar de su actuación en 1921, Medardo debía recordar lo que habían hecho los marineros de Kronstad en 1905. ¿No fueron los primeros en alzarse contra el Zar? ¿Y en 1917 no se adelantaron a la mayoría de las fábricas en formar un soviet? La discusión se desvió luego hacia la actitud de Trotski respecto a Kronstad. Medardo y Anatolio recordaron que en su *Historia de la Revolución* aprobó, como mal menor, la represión del alzamiento, porque era objetivamente contrarrevolucionario y servía a los rusos blancos y a las potencias imperialistas. Pero Mayta estaba seguro que Trotski había rectificado luego esa tesis y aclarado que él no intervino en la represión de los marineros, la que había sido obra exclusiva del Comité de Petrogrado presidido por Zinoviev. Incluso, escribió que en el exterminio de los marineros rebeldes, durante el gobierno de Lenin, asomaron ya los primeros antecedentes de los crímenes antiproletarios de la burocratización estalinista. Al final, la discusión, por un vuelco imprevisto, se atrancó en si las obras de Trotski estaban bien traducidas al español.

—No tiene sentido que votemos sobre esto —opinó Mayta—. Lleguemos a un consenso, se puede conciliar los planteamientos. Aunque me parece poco probable, reconozco que Vallejos podría estar encargado de infiltrarnos o de alguna provocación. De otro lado, como ha dicho el Camarada Jacinto, no debemos desperdiciar la oportunidad de ganarnos a un militar joven. Ésta es mi propuesta. Haré contacto con él, lo tantearé, veré si hay manera de atraerlo. Sin darle, por supuesto, ninguna información sobre el Partido. Si huelo algo sospechoso, punto final. Y, si no, ya se verá qué hacemos, sobre la marcha.

O porque estaban cansados o porque había sido más persuasivo, aceptaron. Al ver que las cuatro cabezas asentían, conformes, se alegró: podría comprar cigarrillos, fumar.

—En todo caso, si las tenía, disimulaba muy bien sus crisis —dice Moisés—. Es algo que siempre le envidié: la seguridad en lo que hacía. No sólo en el POR(T). También antes, cuando era moscovita o aprista.

—Cómo explicas todos esos cambios, entonces. ¿Por convencimiento ideológico? ¿Por razones psicológicas?

—Morales, más bien —me rectifica Moisés—. Aunque, hablar de moral en el caso de Mayta te parecerá incongruente ¿no?

En sus ojos brilla una luz maliciosa. ¿Espera una pequeña insinuación para enrumbar por el lado de la chismografía?

—No me parece incongruente en absoluto —le aseguro—. Siempre sospeché que todos esos cambios políticos de Mayta tenían una razón más emotiva o ética que ideológica.

—La búsqueda de la perfección, de lo impoluto —sonríe Moisés—. Había sido muy católico de chico. Hasta hizo una huelga de hambre para aprender cómo vivían los pobres. ¿Sabías eso? Le venía de ahí, tal vez. Cuando se persigue la pureza, en política, se llega a la irrealidad.

Me observa un momento, callado, mientras el mozo nos sirve los cafés. Mucha gente ha partido del Costa Verde, entre ellos el hombre importante con sus guardaespaldas armados de metralletas, y, además de oír de nuevo la voz del mar, divisamos, hacia la izquierda, entre los rompeolas de Barranquito, a unos tablistas que esperan los tumbos, sentados en sus tablas como jinetes. «Un atentado desde el mar sería lo más fácil, dice alguien. La playa no está cuidada. Hay que advertirle al administrador.»

—¿Qué es lo que te interesa tanto de Mayta? —me pregunta Moisés, mientras, con la punta de la lengua, toma la temperatura del café—. Entre todos los revolucionarios de esos años, es el más borroso.

—No sé, hay algo en su caso que me atrae más que el de otros. Cierto simbolismo de lo que vino después, un anuncio de algo que nadie pudo sospechar entonces que vendría.

No sé cómo seguir. Si pudiera, se lo aclararía, pero, a estas alturas, solamente sé que la historia de Mayta es la que quiero conocer e inventar, con la mayor vitalidad posible. Podría darle razones morales, sociales, ideológicas, demostrarle que es la más importante y urgente de las historias. Todo sería mentira. La verdad, no sé por qué la historia de Mayta me intriga y me perturba.

—Tal vez yo sé por qué —dice Moisés—. Porque fue la primera, antes del triunfo de la Revolución Cubana. Antes de ese hecho que partió en dos a la izquierda.

Tal vez tiene razón, tal vez sea por el carácter precursor de aquella aventura. Es verdad, ella inauguró una época en el Perú, algo que ni Mayta ni Vallejos pudieron adivinar en ese momento. Pero también es posible que todo ese contexto histórico no tenga otra importancia que la de un decorado y que el elemento oscuramente sugestivo en ella, para mí, sean los ingredientes de truculencia, marginalidad, rebeldía, delirio, exceso, que confluyen en aquel episodio que protagonizó mi condiscípulo salesiano.

—¿Un militar progresista? ¿Estás seguro que hay eso? —se burló el Camarada Medardo—. Los

apristas se han pasado la vida buscándolo, para que
les haga la revolución y les abra las puertas de Palacio. Se han vuelto viejos sin encontrarlo. ¿Quieres
que nos pase lo mismo?

—No nos va a pasar —sonrió Mayta—. Porque
nosotros no vamos a dar un cuartelazo sino a hacer
la revolución. No te preocupes, camarada.

—Yo sí me preocupo —dijo el Camarada Jacinto—. Pero de algo más terrestre. ¿Habrá pagado el
alquiler el Camarada Carlos? No vaya a caernos otra
vez la viejecita.

Había terminado la sesión y, como nunca salían
todos a la vez, habían partido primero Anatolio y
Joaquín. Ellos esperaban unos minutos para abandonar el garaje. Mayta sonrió, recordando. La viejecita se había presentado inopinadamente en medio
de una fogosa discusión sobre la Reforma Agraria
hecha en Bolivia por el Movimiento Nacionalista Revolucionario de Paz Estenssoro. Los dejó estupefac-
tos, como si la persona que abrió la puerta hubiera
sido un soplón y no la frágil figurita de cabellos blancos y espalda curva, apoyada en un bastón de metal.

—Señora Blomberg, buenas noches —reaccionó
el Camarada Carlos—. Qué sorpresa.

—¿Por qué no tocó la puerta? —protestó el Camarada Jacinto.

—No tengo por qué tocar la puerta del garaje de
mi propia casa —replicó la señora Blomberg, ofen-
dida—. Quedamos en que me pagarían el primero.
¿Qué pasó?

—Un pequeño atraso debido a la huelga de Bancos —el Camarada Carlos, adelantándose, trataba de
tapar con su cuerpo el cartel de los barbados y los
altos de *Voz Obrera*—. Aquí tengo su chequecito,
precisamente.

La señora Blomberg se aplacó al ver que el Camarada Carlos sacaba un sobre de su bolsillo. Examinó el cheque con prolijidad, asintió, y se despidió

rezongando que en el futuro no se atrasaran ya que, a sus años, no estaba para cobrar arriendos de casa en casa. Los sobrecogió un ataque de risa y, olvidados de la discusión, fantasearon: ¿habría visto la señora Blomberg las caras de Marx, Lenin y Trotski? ¿Estaría yendo a la policía? ¿Sería allanado el local esa noche? Se le había dicho que el garaje lo alquilaban para sede de un club de ajedrez y lo único que no había podido ver, en su intempestiva visita, era un tablero o un alfil. Pero la policía no vino, de modo que la señora Blomberg no llegó a advertir nada sospechoso.

—A no ser que este Alférez que quiere hacer la revolución sea una continuación de esa visita —dijo Medardo—. En lugar de allanarnos, infiltrarnos.

—¿Después de tantos meses? —insinuó Mayta, temeroso de reabrir una discusión que lo alejaría del cigarrillo—. En fin, ya lo sabremos. Han pasado diez minutos. ¿Nos vamos?

—Habrá que chequear por qué no vinieron Pallardi y Carlos —dijo Jacinto.

—Carlos era el único de los siete que llevaba una vida normal —dice Moisés—. Contratista de obras, dueño de una ladrillera. Él financiaba el alquiler del local, la imprenta, los volantes. Todos cotizábamos, pero nuestro aporte eran miserias. Su esposa nos odiaba a muerte.

—¿Y Mayta? En la France Presse debía ganar muy poco.

—Fuera de eso, la mitad de su sueldo o más se la gastaba en el Partido —asiente Moisés—. Su mujer también nos detestaba, por supuesto.

—¿La mujer de Mayta?

—Estuvo casado con todas las de la ley —se ríe Moisés—. Por poco tiempo. Con una tal Adelaida, una empleada de Banco muy guapita. Algo que nunca entendimos. ¿No lo sabías?

No lo sabía. Salieron juntos, echaron llave a la

55

puerta del garaje y en la bodega de la esquina se detuvieron para que Mayta comprara una cajetilla de Inca. Ofreció cigarrillos a Jacinto y Medardo y encendió el suyo con tanta prisa que se chamuscó los dedos. Camino de la Avenida Alfonso Ugarte, dio varias pitadas, entrecerrando los ojos, disfrutando el placer de inhalar y expulsar esas nubecillas de humo que se desvanecían en la noche.

—Ya sé por qué tengo la cara del Alférez metida aquí —pensó en voz alta.

—Ese milico nos ha hecho perder mucho tiempo —se quejó Medardo—. ¡Tres horas por un Subteniente!

Mayta siguió, como si no hubiera oído:

—Es que, por ignorancia, por inexperiencia o lo que sea, hablaba de la revolución como nosotros ya no hablamos nunca.

—No me palabree en difícil que yo soy obrero, no intelectual, camarada —se burló Jacinto.

Era una broma que hacía con tal frecuencia que Mayta había llegado a preguntarse si, en el fondo, el Camarada Jacinto no envidiaba aquella condición que decía despreciar tanto. En eso, los tres tuvieron que aplastarse contra la pared para no ser arrollados por un ómnibus que venía con un racimo de gente rebalsando sobre la vereda.

—Con humor, con alegría —añadió Mayta—. Como de algo saludable y hermoso. Nosotros hemos perdido el entusiasmo.

—¿Quieres decir que nos hemos vuelto viejos? —bromeó Jacinto—. Será tu caso. Yo tengo cintura para rato.

Pero Mayta no tenía ganas de bromear y hablaba con ansiedad, atropellándose:

—Nos hemos vuelto demasiado teóricos, demasiado serios, un poco politicastros. No sé... Oyendo a ese muchacho desbarrar sobre la revolución socialista me dio envidia. Es inevitable que la lucha lo endurezca a uno. Pero es malo perder las ilusiones. Es malo que los métodos nos hagan olvidar los fines, camaradas.

¿Entendían lo que quería decirles? Sintió que se turbaba y cambió de tema. Pero, al despedirse de ellos en Alfonso Ugarte, para ir a su cuarto de la calle Zepita, la idea le siguió dando vueltas en la cabeza. Frente al Hospital Loayza, mientras aguardaba un paréntesis en el río de automóviles, camiones y ómnibus que atoraban las cuatro pistas, se le aclaró una asociación que, de manera fantasma, venía haciendo desde la noche anterior. Sí, era eso mismo, la Universidad. Ese año decepcionante, esos cursos de historia, literatura y filosofía en los que se matriculó en San Marcos. Muy rápidamente llegó a la conclusión de que a esos profesores se les había atrofiado la vocación, si es que alguna vez habían sentido amor por las obras maestras, por las grandes ideas. A juzgar por lo que enseñaban y por los trabajos que pedían a los alumnos, en la cabeza de esas soporíferas mediocridades se había producido una inversión. El profesor de Literatura Española parecía convencido de que era más importante leer lo que el señor Leo Spitzer había escrito sobre Lorca que los poemas de Lorca, o el libro del señor Amado Alonso sobre la poesía de Neruda que la poesía de Neruda, y al profesor de Historia parecían importarle más las fuentes de la historia del Perú que la historia del Perú y al de Filosofía más la forma de las palabras que el contenido de las ideas y su repercusión en los hechos... La cultura se les había disecado, convertido en saber vanidoso, en erudición estéril separada de la vida. Él se había dicho entonces que eso era lo esperable de la cultura burguesa, del idealismo burgués, apartarse de la vida, y había dejado la Univercidad disgustado: la verdadera cultura estaba reñida con lo que allí se enseñaba. ¿Se habían academizado él, Jacinto, Medardo, los camaradas del POR(T) y los

del otro POR? ¿Habían olvidado la jerarquía entre
lo fundamental y lo accesorio? ¿Se había vuelto su
trabajo revolucionario algo tan esotérico y pedante
como aquello en lo que habían convertido la literatura, la historia, la filosofía, los profesores de San
Marcos? Escuchar a Vallejos había sido un llamado
de atención: «No olvidar lo esencial, Mayta. No en-
redarse en lo superfluo, camarada». No sabía, no había leído nada, estaba virgen, sí, pero, en un sentido,
les llevaba ventaja: la revolución era para él la acción, algo tangible, el cielo en la tierra, el reino de la
justicia, de la igualdad, de la libertad, de la fraternidad. Adivinó las imágenes con que la revolución
se aparecería a Vallejos: campesinos rompiendo las
cadenas del gamonal, obreros que de sirvientes pasan
a ser soberanos de máquinas y talleres, una sociedad
en la que la plusvalía deja de engordar a un puñado
para revertir sobre todos los trabajadores... y sintió
un escalofrío. ¿No era la esquina de Cañete y Zepita? Acabó de salir del ensimismamiento y se frotó
los brazos. ¡Caracho! Qué distraído, para venir a parar aquí. ¿El imán del peligro? ¿Un masoquismo
secreto? Era una esquina que evitaba ésta de Cañete
y Zepita, por el mal gusto en la boca que sentía cada
vez que la cruzaba. Allí mismo, frente al quiosco de
periódicos, había frenado aquella mañana el auto
gris verdoso con un chirrido que aún rechinaba en
sus oídos. Antes de que atinara a darse cuenta de lo
que ocurría, bajaron cuatro tipos y se sintió apunta-
do por pistolas, registrado, sacudido, metido a em-
pellones en el automóvil. Antes, había estado en comisarías, en distintas cárceles, pero aquella vez había
sido la peor y la más larga, la primera en que había sido maltratado con salvajismo. Había creído
volverse loco, pensado en matarse. Desde entonces,
evitaba esa esquina por una especie de superstición
que le hubiera avergonzado reconocer. Dobló por
Zepita y caminó despacio las dos cuadras que fal-

taban para su casa. El cansancio se le concentraba, como siempre, en los pies. Malditos pies planos. «Soy un fakir, pensó, los estoy apoyando sobre miles de agujas pequeñitas...» Pensó: «La revolución es la fiesta del Alférez pintón».

Su cuarto era el segundo de los altos en un callejón de dos pisos, un recinto de tres metros por cinco atiborrado de libros, revistas y periódicos desparramados por el suelo y una cama sin espaldar en la que había sólo un colchón y una frazada. Unas cuantas camisas y pantalones colgaban de clavos en la pared y detrás de la puerta había un espejito y una repisa con sus cosas de afeitar. Una bombilla pendiente de un cordón iluminaba con luz sucia el increíble desorden que volvía al cuartito aún más estrecho. Apenas entró, a cuatro patas sacó de debajo de la cama —el polvo lo hizo estornudar— el lavador desportillado, que era, tal vez, el objeto que apreciaba más en este lugar. Los cuartos no tenían baño; en el patio había dos excusados para uso común del callejón y un caño del que los vecinos recogían agua para la cocina y el aseo. De día había siempre colas pero no de noche, de modo que Mayta bajó, llenó el lavador y volvió a su cuarto —con precaución, para no derramar ni una gota— en pocos minutos. Se desnudó, se echó de espaldas en la cama y hundió los pies en el lavador. Ah, qué descanso. Le ocurría quedarse dormido dándose ese baño de pies; entonces, se despertaba al amanecer muerto de frío, estornudando. Pero ahora no se durmió. Mientras la sensación fresca, balsámica, subía de sus pies a sus tobillos y a sus piernas y el cansancio iba amenguando, pensaba que, aunque no tuviera otra consecuencia, había sido bueno que alguien se lo recordara: a un revolucionario no debe pasarle lo que a esos literatos, historiadores y filósofos de San Marcos, un revolucionario no debe olvidar que vive, lucha y muere para hacer la revolución y no para, para...

—...pagar la cuenta —dice Moisés—. Basta de discusión. La pagaré yo. Mejor dicho, el Centro. Métete esa cartera donde no le dé el sol.

Pero ya no hay sol. El cielo se ha nublado y, cuando salimos del Costa Verde, parece invierno: una de esas tardes típicas de Lima, mojadas, de cielo bajo, cargado y fanfarrón, amenazando con una tormenta que nunca vendrá. Al recuperar su arma, en la entrada —«Es una Browning de 7.65 milímetros», me dice—, Moisés verifica si el seguro está puesto. La coloca en la guantera del auto.

—Dime, por lo menos, qué tienes hasta ahora —me pregunta, mientras subimos la Quebrada de Armendáriz en su Cadillac color concho de vino.

—Un cuarentón de pies planos que se ha pasado la vida en las catacumbas de la revolución teórica, para no decir de las intrigas revolucionarias —le resumo—. Aprista, aprista disidente, moscovita, moscovita disidente, y, por fin, trotskista. Todas las idas y venidas, todas las contradicciones de la izquierda de los años cincuenta. Ha estado escondido, preso, ha vivido siempre en la penuria. Pero...

—¿Pero?

—Pero la frustración no lo ha amargado ni corrompido. Se conserva honesto, idealista, a pesar de esa vida castradora. ¿Te parece exacto?

—Básicamente, sí —afirma Moisés, frenando para que me baje—. Pero ¿has pensado que ni siquiera corromperse es fácil en nuestro país? Hace falta la ocasión. La mayoría son honestos porque no tienen alternativa ¿no crees? ¿Has pensado si a Mayta se le presentó la oportunidad de corromperse?

—He pensado que actuó siempre de manera que no dio chance para que se le presentara.

—No tienes gran cosa todavía —concluye Moisés.

A lo lejos, se escucha un tiroteo.

III

PARA LLEGAR hasta allí, desde Barranco, hay que ir al centro de Lima, cruzar el Rímac —río de aguas escuálidas en esta época del año— por el puente Ricardo Palma, seguir por Piedra Liza y contornear el cerro San Cristóbal. El trayecto es largo, riesgoso, y, a ciertas horas, lentísimo por la congestión del tráfico. Es, también, el de un empobrecimiento gradual de Lima. La prosperidad de Miraflores y San Isidro va decayendo y afeándose en Lince y La Victoria, renace ilusoriamente en el centro con las pesadas moles de los Bancos, mutuales y compañías de seguros —entre las cuales, sin embargo, pululan conventillos promiscuos y viejísimas casas que se tienen en pie de milagro—, pero luego, cruzando el río, en el llamado sector de Bajo el Puente, la ciudad se desploma en descampados en cuyas márgenes han brotado casuchas de esteras y cascotes, barriadas entreveradas con muladares que se suceden por kilómetros. En esta Lima marginal antes había sobre todo pobreza. Ahora hay, también, sangre y terror.

A la altura de la Avenida de los Chasquis, la pista pierde el asfalto y se llena de agujeros, pero el auto puede todavía avanzar unos metros, zangoloteando en medio de corralones y terrales, entre postes de luz que han perdido sus focos, pulverizados a honda-

61

zos por los mataperros. Como es la segunda vez que vengo, ya no cometo la imprudencia de avanzar más allá de la pulpería frente a la que me atollé la primera vez. Me ocurrió entonces algo farsesco. Cuando advertí que el auto no saldría de la tierra, pedí que lo empujaran a unos muchachos que conversaban en la esquina. Me ayudaron pero, antes, me pusieron una chaveta en el pescuezo, amenazándome con matarme si no les daba todo lo que tenía. Me quitaron el reloj, la cartera, los zapatos, la camisa. Consintieron en dejarme el pantalón. Mientras empujábamos el auto para desatollarlo, conversamos. ¿Había muchos asesinatos en el barrio? Bastantes. ¿Políticos? Sí, también políticos. Ayer nomás apareció, ahí a la vuelta, un cadáver decapitado con un cartelito: «Perro soplón».

Estaciono y camino entre muladares que son, al mismo tiempo, chiqueros. Los chanchos se revuelcan entre altos de basuras y tengo que agitar ambas manos para librarme de las moscas. Sobre y entre las inmundicias se apiñan las viviendas, de latas, de ladrillos, de calamina, algunas de cemento, de adobes, de maderas, recién empezadas o a medio hacer pero nunca terminadas, siempre viejísimas, apoyadas unas en otras, desfondadas o por desfondarse, repletas de gentes que me miran con la misma indolencia que la vez anterior. Hasta hace unos meses, la violencia política no afectaba a las barriadas de la periferia tanto como a los barrios residenciales y al centro. Pero, ahora, la mayoría de los asesinados o secuestrados por los comandos revolucionarios, las fuerzas armadas o los escuadrones contrarrevolucionarios, pertenecen a estos distritos. Hay más viejos que jóvenes, más mujeres que hombres y, por momentos, tengo la impresión de no estar en Lima ni en la costa sino en una aldea de los Andes: ojotas, polleras, ponchos, chalecos con llamitas bordadas, diálogos en quechua. ¿Viven realmente mejor en esta hediondez y en esta mugre que en los caseríos serranos que han abandonado para venir a Lima? Sociólogos, economistas y antropólogos aseguran que, por asombroso que parezca, es así. Las expectativas de mejora y de supervivencia son mayores, al parecer, en estos basurales fétidos que en las mesetas de Ancash, de Puno o Cajamarca donde la sequía, las epidemias, la esterilidad de la tierra y la falta de trabajo diezman a los poblados indios. Debe ser cierto. ¿Qué otra explicación puede tener que alguien elija vivir en este hacinamiento y suciedad?

—Para ellos es el mal menor, lo preferible —dijo Mayta—. Pero si crees que, por miserables, las barriadas constituyen un potencial revolucionario, te equivocas. No son proletarios sino lumpen. No tienen conciencia de clase porque no forman una clase. Ni siquiera intuyen lo que es la lucha de clases.

—En eso se me parecen —sonrió Vallejos—. ¿Qué mierda es, pues, la lucha de clases?

—El motor de la historia —le explicó Mayta, muy serio e imbuido de su papel de profesor—. La lucha que resulta de los intereses encontrados de cada clase en la sociedad. Intereses que nacen del rol que cumple cada sector en la producción de la riqueza. Hay los dueños del capital, hay los dueños de la tierra, hay los dueños del conocimiento. Y hay quienes no son dueños de otra cosa que de su fuerza de trabajo: los obreros. Y hay, también, los marginales, esos pobres de las barriadas, los lumpen. ¿Se te está haciendo un enredo?

—Me está dando hambre —bostezó Vallejos—. Estas conversaciones me abren el apetito. Olvidémonos por hoy de la lucha de clases y tomémonos una cerveza heladita. Después, te invito a almorzar a casa de mis viejos. Va a salir mi hermana. Un acontecimiento. A la pobre la tienen peor que en el cuartel.

63

Te la presentaré. Y la próxima vez que nos veamos te traeré la sorpresa que te he dicho.

Estaban en el cuartito de Mayta, éste sentado en el suelo y el Subteniente en la cama. Del exterior venían voces, risas, ruido de autos y en el aire flotaban unos corpúsculos de polvo como animalitos ingrávidos.

—A este paso no aprenderás una jota de marxismo —acabó por rendirse Mayta—. La verdad, no tienes un buen profesor, yo mismo me hago un nudo con lo que te enseño.

—Eres mejor que muchos que tuve en la Escuela Militar —lo alentó Vallejos, riendo—. ¿Sabes qué me pasa? El marxismo me interesa mucho. Pero me cuestan los temas abstractos. Soy más dado a lo práctico, a lo concreto. A propósito ¿te digo mi plan revolucionario antes de tomarnos esa cervecita?

—Sólo escucharé tu bendito plan si pasas el examen —lo imitó Mayta—: ¿Qué mierda es, pues, la lucha de clases?

—Que el pez grande se come al chico —lanzó una carcajada Vallejos—. Qué otra cosa podría ser, mi hermano. Para saber que un gamonal dueño de mil hectáreas y sus indios se odian a muerte no hace falta estudiar mucho. ¿Pasé con veinte? Te vas a quedar bizco con mi plan, Mayta. Y más todavía cuando veas la sorpresa. ¿Te vienes a almorzar conmigo? Quiero que conozcas a mi hermana.

—¿Madre? ¿Hermana? ¿Señorita?

—Juanita —decide ella—. Lo mejor es tutearse, pues debemos ser más o menos de la misma edad ¿no? Te presento a María.

Las dos llevan sandalias de cuero y desde el banquito en que estoy sentado veo los dedos de sus pies: los de Juanita quietos y los de María moviéndose con desasosiego. Aquélla es morena, enérgica, de brazos y piernas gruesas y una sombra de vello sobre

64

las comisuras de los labios; ésta, menuda, blanca, de ojos claros y expresión ausente.

—¿Una Pasteurina o un vaso de agua? —me pregunta Juanita—. Mucho mejor si prefieres la gaseosa. El agua es oro aquí. Hay que ir a buscarla hasta la Avenida de los Chasquis, cada vez.

El local me recuerda una casita que ocupaban en el cerro San Cristóbal, hace muchos años, dos francesas, hermanas de la congregación del Padre De Foucauld. Aquí también los muros encalados y desnudos, el suelo cubierto con esteras de paja, las mantas, hacen pensar en una vivienda del desierto.

—Lo único que falta es el sol —dice María—. El Padre Charles de Foucauld. Yo leí su libro, *En el corazón de las masas*. Muy famoso, en un tiempo.

—Yo también lo leí —dice Juanita—. No me acuerdo gran cosa. Nunca tuve buena memoria, ni de joven.

—Qué lástima. —En todo el recinto no hay un crucifijo, una virgen, una estampa, un misal, nada que aluda a la condición de religiosas de sus moradoras—. Lo de la falta de memoria. Porque yo...

—Ah, bueno, de él sí me acuerdo —me amonesta Juanita con los ojos, alcanzándome la Pasteurina, y su voz cambia de tono—. De mi hermano no me he olvidado, por supuesto.

—¿Y también de Mayta? —le pregunto, sorbiendo a pico de botella un trago tibio y dulzón.

—También de él —asiente Juanita—. Lo vi una sola vez. En casa de mis padres. No me acuerdo mucho porque ésa fue la penúltima entrevista que tuve con mi hermano. La última, dos semanas después, no hizo otra cosa que hablarme de su amigo Mayta. Le tenía cariño, admiración. Esa influencia fue... Bueno, mejor me callo.

—Ah, se trata de eso —María aparta con un cartoncito las moscas de su cara. Ni ella ni Juanita visten hábito, sino unas faldas de lanilla y unas chompas grises, pero en la manera de llevar esas ropas, en sus cabellos sujetos con redecillas, en cómo hablan y se mueven, se advierte que son monjas—. Menos mal que se trata de ellos y no de nosotras. Estábamos inquietas, ahora te lo puedo decir. Porque, para lo que hacemos, la publicidad es malísima.

—¿Y qué es lo que hacemos? —se burló Mayta, con una risita sarcástica—. Ya tomamos el pueblo, las comisarías, la cárcel, ya nos apoderamos de las armas de Jauja. ¿Qué más? ¿Corremos al monte, como cabras salvajes?

—No como cabras salvajes —repuso el Subteniente, sin enojarse—. Podemos irnos a caballo, burro, mula, en camión o a patita. Pero lo más seguro son los pies, no hay mejor medio de locomoción en el monte. Se nota que no conoces la sierra, mi hermano.

—Es cierto, la conozco muy mal —admitió Mayta—. Es mi gran vergüenza.

—Para que se te quite, vente conmigo mañana a Jauja —le dio un codazo Vallejos—. Tienes pensión y comida gratis. Siquiera el fin de semana, mi hermano. Te mostraré el campo, iremos a las comunidades, verás el Perú verdadero. Oye, no abras la sorpresa. Me prometiste que no. O te la quito.

Estaban sentados en la arena de Agua Dulce, mirando la playa desierta. En torno de ellos revoloteaban las gaviotas y un airecito salado y húmedo les mojaba las caras. ¿Qué podía ser la sorpresa? El paquete estaba hecho con tanto cuidado como si envolviera algo precioso. Y era pesadísimo.

—Claro que me gustaría ir a Jauja —dijo Mayta—. Pero...

—Pero no tienes un cobre para el pasaje —lo atajó Vallejos—. No te preocupes. Yo te pago el colectivo.

—Bueno, ya veremos, volvamos a lo principal

—insistió Mayta—. Las cosas serias. ¿Leíste el librito que te di?

—Me gustó, lo entendí todo, menos algunos nombres rusos. ¿Y sabes por qué me gustó, Mayta? Porque es más práctico que teórico. *Qué hacer, Qué hacer.* Lenin sí sabía lo que había que hacer, compadre. Era un hombre de acción, como yo. ¿O sea que mi plan te pareció una cojudez?

—Menos mal que lo leíste, menos mal que te gustó Lenin, vas progresando —evitó responderle Mayta—. ¿Quieres que te diga una cosa? Tenías razón, tu hermana me impresionó mucho. No me pareció una monja. Me hizo recordar otros tiempos. ¿Sabes que de chiquillo yo fui tan beato como ella?

—Representaba más años de los que tenía —dice Juanita—. ¿Estaba en sus cuarenta, no? Yo le calculé cincuenta. Y como a mi hermano se lo veía más joven de lo que era, parecían padre e hijo. Fue en una de mis raras visitas a la familia. En ese tiempo éramos de clausura, nosotras. No como éstas, unas frescas que vivían medio tiempo en el convento y medio en la calle.

María protesta. Mueve el cartoncito delante de su cara, muy rápido, provocando un enloquecimiento de moscas. No sólo están en el aire, zumbando alrededor de nuestras cabezas: constelan las paredes, como clavos. «Ya sé lo que hay en este paquete, pensó Mayta, ya sé cuál es la sorpresa.» Sintió calor en el pecho y pensó: «Está loco». ¿Cuál puede ser la edad de Juanita? Indescifrable: bajita, derecha, sus gestos y movimientos despedían chorros de energía y sus dientes salidos estaban siempre mordiendo su labio inferior. ¿Habría hecho su noviciado en España, vivido allá muchos años? Porque su acento era remotamente español, el de una española cuyas jotas y erres habían perdido aristas, y las zetas y las ces rotundidad, pero sin alcanzar todavía el desmayo limeño. «¿Qué haces aquí, Mayta?, pensó, incó-

modo. ¿Qué haces aquí tú con una monja?» Estiró
disimuladamente la mano por la arena humedecida
y palpó la sorpresa. Sí, un arma.

—Yo pensaba que eran ustedes de la misma congregación —les digo.

—Eres muy mal pensado, entonces —replica María. Ella sonríe con frecuencia pero Juanita, en cambio, está seria incluso cuando bromea. Afuera, hay
ráfagas de ladridos, como si una jauría se peleara—.
Yo estuve con las proletarias, ella con las aristócra-
tas. Ahora las dos hemos terminado de lumpen.

Comenzamos hablando de Mayta y de Vallejos,
pero, sin darnos cuenta, hemos pasado a comentar
los crímenes en el barrio. Los revolucionarios eran
aquí bastante fuertes al principio: hacían colectas a
plena luz y hasta mítines. Mataban a alguien, de
cuando en cuando, acusándolo de traidor. Luego aparecieron los escuadrones de la libertad, decapitando,
mutilando y desfigurando con ácido a reales o su-
puestos cómplices de la insurrección. La violencia
se ha multiplicado. Juanita cree, sin embargo, que
los delitos comunes son todavía más numerosos que
los políticos y éstos, a menudo, la máscara de aqué-
llos.

—Hace pocos días un vecino nuestro mató a su
mujer porque le hacía escenas de celos —cuenta María—. Y sus cuñados lo vieron tratando de disfrazar
el crimen, poniéndole a la víctima el famoso cartelito de «perra soplona».

—Volvamos a lo que me ha traído —les propongo—. A la revolución que comenzó a gestarse en esos
años. La de Mayta y tu hermano. Fue la primera de
muchas. Inició la historia que ha terminado en esto
que ahora vivimos.

—Tal vez la gran revolución de esos años no fue
ninguna de ésas, sino la nuestra —me interrumpe
Juanita—. Porque ¿han dejado acaso algo positivo
todas esas muertes y atentados? Esa violencia sólo

ha traído más violencia. Y las cosas no han cambiado ¿no es cierto? Hay más pobreza que nunca, aquí, en el campo, en los pueblos de la sierra, en todas partes.

—¿Hablaron de eso? —le pregunto—. ¿Te habló Mayta de los pobres, de la miseria?

—Hablamos de religión —dice Juanita—. No creas que yo le busqué el tema. Fue él.

—Sí, muy católico, pero ya no lo soy, ya me liberé de esas ilusiones —susurró Mayta, lamentando haberlo dicho, temiendo que la hermana de Vallejos lo tomara mal—. ¿Usted no duda nunca?

—Desde que me levanto hasta que me acuesto —murmuró ella—. ¿Quién le ha dicho que la fe es incompatible con las dudas?

—Quiero decir —se animó Mayta— ¿no es un gran engaño que la misión de los colegios católicos sea formar a las élites? ¿Se puede acaso infundir a los hijos de las clases dirigentes los principios evangélicos de caridad y amor al prójimo? ¿No piensa nunca en eso?

—Pienso en eso y cosas mucho peores —le sonrió la monja—. Mejor dicho, pensamos. Es verdad. Cuando yo entré a la orden, todas creíamos que a esas familias Dios les había dado, con su poder y fortuna, una misión para con sus hermanos desheredados. Que esas niñas, que eran la cabeza, si se las educaba bien, se encargarían de mejorar el tronco, los brazos, las piernas. Pero ahora ya ninguna de nosotras cree que ésa sea la manera de cambiar el mundo.

Y Mayta, sorprendido, la escuchó referir la conspiración de ella y de sus compañeras en el Colegio. No pararon hasta cerrar la escuela gratuita para pobres que funcionaba en el Sophianum. Las niñas pagantes tenían, cada una, una niña de la escuelita. Era su pobre. Le traían dulces, ropitas, una vez al año hacían una excursión a la casa de la familia, llevando regalos a su protegida. Iban en el auto del papá, con la mamá, a veces bastaba que se bajara el chofer a entregar el panetón. Qué vergüenza, qué escándalo. ¿Se podía llamar a eso practicar la caridad? Ellas habían insistido, criticado, escrito, protestado tanto, que, por fin, la escuela gratuita del Sophianum se cerró.

—Entonces, no estamos tan lejos como parece, Madre —se asombró Mayta—. Me alegra oírla hablar así. ¿Le puedo citar algo que dijo un gran hombre? Que cuando la humanidad haya acabado con las revoluciones que hacen falta para suprimir la injusticia, nacerá una nueva religión.

—Para qué una nueva religión si ya tenemos la verdadera —repuso la monja, alcanzándole la fuente de dulces—. Sírvase una galletita.

—Trotski —precisó Mayta—. Un revolucionario y un ateo. Pero sentía respeto por el problema de la fe.

—Eso de que la revolución libera las energías del pueblo también se entiende ahí mismo —Vallejos disparó una piedrecita contra un alcatraz—. ¿De veras te pareció mi plan tan malo? ¿O lo dijiste por fregarme, Mayta?

—Nos parecía una deformación monstruosa —Juanita se encoge de hombros, hace un gesto de desánimo—. Y ahora me pregunto si, con deformación y todo, no era mejor que esas niñas tuvieran un sitio donde aprender a leer y recibieran al menos un panetón al año. Ya no sé, ya no estoy tan segura de si hicimos bien. ¿Cuál fue el resultado? En el Colegio éramos treinta y dos monjas y una veintena de hermanas. Ahora quedan tres monjas y ninguna hermana. El porcentaje anda por ahí en la mayoría de los colegios. Las congregaciones se han hecho trizas... ¿Fue buena nuestra toma de conciencia social? ¿Fue bueno el sacrificio de mi hermano?

Intenta una sonrisa, como disculpándose de participarme su desconcierto.

70

—Es lógico, es pan comido, es café con leche —se exaltó Vallejos—. Si los indios trabajan para un patrón que los explota, lo hacen sin ánimo y rinden poco. Cuando trabajen para sí mismos producirán más y eso beneficiará a toda la sociedad. ¿Veinte, mi hermano?

—A condición de que no se haya creado una clase parásita que expropie en su provecho el esfuerzo del proletariado y el campesinado —le explicó Mayta—. A condición de que una clase de burócratas no acumule tanto poder como para crear una nueva estructura de injusticia. Y para evitar eso, justamente, concibió León Davidovich la teoría de la revolución permanente. Uf, yo mismo me aburro con mis discursos.

—Me gustaría ir al fútbol ¿a ti no? —suspiró Vallejos—. Me escapé de Jauja para ver el clásico Alianza-U, no quiero perdérmelo. Vamos, te invito.

—¿Cuál es la respuesta a esa pregunta? —le digo, al ver que se ha quedado callada—. ¿La revolución silenciosa de aquellos años sirvió o perjudicó a la Iglesia?

—Nos sirvió a las que perdimos las falsas ilusiones pero no la fe, a las otras quién sabe —dice María. Y volviéndose a Juanita—. ¿Cómo era Mayta?

—Hablaba con suavidad, con cortesía, vestía muy modestamente —recuerda Juanita—. Intentó impresionarme con desplantes antirreligiosos. Pero, más bien, creo que lo impresioné yo. No sabía lo que estaba ocurriendo en los conventos, en los seminarios, en las parroquias. No sabía nada de nuestra revolución... Abrió mucho los ojos y me dijo: «Entonces, no estamos tan lejos». Los años le han dado la razón ¿no es cierto?

Y me cuenta que el Padre Miguel, un párroco del barrio que desapareció misteriosamente hacía un par de años, es al parecer el famoso Camarada Leoncio que dirigió el sangriento asalto al Palacio de Gobierno el mes pasado.

—Yo lo dudo —protesta María—. El Padre Miguel era un fanfarrón. Muy incendiario de la boca para afuera pero, en el fondo, un bombero. Yo estoy segura que la policía o los escuadrones de la libertad lo mataron.

Sí, era eso. No un revólver ni una pistola, sino una metralleta corta, ligera, que parecía recién salida de fábrica: negra, aceitosa, reluciente. Mayta la observó hipnotizado. Haciendo un esfuerzo, apartó la vista del arma que temblaba en sus manos y echó una mirada alrededor, con la sensación de que, de entre los libros desparramados y los periódicos en desorden del cuartito, surgirían los soplones, señalándolo muertos de risa: «Caíste, Mayta», «Te jodiste, Mayta», «Con las manos en la masa, Mayta». «Es un imprudente, le falta un tornillo, pensó, es un...» Pero no sentía la menor inquina contra el Alférez. Más bien, la benevolencia que inspira la travesura de un niño dilecto y ganas de volver a verlo cuanto antes. «Para jalarle las orejas, pensó. Para decirle...»

—Contigo me pasa una cosa curiosa. No sé si contártela o no. Espero que no te enojes. ¿Puedo hablarte con franqueza?

El estadio estaba semivacío y habían llegado tempranísimo; ni siquiera empezaba el preliminar.

—Puedes —dijo Vallejos, echando humo por la nariz y por la boca—. Ya sé, ¿vas a decirme que mi plan revolucionario es una huevada? ¿O a reñirme otra vez por la sorpresa?

—¿Cuánto tiempo llevamos viéndonos? —dijo Mayta—. ¿Dos meses?

—Nos hemos hecho uña y carne ¿no? —contestó Vallejos, aplaudiendo la tapada de un arquero diminuto y agilísimo—. ¿Qué me ibas a decir, pues?

—Que, a veces, todo esto me parece perder el tiempo.

Vallejos se distrajo del partido:

—¿Prestarme libros y enseñarme marxismo?

—No porque no entiendas lo que te enseño —le aclaró Mayta—. Te sobra cabeza para el materialismo dialéctico o cualquier cosa.

—Menos mal —dijo Vallejos, volviendo a las acciones del match—. Creí que perdías tu tiempo porque soy un tarado.

—No, no eres un tarado —sonrió Mayta al perfil del Subteniente—. Sino porque, hablando contigo, sabiendo lo que piensas, conociéndote, me da la impresión de que la teoría, en vez de servirte, te puede perjudicar.

—Pucha, casi gol, linda media vuelta —se levantó Vallejos, aplaudiendo.

—En ese sentido ¿ves? —siguió Mayta.

—No veo nada —dijo Vallejos—. Me volví tarado, ahora sí. ¿Tratas de decirme que me olvide de mi plan, que hice mal en regalarte esa metralleta? ¿O qué, mi hermano? ¡Goool! Ya era hora. ¡Bravo!

—En teoría, el espontaneísmo revolucionario es malo —dijo Mayta—. Si no hay doctrina, conocimiento científico, el impulso se desperdicia en gestos anárquicos. Pero tú tienes una resistencia instintiva a dejarte aprisionar por la teoría. Quizá tengas razón, quizá, gracias a eso, no te pasará lo que a nosotros...

—¿A quiénes? —preguntó Vallejos, volviéndose a mirarlo.

—Que, por preocuparnos tanto de estar bien preparados doctrinariamente, nos olvidamos de la práctica y...

Calló porque había un gran bullicio en las tribunas: reventaban cohetes y una lluvia de papel picado caía sobre la cancha. Habías metido la pata, Mayta.

—No me has contestado —insistió Vallejos, sin mirarlo, contemplando su cigarrillo: ¿era un soplón?—. Dijiste nosotros y yo pregunté quiénes. Por qué no me contestas, mi hermano.

—Los revolucionarios peruanos, los marxistas peruanos —silabeó Mayta, escudriñándolo: ¿era un agente con la misión de averiguar, de provocar?—. Sabemos mucho de leninismo y de trotskismo. Pero no sabemos cómo llegar a las masas. Me refería a eso.

—Le pregunté si, por lo menos, creía en Dios, si sus ideas políticas eran compatibles con la fe cristina —dice Juanita.

—No debí preguntarte eso, hermano —se disculpó Vallejos, arrepentido, inmersos los dos en el torrente de público que bajaba las graderías del estadio—. Lo siento. No quiero que me cuentes nada.

—¿Qué te voy a contar que ya no sepas? —dijo Mayta—. Me alegro que viniéramos, aunque el partido fuera malo. Hacía siglos que no...

—Quiero decirte una cosa —insistió Vallejos, tomándolo del brazo—. Entiendo muy bien que tengas desconfianza.

—Estás loco —dijo Mayta—. ¿Por qué te tendría desconfianza?

—Porque soy un militar y porque no me conoces bastante —dijo Vallejos—. Comprendo que me ocultes ciertas cosas. No quiero saber nada de tu vida política, Mayta. Soy derecho de la cabeza a los pies con mis amigos. Y a ti te considero mi mejor amigo. Si te juego sucio, ya tienes para vengarte la sorpresa que te regalé...

—La revolución y la religión católica son incompatibles —afirmó Mayta, con suavidad—. Lo mejor es no engañarse, Madre.

—Está usted despistado y atrasadísimo —se burló Juanita—. ¿Cree que me llama la atención oír que la religión es el opio del pueblo? Sería, habría sido, en todo caso. Pero eso se acabó. Todo está cambiando. La revolución la haremos también nosotros. No se ría.

¿Había comenzado ya, entonces, en el Perú, la época de los curas y monjas progresistas? Juanita me asegura que sí, pero yo tengo mis dudas. En todo caso, era algo tan primerizo y balbuciente que Mayta no hubiera podido conocerlo. ¿Le hubiera alegrado? ¿El ex-niño que había hecho una huelga de hambre para parecerse a los miserables se hubiera sentido feliz de que Monseñor Bambarén, el obispo de las barriadas, llevara, según se decía, su famoso anillo con las armas pontificias en un lado y la hoz y el martillo en el otro? ¿Que el Padre Gustavo Gutiérrez concibiera la teología de la liberación explicando que hacer la revolución socialista era deber de los católicos? ¿Que Monseñor Méndez Arceo aconsejara a los creyentes mexicanos ir a Cuba como antes iban a Lourdes? Sí, sin duda. Acaso hubiera seguido siendo católico, como tantos revolucionarios de hoy día. ¿Daba la impresión de un dogmático, de un hombre de ideas rígidas?

Juanita queda pensativa, un momento.

—Sí, creo que sí, de un dogmático —asiente—. Por lo menos, no era nada flexible en lo que se refiere a la religión. Conversamos sólo un rato, acaso no comprendí bien qué clase de hombre era. Pensé mucho en él, después. Llegó a tener una influencia muy grande sobre mi hermano. Le cambió la vida. Lo hizo leer, algo que él casi no hacía antes. Libros comunistas, por supuesto. Traté de prevenirlo: ¿te das cuenta que te está catequizando?

—Sí, lo sé, pero con él aprendo muchas cosas, hermana.

—Mi hermano fue un idealista y un rebelde, con un sentido innato de la justicia —añade Juanita—. En Mayta encontró un mentor, que lo manejaba a su antojo.

—¿O sea que, según tú, Mayta fue el responsable? —le pregunto—. ¿Crees que planeó todo, que él embarcó a Vallejos en lo de Jauja?

—No, porque ni sé cómo usarla —dudó Mayta—. Te confesaré algo. No he disparado en mi vida ni una pistola de juguete. Volviendo a lo de antes, a lo de la amistad, tengo que advertirte una cosa.

—No me adviertas nada, ya te pedí perdón por mis indiscreciones —dijo Vallejos—. Prefiero, más bien, uno de tus discursos. Sigamos con el doble poder, esa manera de serrucharles el piso a poquitos a la burguesía y al imperialismo.

—Que ni siquiera la amistad está antes que la revolución para un revolucionario, métete eso bien adentro y que no se te olvide —dijo Mayta—. La revolución, lo primero. Después, todo lo demás. Es lo que intenté explicarle a tu hermana la otra tarde. Sus ideas son buenas, ella va lo más lejos que un católico puede ir. Pero no basta. Si crees en el cielo, en el infierno, lo de aquí pasará siempre a segundo lugar. Y así no habrá jamás revolución. Te tengo confianza y te considero, también, un gran amigo. Si te oculto algo, si…

—Basta, ya te pedí perdón, ni una palabra más —lo calló Vallejos—. ¿O sea que nunca has disparado? Mañana nos vamos por Lurín, con la sorpresa. Te daré una clase. Disparar una metralleta es más fácil que la tesis del doble poder.

—Por supuesto, es lo que tuvo que ocurrir —dijo Juanita. Pero en su manera de decirlo no hay tanta seguridad—. Mayta era un político viejo, un revolucionario profesional. Mi hermano, un chiquillo impulsivo al que, por cuestión de edad, de cultura, el otro dominaba.

—No sé, no estoy seguro —le replico—. A ratos, pienso que fue al contrario.

—Qué disparate —tercia María—. ¿Cómo hubiera podido un chiquillo embarcar a un viejo requete-sabio en una locura así?

Precisamente, Madre. Mayta era un revolucionario de la sombra. Se había pasado la vida conspirando y peleando en grupitos ínfimos como aquel en el que militó. Y, de pronto, cuando se acercaba a la edad en que otros se jubilan de la militancia, apareció alguien que, por primera vez, le abrió las puertas de la acción. ¿Podía haber hechizo más grande para un hombre como él que, un día, le pusieran en las manos una metralleta?

—Eso es una novela —dice Juanita, con una sonrisa que, al mismo tiempo, me desagravia por la ofensa—. Ésa no parece la historia real, en todo caso.

—No va a ser la historia real, sino, efectivamente, una novela —le confirmo—. Una versión muy pálida, remota y, si quieres, falsa.

—Entonces, para qué tantos trabajos —insinúa ella, con ironía—, para qué tratar de averiguar lo que pasó, para qué venir a confesarme de esta manera. ¿Por qué no mentir más bien desde el principio?

—Porque soy realista, en mis novelas trato siempre de mentir con conocimiento de causa —le explico—. Es mi método de trabajo. Y, creo, la única manera de escribir historias a partir de la historia con mayúsculas.

—Me pregunto si alguna vez se llega a saber la historia con mayúsculas —me interrumpe María—. O si en ella no hay tanta o más invención que en las novelas. Por ejemplo, eso de lo que hablábamos. Se han dicho tantas cosas sobre los curas revolucionarios, sobre la infiltración marxista de la Iglesia... Y, sin embargo, a nadie se le ocurre la explicación más simple.

—¿Cuál es?

—La desesperación y la cólera que puede dar codearse día y noche con el hambre y con la enferme-

dad, la sensación de impotencia frente a tanta injusticia —dijo Mayta, siempre con delicadeza, y la
monja advirtió que apenas movía los labios—. Sobre todo, darse cuenta que los que pueden hacer
algo no harán nunca nada. Los políticos, los ricos,
los que tienen la sartén por el mango, los que
mandan.

—Pero, pero ¿perder la fe por eso? —dijo la hermana de Vallejos, maravillada—. Más bien, eso debería afirmarla, debería...

Mayta siguió, endureciendo el tono:

—Por más fuerte que sea la fe, llega un momento
en que uno dice basta. No es posible que el remedio
contra tanta iniquidad sea la promesa de la vida eter-
na. Fue así, Madre. Viendo que el infierno ya estaba
en las calles de Lima. Especialmente, en el Montón.
¿Sabe usted qué es el Montón?

Una barriada, una de las primeras, no peor ni
más miserable que ésta en la que Juanita y María
viven. Las cosas han empeorado mucho desde aquella
confesión de Mayta a la monja, las barriadas han
proliferado y, a la miseria y el desempleo, se ha añadido la matanza. ¿Fue de veras ese espectáculo del
Montón el que, hace medio siglo, cambió al beati-
to que era Mayta en un rebelde? El contacto con ese
mundo no ha tenido el mismo efecto, en todo caso,
en Juanita y María. Ninguna de las dos da la impresión de estar desesperada ni colérica ni tampoco resignada, y, hasta donde puedo darme cuenta, el con-
vivir con la iniquidad tampoco las ha convencido
de que la solución sean los asesinatos y las bombas.
¿Seguían siendo ambas religiosas, no es cierto? ¿Se
prolongarían los disparos en ecos por el desierto de
Lurín?

—No —Vallejos apuntó, disparó y el ruido fue
menor de lo que Mayta esperaba. Tenía las manos
mojadas de la excitación—. No eran para mí, te men-
tí. Esos libritos, en realidad, me los llevo a Jauja

para que los lean los josefinos. Yo te tengo confianza, Mayta. Y te cuento algo que no le contaría ni siquiera a la persona que más quiero, que es mi hermana.

Y, mientras hablaba, puso la metralleta en sus manos. Le mostró dónde apoyarla, cómo liberar el seguro, apuntar, presionar el gatillo, cargarla y descargarla.

—Haces mal, esas cosas no se cuentan —lo recriminó Mayta, la voz alterada por el sacudón que había sentido en el cuerpo al escuchar la ráfaga y descubrir en la vibración de las muñecas que era él quien disparaba: a lo lejos, el arenal se extendía, amarillento, ocre, azulado, indiferente—. Por una cuestión elemental de seguridad. No se trata de ti, sino de los demás ¿no comprendes? Uno tiene derecho de hacer con su vida lo que le da la gana. Pero no a poner en peligro a los camaradas, a la revolución, sólo por demostrarle confianza a un amigo. ¿Y si yo trabajara para la policía?

—No eres apto para eso, ni aunque quisieras podrías ser soplón —se rió Vallejos—. ¿Qué te pareció? ¿No es fácil?

—La verdad que es facilísimo —asintió Mayta, palpando la boca del arma y sintiendo una llamarada en los dedos—. No me cuentes una palabra más de los josefinos. No quiero esas pruebas de amistad, so huevonazo.

Se había levantado una brisa cálida y los médanos del contorno parecían bombardearlos con granitos de arena. Es cierto, el Alférez había elegido bien el sitio, quién podía oír los tiros en esta soledad. No debía creerse que ya sabía todo. Lo principal no era cargar, descargar, apuntar y disparar, sino limpiar el arma y saber armarla y desarmarla.

—Te lo conté por interés —volvió al asunto Vallejos, indicándole con un gesto que regresaran a la carretera, pues el terral los iba a ahogar—. Necesito tu ayuda, mi hermano. Son unos muchachos del Colegio San José, allá en Jauja. Muy jóvenes, de cuarto y quinto de Media. Nos hicimos amigos jugando al fútbol, en la canchita de la cárcel. Los josefinos.

Avanzaban por el arenal con las cabezas contra el viento, los pies hundidos hasta los tobillos en la blanda tierra y Mayta, de pronto, se olvidó de la clase de disparo y de su excitación de un momento antes, intrigado por lo que el Subteniente le decía.

—No me cuentes nada que puedas lamentar —le recordó, sin embargo, comido por la curiosidad.

—Calla, carajo —Vallejos se había puesto un pañuelo contra la boca para defenderse de la arena—. Con los josefinos pasamos de jugar fútbol a tomarnos unas cervezas, a ir a fiestecitas, al cine y a conversar mucho. Desde que empezamos nuestras reuniones, he tratado de enseñarles lo que tú me enseñas. Me ayuda un profesor del Colegio San José. Dice que es socialista, también.

—¿Les das clases de marxismo? —le preguntó Mayta.

—Sí, pues, la verdadera ciencia —gesticuló Vallejos—. El contraveneno de esos conocimientos idealistas, metafísicos, que les meten en el coco. Como dirías tú, con tu florido lenguaje, mi hermano.

Hacía un momento, cuando le enseñaba a disparar, era un atleta diestro y mandón. Y, ahora, un jovencito tímido, confundido de contarle lo que le contaba. A través de la lluviecita de arena Mayta lo miró. Imaginó a las mujeres que habrían besado esas facciones recias, mordido esos labios bien marcados, que se habrían retorcido bajo el cuerpo duro del Alférez.

—¿Sabes que me dejas con la boca abierta? —exclamó—. Creí que mis clases de marxismo te aburrían mortalmente.

—A veces, sí, para ser francos, y otras veces me quedo en la luna —reconoció Vallejos—. La revolución permanente, por ejemplo. Es demasiadas cosas al mismo tiempo. Así que a los josefinos les hice un sancochado en la cabeza. Por eso te pido tanto que vengas a Jauja. Anda, échame una manito con ellos. Esos muchachos son dinamita pura, Mayta.

—Claro que seguimos siendo religiosas, aunque ya sin disfraz —sonríe María—. Tenemos una excedencia de funciones, no de votos. Nos liberan de la enseñanza en el colegio y nos dejan trabajar aquí. La congregación nos ayuda en lo que puede.

¿Tienen Juanita y María la sensación de aportar una ayuda efectiva, viviendo en la barriada? Seguramente, de otro modo sería inexplicable que corrieran semejante riesgo, en las circunstancias actuales. No pasa un día sin que un cura, una monja, una trabajadora social de las barriadas sea víctima de un atentado. Al margen de que resulte útil o inútil lo que hacen, es imposible no envidiarles esa fe que les da fuerza para resistir el horror cotidiano. Les digo que, mientras caminaba hasta aquí, tuve la impresión de atravesar todos los círculos del infierno.

—Allá debe ser todavía peor —dice Juanita, sin sonreír.

—¿No habías estado nunca en este pueblo joven? —interviene María.

—No, no he estado nunca en el Montón —contestó Juanita.

—Yo sí, muchas veces, de chico, cuando era muy católico —dijo Mayta, y ella advirtió que tenía una expresión abstraída, ¿nostálgica?—. Con unos muchachos de la Acción Católica. Había en esa barriada una Misión canadiense. Dos curas y varios laicos. Me acuerdo de un Padre joven, alto, colorado-te, que era médico. «Nada de lo que he aprendido sirve», decía. No soportaba que los niños murieran como moscas, la cantidad de tuberculosos, y que en los periódicos hubiera páginas y páginas dedicadas a fiestas y banquetes, a los matrimonios de los ricos. Yo tenía quince años. Regresaba a mi casa y en las noches no podía rezar. «Dios no escucha, pensaba, se tapa los oídos para no oír y los ojos para no ver lo que ocurre en el Montón.» Hasta que un día me convencí. Para luchar de veras contra todo eso tenía que dejar de creer en Dios, Madre.

A Juanita le pareció sacar una conclusión absurda de premisas justas y se lo dijo. Pero la impresionó la emoción que notó en Mayta.

—Yo también he tenido muchos momentos de angustia en lo que respecta a mi fe —dijo—. Aunque, felizmente, no me ha dado hasta ahora por pedirle cuentas a Dios.

—No hablamos sólo de teoría, también de cosas prácticas —prosiguió Vallejos. Caminaban por la carretera, rumbo a Lima, la metralleta escondida en el bolsón, tratando de parar a todos los camiones y ómnibus.

—¿Cosas prácticas como preparar cócteles Molotov, petardos de dinamita y bombas? —se burló Mayta—. ¿Cosas prácticas como tu plan revolucionario del otro día?

—Todo a su debido tiempo, mi hermano —dijo Vallejos, siempre en tono jovial—. Cosas prácticas como ir a las comunidades, a ver de cerca los problemas del campesinado. Y sus soluciones. Porque esos indios han comenzado a moverse, a ocupar las tierras que reclamaban hacía siglos.

—A recuperarlas, querrás decir —susurró Mayta. Lo miraba con curiosidad, desconcertado, como si, a pesar de estar viéndose hacía tantas semanas, estuviera descubriendo al verdadero Vallejos—. Esas tierras eran de ellos, no te olvides.

—Exacto, las recuperaciones de tierras quiero decir —asintió el Subteniente—. Vamos y conversamos con los campesinos, y los muchachos ven que esos indios, sin ayuda de ningún partido, empiezan a romper sus cadenas. Así van aprendiendo cómo llegará la revolución a este país. El Profe Ubilluz me ayuda algo con la teoría, pero tú me ayudarías muchísimo más, mi hermano. ¿Vendrás a Jauja?

—Me dejas con la boca abierta —dijo Mayta.

—Ciérrala, te vas a atorar con tanta arena —se rió Vallejos—. Mira, ese colectivo va a parar.

—O sea que tienes tu grupo y todo —repitió Mayta, frotándose los ojos irritados por la polvareda—. Un círculo de estudios marxistas. ¡En Jauja! Y has hecho contacto con bases campesinas. O sea que...

—O sea que mientras tú hablas de la revolución, yo la hago —le dio un palmazo el Subteniente—. Sí, carajo. Yo soy un hombre de acción. Y tú, un teórico. Tenemos que unirnos. La teoría y la práctica, compadre. Pondremos en marcha a este pueblo y no habrá quien lo pare. Haremos cosas grandes. Chócate esos cinco y júrame que vendrás a Jauja. ¡Nuestro Perú es formidable, mi hermano!

Parecía un chiquillo exaltado y feliz, con su uniforme impecable y su mechón de mohicano. Mayta se sintió contento de estar otra vez con él. Se sentaron en una mesa del rincón, pidieron al chino dos cafés y a Mayta se le ocurrió que, si tuvieran la misma edad y fueran niños, habrían sellado su amistad con un pacto de sangre.

—Ahora hay en la Iglesia muchos curas y monjas como ese Padre canadiense del Montón —dijo la Madre, sin incomodarse—. La Iglesia conoció la miseria desde siempre y, diga usted lo que diga, siempre hizo lo que pudo por aliviarla. Pero, ahora, es cierto, ha entendido que la injusticia no es individual sino social. Tampoco la Iglesia acepta ya que unos pocos tengan todo y la mayoría nada. Sabemos que en esas condiciones, la ayuda puramente espiritual se vuelve una burla... Pero, lo estoy apartando del tema.

—No, ése es el tema —la animó Mayta—. La miseria, los millones de hambrientos del Perú. El único tema que cuenta. ¿Hay una solución? ¿Cuál? ¿Quién la tiene? ¿Dios? No, Madre. La revolución.

Ha ido atardeciendo y cuando miro el reloj veo que llevo allí cerca de cuatro horas. Me hubiera gustado oír eso que Juanita oyó, oír de boca de Mayta cómo perdió la fe. En el curso de la conversación, a veces asoman chiquillos a la puerta entreabierta de la vivienda: meten la cabeza, espían, se aburren, se van. ¿Cuántos de ellos serán reclutados por la insurrección? ¿Me habló alguna vez mi condiscípulo de sus idas al Montón a ayudar a los curitas de la Misión canadiense? ¿Cuántos de ellos matarán o morirán asesinados? Juanita ha salido un momento al dispensario contiguo, a ver si hay novedades. ¿Iba cada tarde, después de las clases del Salesiano, o sólo los domingos? El dispensario funciona de ocho a nueve, con dos médicos voluntarios que se turnan, y, en las tardes, vienen un enfermero y una enfermera a poner vacunas y a hacer curaciones de urgencia. ¿Ayudaba Mayta al curita pelirrojo, desesperado y colérico, a enterrar a las criaturas abatidas por el ayuno y las infecciones y se le llenaban los ojos de lágrimas y su pequeño corazón latía con fuerza y su imaginación enfebrecida de niño creyente volaba al cielo y preguntaba por qué, por qué permites, Señor, que pase esto? Junto al dispensario, en una casita de tablas, funciona la Acción Comunal. Con la posta médica, es la razón de la presencia de Juanita y María en la barriada. ¿Era así la Misión canadiense donde hacía Mayta trabajo voluntario? ¿También iba allá un abogado a asesorar gratuitamente a los vecinos sobre problemas legales y un técnico cooperativista a aconsejarlos sobre la formación de industrias? Iba allí, se zambullía en esa miseria, su fe comenzaba a trastabillear y, en el Colegio, no nos decía una palabra. Conmigo seguía hablando de las seriales y de lo bueno que sería que hicieran una película sobre *El conde de Montecristo*. Durante algunos años, me cuentan, Juanita y María trabajaron en la planta embotelladora de San Juan de Lurigancho. Pero desde que la planta quebró, se dedican exclusivamente a Acción Comunal; sus respectivas congregaciones les pasan una pequeña mensualidad que les permite vivir. ¿Por qué se confió así con alguien a quien veía por primera vez? ¿Porque era una monja, porque le inspiró afecto, porque la monja era hermana de su nuevo amigo, o porque, de pronto, tuvo un arrebato de melancolía recordando su fe ardiente de alumno salesiano?

—Cuando comenzaron los atentados sí tuvimos miedo —dice María—. De que nos pusieran una bomba y destruyeran todo esto. Pero ha pasado tanto tiempo ya que ni nos acordamos. Hemos tenido suerte. A pesar de que unos y otros han hecho correr tanta sangre en el barrio, hasta ahora nos han respetado.

—¿Son muy católicos en su familia? —preguntó Mayta—. ¿No tuvo usted problemas para...?

—Lo son por rutina más que convicción —sonrió la monja—. Como la mayoría de la gente. Claro que tuve. Se quedaron atónitos cuando les dije que quería profesar. Para mi mamá fue el fin del mundo, para mi papá como si me enterraran viva. Pero ya se acostumbraron.

—Un hijo al Ejército y una hija al convento —dijo Mayta—. Era lo típico de todas las familias aristocráticas en la Colonia.

—Ven, ven —lo llamó Vallejos, desde la mesa—. Conversa también un poco con el resto de la familia y no te acapares a mi hermana, que nunca la vemos.

Ambas dan clases en la mañana en la escuelita que funciona en Acción Comunal. Los domingos, cuando viene el cura a decir la misa, el local hace las veces de capilla. Últimamente no viene mucho: le pusieron un petardo de dinamita en su parroquia y ha quedado mal de los nervios.

—Parece que no se la pusieron los escuadrones

de la libertad, sino unos palomillas del barrio para divertirse a su costa, porque saben que es miedoso —dice María—. El pobre jamás ha hecho política de ninguna clase y su única debilidad son los caramelos. Con el susto del petardo ha perdido más de diez kilos.

—¿Te parece que hablo de él con cierto rencor, con resentimiento? —Juanita hace un curioso mohín y veo que no pregunta por preguntar; es algo que debe preocuparla hace mucho tiempo.

—No noté nada de eso —le digo—. He notado, sí, que evitas llamar a Mayta por su nombre. Siempre das un rodeo en vez de decir Mayta. ¿Es por lo de Jauja, porque estás segura que fue él quien empujó a Vallejos?

—No estoy segura —niega Juanita—. Es posible que mi hermano tuviera también su parte de responsabilidad. Pero pese a que no quiero, me doy cuenta que le guardo un poco de rencor. No por lo de Jauja. Porque lo hizo dudar. Esa última vez que estuvimos juntos le pregunté: «¿Te vas a volver un ateo como tu amigo Mayta, también te va a dar por eso?» No me respondió lo que yo esperaba. Encogió los hombros y dijo:

—A lo mejor, hermana, porque la revolución es lo primero.

—También el Padre Ernesto Cardenal decía que la revolución era lo primero —recuerda María. Añade que, no sabe por qué, ese Padre pelirrojo de la historia de Mayta le ha traído a la cabeza lo que fue para ella la venida al Perú de Ivan Illich, primero, y, luego, de Ernesto Cardenal.

—Sí, es verdad, qué hubiera dicho Mayta aquella tarde que conversamos si hubiera sabido que dentro de la Iglesia se podían oír cosas así —dice Juanita—. A pesar de que yo creía ya estar de vuelta de todo, cuando vino Ivan Illich me quedé pasmada. ¿Era un sacerdote quien decía esas cosas? ¿Hasta ahí había llegado nuestra revolución? Ya no era silenciosa, entonces.

—Pero con Ivan Illich no habíamos oído nada, aún —empalma María, los ojos azules llenos de malicia—. Había que oír a Ernesto Cardenal para saber lo que era bueno. En el Colegio, varias pedimos un permiso especial para ir a verlo al Instituto Nacional de Cultura y al Teatro Pardo y Aliaga.

—Ahora es Ministro en su país, todo un personaje político ¿no? —pregunta Juanita.

—Sí, iré a Jauja contigo —le prometió Mayta, en voz muy baja—. Pero, por favor, discreción. Sobre todo, después de lo que me has contado. Lo que haces con esos muchachos es trabajo subversivo, camarada. Te juegas la carrera y muchas cosas.

—¿Y me dices eso tú? ¿Tú que me atoras con propaganda subversiva cada vez que nos vemos?

Terminaron riéndose y el chino, que les traía los cafés, les preguntó cuál era el chiste. «Uno de Otto y Fritz», dijo el Alférez.

—La próxima vez que vengas a Lima fijaremos en qué fecha iré a Jauja —le prometió Mayta—. Pero dame tu palabra que no dirás nada a tu grupo sobre mi venida.

—Secretos, secretos, tu manía de los secretos —protestó Vallejos—. Sí, ya sé, la seguridad es vital. Pero no se puede ser tan melindroso, mi hermano. ¿Te cuento algo a propósito de secretos? Pepote, ese pelópidas de la fiesta de tu tía, me quitó a Alci. Fui a visitarla y la encontré con él. Agarraditos de la mano. «Te presento a mi enamorado», me dijo. Me pusieron a tocar violín.

No parecía importarle, pues lo contaba riéndose. No, no diría nada a los josefinos ni al Profesor Ubilluz, les darían la sorpresa. Ahora tenía que irse volando. Se despidieron con un apretón de manos y Mayta lo vio salir de la pulpería, derecho y sólido en su uniforme, a la Avenida España. Mientras lo veía alejarse, pensó que por tercera vez se reunían ya en el mismo cafecito. ¿Era prudente? La Prefectura estaba a un paso y no sería raro que muchos soplones fueran sus clientes. Así que había formado, por su cuenta y riesgo, un círculo marxista. ¡Quién lo hubiera dicho! Entrecerró los ojos y vio, allá, a tres mil y pico de metros de altura, sus caras adolescentes y serranas, sus chapas y sus pelos lacios y sus anchas cajas torácicas. Los vio corretear detrás de una pelota, sudorosos y excitados. El Subteniente corría en medio de ellos, como si fuera de su misma edad, pero él era más alto, más ágil, más fuerte, más diestro, cabreando, pateando y cabeceando y a cada salto, patada o cabezazo, sus músculos se endurecían. Terminado el partido, los vio apiñados en un cuarto de adobes y calamina, por cuyas ventanas se divisaban nubes blancas enroscándose en picachos morados. Escuchaban atentamente al Alférez que, mostrándoles el *Qué hacer* de Lenin, les decía: «Esto es dinamita pura, muchachos». No se rió. No sentía ningún deseo de burlarse, de decirse lo que había venido diciendo de él a sus camaradas del POR(T): «Es muy joven, pero con buena pasta», «Vale, aunque le falta madurar». Sentía en este momento mucho aprecio por Vallejos, algo de envidia por su juventud y entusiasmo, y algo más, íntimo y cálido. En la próxima reunión del Comité Central del POR(T) pediría un debate a fondo porque lo de Jauja ya tomaba otro cariz. Iba a levantarse de la mesita del rincón —la cuenta la había pagado Vallejos antes de irse— cuando descubrió su pantalón abultado. Le ardió la cara, el cuerpo. Se dio cuenta que temblaba de deseo.

—Nosotras te acompañamos —dice Juanita.

Discutimos un rato en la puerta de la vivienda, bajo el crepúsculo que pronto será noche. Les digo que no vale la pena, he dejado el auto como a un kilómetro de distancia, para qué van a dar semejante caminata.

—No es por amables —dice María—. No queremos que te asalten otra vez.

—Ahora no tienen nada que robarme —les digo—. Apenas la llave del auto y este cuaderno. Los apuntes son lo de menos. Lo que no queda en la memoria, no sirve para la novela.

Pero no hay manera de disuadirlas y ellas salen conmigo, a la pestilencia y al terral de la barriada. Me pongo entre las dos y las llamo mis guardaespaldas, mientras avanzamos por la disparatada orografía de casuchas, cuevas, tenderetes, pocilgas, criaturas revolcándose, perros súbitos. Toda la gente parece estar en las puertas de las viviendas o deambulando por el terral y se oyen diálogos, chistes, una que otra lisura. A veces tropiezo en un hueco o una piedra, a pesar del cuidado con que piso, pero María y Juanita caminan con desenvoltura, como si conocieran los obstáculos de memoria.

—Los robos y asaltos son peores que los crímenes políticos —dice de nuevo Juanita—. Culpa del desempleo, de la droga. Siempre hubo ladrones en la vecindad, por supuesto. Pero, antes, los del barrio iban a robar afuera, a los ricos. Por la desocupación, por la droga, por la guerra, ha desaparecido hasta el más mínimo sentido de solidaridad vecinal. Ahora los pobres roban y matan a los pobres.

Se ha convertido en un gran problema, añade. Apenas oscurece, prácticamente nadie que no tenga cuchillo o sea un matón, un inconsciente o esté borracho perdido, se atreve a circular por la barriada, pues sabe que será asaltado. Los ladrones se meten a las casas a pleno día y los asaltos degeneran a menudo en hechos de sangre. La desesperación de la gente no tiene límites y por eso pasan las cosas que pasan. Por ejemplo, a ese pobre diablo al que los moradores de una barriada vecina encontraron tratando de violar a una niña y rociaron con querosene y quemaron vivo.

—Ayer nomás descubrieron aquí un laboratorio de cocaína —dice María.

¿Qué pensaría Mayta de todo esto? En ese tiempo, la droga era prácticamente inexistente, un juego de exquisitos y noctámbulos. Ahora, en cambio... No pueden tener remedios en el dispensario, las oigo decir. En las noches, los llevan a la casa donde viven y los ocultan en un escondrijo, bajo un baúl. Porque cada noche se metían a robarse los pomos, las tabletas, las ampollas. No para curarse, para eso existía el dispensario y los remedios eran gratuitos. Para drogarse. Creían que todo remedio era droga y se tomaban los que encontraban. Muchos ladrones tenían que venir al día siguiente al dispensario con diarreas, vómitos y cosas peores. Los muchachos del barrio se drogaban con cáscaras de plátano, con hojas de floripondio, con goma, con todo lo imaginable. ¿Qué diría Mayta de todo esto? No lo adivino y, por lo demás, tampoco puedo concentrarme en el recuerdo de Mayta: su cara aparece y desaparece, es un fuego fatuo.

Al llegar a los basurales-chiqueros, oímos hozar a los chanchos. La pestilencia se adensa y corporiza. Insisto en que regresen, pero ellas se niegan. Esta zona de los basurales, dicen, es la más peligrosa. ¿No puedo concentrarme en Mayta porque, ante semejante ruindad, su historia se minimiza y evapora? Cualquier cara forastera resulta un blanco tentador ¿dice María?

—Esto es también el barrio rojo de la zona —añade Juanita. ¿O es porque, ante esta ignominia, no es Mayta sino la literatura la que resulta vana?—. Bastante penoso ¿no? Prostituirse para vivir ya lo es. Pero, encima, hacerlo aquí, en medio de las basuras y de los chanchos...

—La explicación es que tienen clientes —acota María.

Es un mal pensamiento ése. Si, como el Padre canadiense del cuento de Mayta, yo también me dejo ganar por la desesperación, no escribiré esta novela. Eso no habrá ayudado a nadie; por efímera que sea, una novela es algo, en tanto que la desesperación no es nada. ¿Se sienten seguras, trajinando de noche por el barrio? Hasta ahora, gracias a Dios, no les ha pasado nada. Ni siquiera con borrachos furiosos que hubieran podido desconocerlas.

—A lo mejor somos muy feas y no tentamos a nadie —lanza una carcajada María.

—Los dos médicos han sido asaltados —dice Juanita—. Sin embargo, siguen viniendo.

Trato de continuar la conversación, pero me distraigo, e intento volver a Mayta pero tampoco puedo, porque, una y otra vez, interfiere con su imagen la del poeta Ernesto Cardenal, tal como era aquella vez que vino a Lima —¿hace quince años?— e impresionó tanto a María. No les he dicho que yo también fui a oírlo al Instituto Nacional de Cultura y al Teatro Pardo y Aliaga y que a mí también me causó una impresión muy viva. Ni que siempre lamentaré haberlo oído, pues, desde entonces, no puedo leer su poesía, que, antes, me gustaba. ¿No es injusto? ¿Tiene acaso algo que ver lo uno con lo otro? Debe de tener, de una manera que no puedo explicar. Pero la relación existe, pues la experimento. Apareció disfrazado de Che Guevara y respondió, en el coloquio, a la demagogia de unos provocadores del auditorio con más demagogia todavía de la que ellos querían oír. Hizo y dijo todo lo que hacía falta para merecer la aprobación y el aplauso de los más recalcitrantes: no había ninguna diferencia entre el Reino de Dios y la sociedad comunista; la Iglesia se había hecho una puta, pero gracias a la revolución volvería a ser pura, como lo estaba volviendo a ser en

Cuba ahora; el Vaticano, cueva de capitalistas que siempre había defendido a los poderosos, era ahora sirviente del Pentágono; el partido único, en Cuba y la URSS, significaba que la élite servía de fermento a la masa, exactamente como quería Cristo que hiciera la Iglesia con el pueblo; era inmoral hablar contra los campos de trabajos forzados de la URSS ¿porque acaso se podía creer la propaganda capitalista? Y el golpe de teatro final, flameando las manos: desde esa tribuna denunciaba al mundo que el reciente ciclón en el Lago de Nicaragua era el resultado de unos experimentos balísticos norteamericanos... Aún conservo viva la impresión de insinceridad e histrionismo que me dio. Desde entonces, evito conocer a los escritores que me gustan para que no me pase con ellos lo que con el poeta Cardenal, al que, cada vez que intento leer, del texto mismo se levanta, como un ácido que lo degrada, el recuerdo del hombre que lo escribió.

Hemos llegado al auto. Han forzado la puerta del volante. Como no tenía nada que llevarse, el ladrón, en represalia, ha rasgado el tapiz del asiento y esa mancha indica que también ha orinado encima. Digo a Juanita y a María que me hizo un favor, pues me obligará a cambiar el forro que estaba viejísimo. Pero ellas, compungidas, azoradas, me compadecen.

IV

—TARDE o temprano, la historia tendrá que escribirse —dice el senador, moviéndose en el asiento hasta encontrar una postura cómoda para su pierna lesionada—. La verdadera, no el mito. Aunque no es el momento todavía.

Le pedí que la conversación fuera en un sitio tranquilo, pero él se empeñó en que viniera al Bar del Congreso. Como me temía, a cada momento nos interrumpen: colegas y periodistas se acercan, lo saludan, intercambian chismes, le hacen preguntas. Desde el atentado que lo dejó cojo, es uno de los parlamentarios más populares. Hablamos de manera entrecortada, con largos paréntesis. Le explico una vez más que no pretendo escribir la «verdadera historia» de Mayta. Sólo recopilar la mayor cantidad de datos y opiniones sobre él, para, luego, añadiendo copiosas dosis de invención a esos materiales, construir algo que será una versión irreconocible de lo sucedido. Sus ojitos saltones y desconfiados me escrutan sin simpatía.

—Hoy por hoy, no debe hacerse nada que afecte el gran proceso de unificación de la izquierda democrática en que estamos, lo único que puede salvar al Perú en las circunstancias actuales —murmura—. La historia de Mayta, por más que hayan pasado veinticinco años, puede sacar algunas ronchas.

Es un hombre delgado y habla con desenvoltura. Viste con elegancia, en sus cabellos enrulados abundan las canas, fuma con boquilla. A ratos, la pierna malograda parece dolerle, pues se la soba con fuerza. Escribe con corrección, para ser un político. Ésa fue la llave que le abrió las altas esferas del régimen militar del general Velasco, del que fue asesor. Él inventó buena parte de los estribillos con los que la dictadura se granjeó la aureola de progresista y fue director de uno de los diarios confiscados. Escribió discursos para el general Velasco (se los roconocía por ciertas palabrejas sociojurídicas que al dictador se le enredaban en los dientes) y representó, con un grupo pequeño, lo más radical del régimen. Ahora, el senador Campos es una personalidad moderada a la que la extrema derecha y la ultraizquierda maoísta y trotskista atacan con furia. Los guerrilleros lo han condenado a muerte y también los escuadrones de la libertad. Estos últimos —signo de los absurdos tiempos que vivimos— aseguran que es el jefe secreto de la subversión. Hace unos meses, una bomba deshizo su automóvil, hiriendo a su chofer y destrozándole la pierna izquierda, que ahora tiene rígida. ¿Quién lanzó la bomba? No se sabe.

—Pero, en fin —exclama de pronto, cuando, pensando que no hay modo de hacerlo hablar, estoy por despedirme—, si ya se enteró de tantas cosas, sepa también lo principal: Mayta colaboró con los servicios de inteligencia del Ejército y, probablemente, con la CIA.

—Eso no es cierto —protestó Mayta.

—Lo es —replicó Anatolio—. Lenin y Trotski condenaron siempre el terrorismo.

—La acción directa no es terrorismo —dijo Mayta—, sino, pura y simplemente, la acción insurreccional revolucionaria. Si Lenin y Trotski condenaron eso, no sé qué hicieron toda su vida. Convéncete, Anatolio, nos estábamos olvidando de lo importante.

Nuestro deber es la revolución, la primera tarea de un marxista. ¿No es increíble que nos lo recuerde un alférez?

—¿Aceptas por lo menos que Lenin y Trotski condenaron el terrorismo? —hizo una retirada táctica Anatolio.

—Guardando las distancias, yo también lo condeno —asintió Mayta—. El terrorismo ciego, cortado de las masas, aleja al pueblo de la vanguardia. Nosotros vamos a ser algo distinto: la chispa que prende la mecha, la bolita de nieve que se vuelve huayco.

—Te sientes poeta, hoy —se echó a reír Anatolio, con una risa que parecía demasiado fuerte para el minúsculo cuartito.

«Poeta no, pensó. Más bien ilusionado, rejuvenecido.» Y con un optimismo que no había sentido en muchos años. Era como si la masa de libros y periódicos amontonados a su alrededor estuvieran ardiendo con un fuego tibio y envolvente que, sin quemarlo, mantenía su cuerpo y su espíritu en una especie de incandescencia. ¿Era esto la felicidad? La discusión en el Comité Central del POR(T) había sido apasionante, la más emotiva que recordaba en muchos años. Luego de la reunión, había ido a la Plazuela del Teatro Segura, a France Presse. Estuvo traduciendo cerca de cuatro horas. Pese a todo ese trajín, se sentía fresco y lúcido. Su informe sobre el Subteniente había sido aprobado y, también, su propuesta de tomar en consideración el plan de Vallejos. «Base de trabajo, plan de acción, qué jerga», pensó. El acuerdo era, en verdad, trascendental: hacer la revolución, ahora, de una vez. Mientras exponía, Mayta habló con una convicción que dejó conmovidos a sus camaradas: lo advirtió en sus expresiones y en que lo escucharon sin interrumpirlo ni una vez. Sí, era realizable, a condición de que una organización revolucionaria como el POR(T) la dirigiera y no un muchacho bien intencionado pero sin solidez ideológica. Entrecerró los ojos y la imagen surgió, nítida: una pequeña vanguardia bien armada y equipada, con apoyo urbano e ideas claras sobre la meta estratégica y los pasos tácticos, podía ser el foco del que la revolución irradiaría hacia el resto del país, la yesca y el pedernal que desatarían el incendio revolucionario. ¿Acaso las condiciones objetivas no estaban dadas desde tiempos inmemoriales en un país con las contradicciones de clase del Perú? Ese núcleo inicial, mediante audaces golpes de propaganda armada, iría creando las condiciones subjetivas para que los sectores obreros y campesinos se sumaran a la acción. Lo volvió al presente la figura de Anatolio, incorporándose de la esquina de la cama donde estaba sentado.

—Voy a ver si ya no hay cola o tendré que hacerme la caca en los pantalones, ya no aguanto.

Había bajado un par de veces y en los dos excusados encontró siempre a alguien esperando. Lo vio salir medio encogido, apretándose el estómago. Qué bien que Anatolio hubiera venido esta noche, qué bueno que hoy, cuando por fin ocurría algo importante, hoy que comenzaba algo nuevo, tuviera con quien compartir el borbotón de ideas de su cabeza. «El Partido ha dado un salto cualitativo», pensó. Estaba echado en su cama, el brazo derecho como almohada. El Comité Central del POR(T), luego de aprobar la idea de trabajar con Vallejos, designó un Grupo de Acción —el Camarada Jacinto, el Camarada Anatolio y el propio Mayta— encargado de preparar un calendario de actividades. Se decidió que Mayta viajara de inmediato a Jauja para ver sobre el terreno en qué consistía la pequeña organización de Vallejos y qué clase de contactos tenía con las comunidades del valle del Mantaro. Luego, los otros dos miembros del Grupo de Acción irían también a la sierra para coordinar el trabajo. La sesión del

POR(T) terminó en estado de euforia. En ese mismo estado permaneció Mayta mientras traducía cables en la France Presse. Así había llegado a su cuarto del Jirón Zepita. En la puerta del callejón lo esperaba una figura juvenil, unos dientes brillando en la semioscuridad.

—Me he quedado tan sacudido que pasé a ver si podíamos charlar un rato —dijo Anatolio—. ¿Estás muy cansado?

—Al contrario, subamos —lo palmeó Mayta—. Yo también estoy todo revuelto. Porque, como dice Vallejitos, esto es dinamita pura.

Había habido rumores, insinuaciones, chismografías y hasta un volante que circuló por los patios de San Marcos, acusándolo. ¿De infiltrado? ¿De delator? Había habido, luego, hasta dos artículos con precisiones inquietantes sobre las actividades de Mayta.

—¿De soplón? —lo emplazo—. Sin embargo, ustedes...

El senador Campos alza la mano y no me deja continuar:

—Nosotros éramos trotskistas, como Mayta, y esos ataques venían de los moscovitas, así que al principio no les hicimos caso —me explica, encogiéndose de hombros—. A los del POR nos decían zamba canuta, a diario. Entre troscos y moscos siempre imperó el cainismo. La filosofía de: «el peor enemigo es el que está más cerca, acabar con él aunque sea pactando con el diablo».

Calla, porque, una vez más, un periodista se le acerca a preguntarle si es verdad lo que ha aparecido en un diario: que, asustado por las amenazas contra su vida, prepara una fuga al extranjero adonde viajará con el pretexto de hacerse operar nuevamente la pierna. El senador se ríe: «Puras calumnias. A menos que me maten, los peruanos tienen conmigo para rato». El periodista se va encantado con la frase. Pedimos otro café. «Ya sé que aquí en el Congreso somos unos privilegiados por poder tomar varios cafés al día en tanto que se ha vuelto un artículo de lujo para los demás peruanos. Pero no será por mucho tiempo. El concesionario tenía una reserva que se le está acabando.» Durante un rato monologa sobre los estragos de la guerra: el racionamiento, la inseguridad, la psicosis que vive la gente estos días con los rumores sobre el ingreso de tropas extranjeras al territorio.

—Lo cierto es que los camaradas moscovitas tenían sus informes bien chequeados —empalma de pronto con lo que me decía—. El soplo les vino de arriba, seguramente. Moscú, el KGB. Por ahí se enterarían de las duplicidades de Mayta.

Coloca un cigarrillo en su boquilla, lo prende, chupa, se soba la pierna. Ha puesto una cara apesadumbrada, como preguntándose si no ha ido demasiado lejos en sus revelaciones. Él y mi condiscípulo militaron juntos, compartieron sueños políticos, clandestinidad, persecución. ¿Cómo puede revelarme que Mayta fue una cucaracha inmunda con semejante indiferencia?

—Usted sabe que Mayta entró y salió de la cárcel muchas veces —echa la ceniza en la tacita de café vacía—. Allí debieron chantajearlo para que trabajara con ellos. A algunos la cárcel los endurece, a otros los ablanda.

Me mira, midiendo el efecto de sus palabras. Lo noto tranquilo, seguro de sí mismo, con esa expresión amable que no pierde ni en las más ardorosas polémicas. ¿Por qué odia a su antiguo camarada?

—Esas cosas son siempre difíciles de probar.

Allá, en algún momento del pasado, Mayta, irreconocible bajo bufandas grasientas, alarga libretas escritas con tinta invisible que contienen nombres, planos, lugares, a un militar incómodo en sus ropas de civil y a un extranjero desconfiado que no acierta con las preposiciones del español.

—Imposibles de probar —me rectifica—. Y, sin embargo, por una vez, pudieron probarse —toma aire y deja caer la hoja de la guillotina—: En la época del general Velasco descubrimos que la CIA prácticamente dirigía nuestros servicios de inteligencia. Salieron muchos nombres. Entre ellos el de Mayta. Y, haciendo cálculos, recordando, resucitaron algunas cosas. Su comportamiento fue sospechoso desde que conoció a Vallejos.

—Es una acusación tremenda —le digo—. Espía del Ejército, agente de la CIA y a la vez...

—Espía, agente, son palabras mayores —matiza él—. Informante, instrumento, víctima tal vez. ¿Ha hablado con alguien más que conociera a Mayta en ese tiempo?

—Con Moisés Barbi Leyva. ¿Cómo es posible que él no supiera nada de esto? Moisés estuvo en todos los preparativos de lo de Jauja, vio a Mayta incluso la víspera de...

—Moisés es un hombre que sabe muchas cosas —sonríe el senador Campos.

¿Me va a revelar, también, que es un agente de la CIA? No, jamás formularía semejante acusación contra el Director de un Centro que le ha publicado ya dos libros de investigación sociopolítica y uno de ellos prologado por el propio Barbi Leyva.

—Moisés es un hombre prudente, lleno de intereses que defender —desliza, con una moderada dosis de ácido—. Ha adoptado la filosofía de: «lo pasado, pisado». Es la mejor, si uno quiere evitarse problemas. Para desgracia mía, yo no soy como él. Nunca he tenido pelos en la lengua. Eso de decir siempre lo que pienso, ya me ha dejado cojo. Y me puede traer la muerte en cualquier momento. Lo que he ganado es poder mirar a mi familia sin avergonzarme.

Queda un momento cabizbajo, como turbado de haberse dejado arrastrar a semejante efusión auto-biográfica.

—¿Qué opinión tiene Moisés del Mayta de entonces? —me pregunta, mirándome siempre la punta de los zapatos.

—La de un idealista algo ingenuo —le digo—. La de un hombre precipitado, conflictivo, pero revolucionario de pies a cabeza.

Él queda meditabundo, entre rosquillas de humo.

—Se lo decía: mejor no levantar la tapa de esa olla para que no empiecen a salir olores que pueden asfixiar a muchos. —Hace una pequeña pausa, sonríe y ejecuta—: Fue Moisés quien presentó la acusación de infiltrado la noche que expulsamos a Mayta del POR(T).

Me ha dejado mudo: en el pequeño garaje, convertido en tribunal, un Moisés adolescente y tronante termina su requisitoria blandiendo un puñado de pruebas irrefutables. ¡Soplón! ¡Soplón! Lívido, encogido bajo el cartel de los ideólogos, mi condiscípulo no articula palabra. La puertecita se abrió y entró Anatolio.

—Creí que te habías pasado por el water —le dio la bienvenida Mayta.

—Ufff, ahora respiro mejor —se rió Anatolio, cerrando la puerta. Se había mojado el pelo, la cara y el pecho y su piel brillaba de gotitas de agua. Venía con la camisa en la mano y Mayta lo vio extenderla con cuidado a los pies del catre. «Qué pintoncito es», pensó. En su esbelto torso se insinuaban los huesos y la mata de vellos brillaba entre sus pechos. Sus brazos eran largos y armoniosos. Mayta lo había visto por primera vez hacía cuatro años, en una conferencia en el Sindicato de Construcción Civil. A cada momento lo interrumpía un grupo de muchachos de la Juventud Comunista, recitando la consabida cantaleta contra Trotski y el trotskismo: aliados de Hitler, agentes del imperialismo, validos de Wall Street. El más agresivo era Anatolio, jovencito de ojos grandes y pelos retintos, sentado en la primera fila. ¿Daría él la señal para agredirlo? A pesar de todo, había algo en el muchacho que a Mayta le cayó simpático. Tuvo uno de esos pálpitos que había tenido otras veces, siempre fallidos. Esta vez, acertó. Cuando, al salir del Sindicato, los ánimos algo calmados, se le acercó y le propuso tomar un café juntos «para seguir ventilando nuestras discrepancias», el muchacho no se hizo de rogar. Más tarde, ya miembro del POR(T), Anatolio solía decirle: «Me hiciste un lavado de cabeza de jesuita, camarada». Era verdad, le había hecho un trabajo astuto y afectuoso. Le había prestado libros, revistas, lo había convencido que asistiera a un círculo de estudios marxistas dirigido por él, le había invitado incontables cafés persuadiéndolo de que el trotskismo era el verdadero marxismo, la revolución sin burocracia, despotismo ni corrupción. Y ahora estaba ahí, joven y buen mozo, con el torso desnudo, bajo el polvoriento cono de luz del cuchitril, alisando su camisa. Pensó: «Desde que me metí en esto con Vallejos no he vuelto a ver en sueños la cara de Anatolio». Estaba seguro: ni una sola vez. Buena cosa que Anatolio estuviera en el Grupo de Acción. Era con quien se llevaba mejor en el Partido y sobre quien tenía más influencia. Vez que quedaban en salir a vender *Voz Obrera* o a repartir volantes a la Plaza Unión y a las puertas de las fábricas de la Avenida Argentina, nunca se hacía esperar, a pesar de que vivía en el Callao.

—Me da una flojera irme a estas horas...

—Si no te importa la incomodidad, quédate.

Todos los camaradas del Comité Central del POR(T) habían dormido alguna noche en el cuartito, y, a veces, varios a la vez, unos sobre otros.

—No sé qué me da hacerte pasar una mala noche —dijo Anatolio—. Debías tener una cama más grande, para casos de emergencia.

101

Mayta le sonrió. Su cuerpo, arrebatado, se había puesto tenso. Se esforzó por pensar en Jauja. ¿Lo expulsaron del Partido después de lo de Jauja?

—Antes —me corrige, observando mi desconcierto con satisfacción—. Inmediatamente antes. Si mal no recuerdo, presentaron el asunto como si Mayta hubiera renunciado al POR(T). Una ficción piadosa, para no mostrar nuestras fisuras al enemigo. Pero fue expulsado. Luego, sucedió lo de Jauja y ya nada se pudo aclarar. ¿Recuerda la represión contra nosotros? Algunos caímos presos, otros pasaron a la clandestinidad. Lo de Mayta quedó enterrado. Así se escribe la historia, mi amigo. En medio de la confusión y de la ofensiva reaccionaria que provocó lo de Jauja, Mayta y Vallejos resultaron héroes...

Queda meditabundo, sopesando las extravagancias de la historia. Lo dejo reflexionar sin apremiarlo, seguro de que aún no ha concluido. ¿El abnegado Mayta convertido en monstruo bifronte, urdiendo una arriesgadísima conspiración para tender una trampa a sus camaradas? Es demasiado truculento: imposible de justificar en una novela que no adopte, de entrada, la irrealidad del género policial.

—Ahora, nada de eso tiene importancia —añade el senador—. Porque fracasaron. Querían liquidar para siempre a la izquierda. Sólo consiguieron anularla por unos años. Vino Cuba y, en 1963, lo de Javier Heraud. El 65, las guerrillas del MIR y del FLN. Derrota tras derrota para las tesis insurreccionales. Ahora salieron por fin con su gusto. Sólo que...

—Sólo que... —digo.

—Sólo que esto ya no es la revolución sino el apocalipsis. ¿Alguna vez se imaginó alguien que el Perú podía vivir una hecatombe así? —Me mira—: Lo de ahora ha enterrado definitivamente la historia de Mayta y Vallejos. Hoy no se acuerda nadie de ella, estoy seguro. En fin ¿qué más?

—Vallejos —le digo—. ¿Era también un provocador?

Chupa de su boquilla y arroja una bocanada de humo, ladeándose para no echármela en la cara.

—De Vallejos no hay pruebas. Pudo ser una herramienta de Mayta —hace otra vez el arabesco—. Es lo probable ¿no? Mayta era un zorro viejo y macuco, el otro un jovenzuelo inexperto. Pero, le repito, no hay pruebas.

Habla siempre con suavidad, saludando a la gente que entra o sale.

—Usted sabe que Mayta se pasó la vida cambiando de partidos —añade—. Y siempre dentro de la izquierda. ¿Voluble solamente o hábil? Ni yo mismo, que lo conocí bien, podría decirlo. Porque era una anguila: se escurría, no había manera de conocerlo a fondo. En todo caso, estuvo con unos y otros, cerca y dentro de todas las organizaciones progresistas. Una trayectoria sospechosa ¿no le parece?

—¿Y todas esas prisiones? —le digo—. La Penitenciaría, el Sexto, el Frontón.

—Tengo entendido que nunca duraron mucho tiempo —insinúa el senador—. Pasó por muchas cárceles en vez de lo que se dice estar. Lo cierto es que figuraba en los registros del servicio de inteligencia.

Habla con ecuanimidad, sin el menor asomo de inquina contra ese hombre al que acusa de mentir día y noche, a lo largo de los años, delatando y apuñaleando por la espalda a quienes confiaban en él, y de organizar una insurrección sólo para dar un pretexto que justificara una represión generalizada contra la izquierda. Lo detesta con todas sus fuerzas, no hay duda. Todo lo que me dice y sugiere contra Mayta debe venir de muy atrás, haber sido pensado, repensado, dicho una y otra vez en estos veinticinco años. ¿Hay una base cierta a la que su odio ha añadido una montaña? ¿Es todo una farsa para envilecer su recuerdo, en quienes todavía lo recuerdan?

¿A qué se debe ese odio? ¿Es político, personal, ambas cosas?

—Fue algo realmente maquiavélico —saca el pucho de la boquilla, valiéndose de un fósforo, y lo aplasta en el cenicero—. Al principio, dudábamos, parecía imposible el refinamiento con que nos había preparado la emboscada. Una operación maestra.

—¿Tenía sentido que los servicios de inteligencia y la CIA organizaran semejante complot? —lo interrumpo—. ¿Para liquidar a una organización de siete miembros?

—Seis, seis —se ríe el senador Campos—. No se olvide que Mayta era uno de ellos —pero se pone serio al instante—: El blanco de la emboscada no fue el POR(T), sino toda la izquierda. Una operación preventiva: cortar de raíz cualquier intento revolucionario en el Perú. Pero les descubrimos el pastel, la provocación reventó y no tuvo el resultado que esperaban. Ínfimos y todo, fuimos nosotros, los del POR(T), quienes libramos a la izquierda de un baño de sangre como el que ahora se está dando el país.

—¿En qué forma hizo fracasar la emboscada el POR(T) —le replico—. Lo de Jauja ocurrió ¿no es cierto?

—La hicimos fracasar en un noventa por ciento —apunta él—. Sólo en un diez por ciento consiguieron lo que querían. ¿Cuántos fuimos presos? ¿Cuántos tuvieron que esconderse? Por cuatro o cinco años nos tuvieron acorralados. Pero no acabaron con nosotros, que era lo que se habían propuesto.

—¿El precio no era muy alto? —le digo—. Porque Mayta, Vallejos...

Me interrumpe el arabesco.

—Ser provocador y delator es riesgoso —afirma, con severidad—. Fracasaron y la pagaron, por supuesto. ¿No ocurre así, en ese oficio? Por lo demás, hay otra prueba. Pase revista a los sobrevivientes.

¿Qué ha sido de ellos? ¿Qué han hecho después? ¿Qué hacen ahora mismo?

Por lo visto, el senador Campos ha perdido con los años el hábito de la autocrítica.

—Yo siempre pensé que la revolución comenzaría por la huelga general —dijo Anatolio.

—Desviación soreliana, tara anarquista —se burló Mayta—. Ni Marx, ni Lenin, ni Trotski dijeron nunca que la huelga general fuera el único método. ¿Te has olvidado de China? ¿Cuál fue el instrumento de Mao? ¿La huelga o la guerra revolucionaria? Arrímate, te vas a caer.

Anatolio se corrió un poco del filo del catre.

—Si el plan funciona, nunca fraternizarán en el Perú los soldados y el pueblo —dijo—. Será la guerra sin cuartel.

—Tenemos que romper los esquemas, las fórmulas huecas —Mayta tenía el oído atento, porque generalmente a esta hora se oían los ruiditos. Pese a su ansiedad, hubiera preferido no seguir hablando de política con Anatolio. ¿De qué, entonces? De cualquier cosa, pero no de esa militancia que establecía entre ellos una solidaridad abstracta, una fraternidad impersonal. Añadió—: A mí me cuesta más que a ti, porque soy más viejo.

Apenas cabían en el estrecho catre, que, al menor movimiento, crujía. Estaban sin camisa y sin zapatos, con los pantalones puestos. Habían apagado la luz y por la ventanita del frente entraba el resplandor de un farol. Lejos, de rato en rato, se oía el aullido lúbrico de una gata en celo: eso era la noche.

—Te voy a confesar algo, Anatolio —dijo Mayta. Boca arriba, apoyado siempre en su brazo derecho, había fumado una cajetilla en pocas horas. Pese a esas punzadas en el pecho, aún tenía ganas de fumar. La ansiedad lo ahogaba. Pensó: «Tranquilo, Mayta. No vas a hacer cojudeces ahora ¿no, Mayta?»—. Éste es el momento más importante de mi vida. Estoy seguro que lo es, Anatolio.

—El de todos —dijo el muchacho, como un eco—. El más importante de la vida del Partido. Y ojalá que del Perú.

—Es diferente en tu caso —dijo Mayta—. Tú eres muy joven. Como lo es Pallardi. Ustedes están comenzando su vida de revolucionarios y la comienzan bien. Yo ya pasé los cuarenta años.

—¿Es ser viejo eso? ¿No es la segunda juventud?

—La primera vejez, más bien —murmuró Mayta—. Llevo cerca de veinticinco años en esto. En los últimos meses, en el último año, sobre todo desde que nos dividimos y nos quedamos reducidos a siete, todo el tiempo he tenido una palabrita en el oído: desperdicio.

Hubo un silencio. Lo rompieron los aullidos de la gata.

—Yo también me deprimo a veces —oyó decir a Anatolio—. Cuando las cosas van mal, es humano que uno lo vea todo negro. Pero en ti me asombra, Mayta. Porque si hay algo que siempre te he admirado, es el optimismo.

Hacía calor y los antebrazos de ambos, que se rozaban, estaban húmedos. También Anatolio permanecía boca arriba y Mayta podía ver, en la penumbra, sus pies desnudos, al borde de la cama, muy cerca de los suyos. Pensó que en cualquier momento se tocarían.

—Entiéndeme bien —dijo, disimulando su malestar—. No desanimado por dedicar mi vida a la revolución. Eso nunca, Anatolio. Cada vez que salgo a la calle y veo en qué país estoy, sé que no hay nada más importante. Sino por haber perdido el tiempo, por haber tomado el mal camino.

—Si me dices que te desengañaste de León Davidovich y del trotskismo, te mato —bromeó Anatolio—. No me voy a haber leído tanto mamotreto por gusto.

Pero Mayta no tenía ganas de bromear. Sentía exaltación y, al mismo tiempo, angustia. Su corazón latía con tanta fuerza que, se dijo, a lo mejor Anatolio oye esos latidos. El polvo acumulado entre los libros, papeles y revistas del cuchitril le hacía cosquillear la nariz. «Aguántate el estornudo o morirás», pensó, absurdamente.

—Hemos perdido demasiado tiempo, Anatolio. En cuestiones bizantinas, unas pajas que no tenían nada que ver con la realidad. Desconectados de las masas, sin raíces en el pueblo. ¿Qué clase de revolución íbamos a hacer? Tú eres muy joven. Pero yo llevo muchos años en esto y la revolución no está ni un milímetro más cerca. Hoy, por primera vez, he sentido que avanzábamos, que la revolución no era un fantasma sino de carne y hueso.

—Cálmate, hermano —le dijo Anatolio, alargando la mano y palmeándole la pierna. Mayta se encogió como si en vez de un roce afectuoso en el muslo, hubiera recibido un golpe—. Hoy, en la reunión del Comité, cuando fundamentaste tu propuesta de pasar a la acción, que hasta cuándo seguir perdiendo el tiempo, nos tocaste las fibras. Nunca te oí hablar tan bien, Mayta. Te salía de las tripas. Yo pensaba: «Vámonos ahora mismo a la sierra, qué esperamos». Se me hizo un nudo aquí, te juro.

Mayta se ladeó, haciendo un esfuerzo, y vio dibujarse contra el fondo borroso del estante de libros el perfil de Anatolio: su mechón enrulado, la frente tersa, la blancura de los dientes, los labios entreabiertos.

—Vamos a empezar otra vida —susurró—. De la cueva al aire libre, de las intrigas de garaje y café a trabajar entre la masa y a golpear al enemigo. Vamos a zambullirnos en el pueblo, Anatolio.

Su cara estaba muy cerca del hombro desnudo

del muchacho. Un olor a piel humana, fuerte, elemental, se le metió por la nariz y lo mareó. Sus rodillas, encogidas, rozaban la pierna de Anatolio. En la penumbra, Mayta apenas alcanzaba a divisar su perfil inmóvil. ¿Tenía los ojos abiertos? Su respiración movía regularmente su pecho. Despacio, estiró su húmeda mano derecha que temblaba y, palpando, llegó a su pantalón:

—Déjame corrértela —murmuró, con voz agonizante, sintiendo que todo su cuerpo ardía—. Déjame, Anatolio.

—Y, por último, hay el otro asunto que no hemos tocado, pero que, si queremos llegar al fondo de las cosas, tenemos que tocar —suspira el senador Campos, se diría que apenado—. Usted sabe que Mayta era invertido, por supuesto.

—Es algo de que se acusa a menudo a los adversarios en nuestro país. Difícil de probar, también. ¿Tiene relación con lo de Jauja?

—Sí, pues probablemente por ahí lo tenían agarrado —añade él—. Por ahí sería que lo pusieron contra la pared y lo obligaron a trabajar para ellos. Su talón de Aquiles. Bastaba que cediera una vez. ¿Qué le quedaba sino seguir colaborando?

—Por Moisés supe que se casó.

—Todos los maricones se casan —sonríe el senador—. Es el disfraz más socorrido. Además de farsa, su matrimonio fue un desastre. Duró apenas.

Ha comenzado la sesión del Senado, o la de Diputados, porque un rumor creciente y golpes de carpeta vienen de la sala de sesiones y se escuchan voces amplificadas por el parlante. El Bar se vacía. El senador Campos murmura: «Vamos a interpelar al Ministro. La Cámara le exigirá que diga de una vez si han ingresado tropas extranjeras al territorio.» Pero no da señales de premura. Sigue hablando sin perder esa objetividad científica con que arropa su odio.

108

—Quizás ahí está la explicación —reflexiona, jugueteando con la boquilla—. ¿Se puede tener confianza en un homosexual? Un ser incompleto, feminoide, está hecho a todas las flaquezas, incluida la traición.

Animándose, ganado por el tema, se aparta de Mayta y de los sucesos de Jauja y me explica que el homosexualismo está íntimamente ligado a la división de clases y a la cultura burguesa. ¿Por qué, si no, no existen casi homosexuales en los países socialistas? No es casual, no se debe a que el aire de esas latitudes haga a las gentes virtuosas. Lástima que los países socialistas estén ayudando a la subversión en el Perú. Porque hay en esas sociedades mucho que imitar. En ellas ha desaparecido la cultura del ocio, el vacío anímico, esa inseguridad existencial típica de la burguesía que duda incluso del sexo con el que ha nacido. Maricón es indefinición, valga el pareado.

—¿No te da vergüenza? —lo oyó decir—. Aprovecharte siendo amigos, porque estoy en tu casa. ¿No te da vergüenza, Mayta?

Anatolio se había incorporado y estaba al borde de la cama, con los codos sobre las rodillas y las manos juntas, sosteniendo el mentón. El resplandor aceitoso de la ventana le daba en la espalda y recubría de un viso verde oscuro su piel lisa, en la que se marcaban las costillas.

—Sí, me da —murmuró Mayta. Hacía esfuerzos para hablar—. Olvídate de lo que ha pasado.

—Yo creí que éramos amigos —dijo el muchacho, con la voz rota, siempre dándole la espalda. Pasaba de la furia al desprecio y de nuevo a la furia—. ¡Qué decepción, carajo! ¿Creías que soy rosquete?

—Ya sé que no lo eres —susurró él. Al calor de hacía un momento había sucedido un frío que le calaba los huesos: trató de pensar en Vallejos, en Jauja, en los días exaltantes y purificadores que vendrían—. No me hagas sentir más mal de lo que me siento.

—¿Y cómo crees que me siento yo, carajo? —chilló Anatolio. Se movió, el pequeño catre crujió y Mayta pensó que el muchacho se iba a poner de pie, enfundarse la camisa y salir dando un portazo. Pero el catre se aquietó y la superficie tirante de esa espalda seguía allí—. Lo has jodido todo, Mayta. Qué bruto eres. Te escogiste un buen momento. Hoy, precisamente hoy.

—¿Ha pasado algo, acaso? —susurró Mayta—. No seas chiquillo. Hablas como si nos hubiéramos muerto.

—Para mí tú te has muerto esta noche.

Y en eso se oyeron, sobre sus cabezas, los ruiditos: tenues, múltiples, invisibles, repugnantes, informes. Durante unos segundos pareció un temblor, las viejas maderas del techo vibraban y parecía que fueran a desplomarse sobre ellos. Luego, con la misma arbitrariedad con que habían surgido, se apagaron. Otras noches, a Mayta lo crispaban. Hoy, los escuchó con agradecimiento. Sentía a Anatolio rígido y veía su cabeza adelantada, escuchando si volvían: se había olvidado, se había olvidado. Y Mayta pensó en sus vecinos, durmiendo de a tres, de a cuatro, de a ocho, en los cuartitos alineados en forma de herradura, indiferentes a las basuras, a los ruiditos. En este momento los envidiaba.

—Ratas —balbuceó—. En los entretechos. Hay montones. Dan sus carreras, se pelean, luego se calman. No tienen por donde entrar. No te preocupes.

—No me preocupo —dijo Anatolio. Y luego de un momento—. Allá donde vivo, en el Callao, también hay. Pero en el suelo, en los desagües, en... No sobre las cabezas de la gente.

—Al principio tenía pesadillas —dijo Mayta. Articulaba mejor, iba recuperando el control de sus músculos, podía respirar—. He puesto venenos, trampas. Una vez conseguimos que la Municipalidad fumigara. Inútil. Desaparecen unos días y vuelven.

—Mejor que los venenos y las trampas, los gatos —dijo Anatolio—. Tendrías que conseguirte uno. Cualquier cosa en vez de esa sinfonía sobre tu cabeza, carajo.

Como sintiéndose aludida, la gata en celo volvió a lanzar uno de sus aullidos obscenos, a lo lejos. A Mayta —con un vuelco en el corazón— le pareció que Anatolio sonreía.

—En el POR(T) se formó un Grupo de Acción para preparar con Vallejos lo de Jauja. Usted fue uno de los miembros ¿no es cierto? ¿Qué actividades tuvieron?

—Pocas y algunas bastante cómicas. —Con un gesto irónico el senador desvaloriza ese episodio antiguo y lo vuelve travesura—. Por ejemplo, nos pasamos una tarde moliendo carbón y comprando salitre y azufre para fabricar pólvora. No produjimos ni un miligramo, que recuerde.

Mueve la cabeza, divertido, y se demora en prender un nuevo cigarrillo. Echa el humo hacia arriba y contempla las volutas. Hasta los mozos se han ido; el Bar del Congreso parece más grande. Allá, en el hemiciclo, estalla una salva de aplausos. «Espero que la Cámara haga hablar a calzón quitado al Ministro. Y sepamos de una vez si hay *marines* en el Perú», reflexiona, olvidándose de mí por unos segundos. «Y si los cubanos están listos para invadirnos en la frontera con Bolivia.»

—En el Grupo de Acción empezamos a confirmar nuestras sospechas —vuelve luego al tema—. Ya antes lo habíamos puesto en observación, sin que él lo notara. Desde que, de la noche a la mañana, vino con que había encontrado a un militar revolucionario. Un alférez que iba a iniciar la revolución en la sierra, al que debíamos apoyar. Cambie de época, póngase en 1958. ¿No era sospechoso? Pero fue des-

111

pués, cuando a pesar de nuestra desconfianza, nos embarcó en la aventura de Jauja, que empezó a oler sucio.

No son las acusaciones contra Mayta y Vallejos las que me desconciertan, sino el método del senador, tan serpentino, azogue que no hay modo de coger. Habla con acento inconmovible, oyéndolo se diría que la duplicidad de Mayta es un axioma. Al mismo tiempo, pese a mis esfuerzos, no consigo sacarle una sola prueba terminante, nada más que esa telaraña de presunciones e hipótesis, en que me va enredando. «También se dice que los cubanos ya habrían entrado y que son ellos los que operan en Cusco y Puno», exclama de repente. «Ahora lo sabremos.»

Lo regreso a nuestro asunto:

—¿Recuerda algunos hechos que lo llevaron a sospechar?

—Innumerables —dice en el acto, mientras arroja una bocanada de humo—. Hechos que, sueltos, acaso no digan gran cosa, pero, relacionados, resultan aplastantes.

—¿Tiene en mente algún ejemplo concreto?

—Un buen día nos propuso incorporar al proyecto insurreccional a otros grupos políticos —dice el senador—. Empezando por los moscovitas. Había hecho gestiones, incluso. ¿Se da usted cuenta?

—Francamente, no —le respondo—. Todos los partidos de izquierda, moscovitas, pekineses, trotskistas, aceptaron años después la idea de una alianza, acciones conjuntas, incluso fundirse en un partido. ¿Por qué era sospechoso entonces algo que luego no lo ha sido?

—Luego son veinticinco años después —murmura él, con ironía—. Hace un cuarto de siglo un trotskista no podía proponer de la noche a la mañana que llamáramos a los moscovitas a colaborar. Entonces, eso era como si el Vaticano propusiera a los

112

católicos convertirse al Islam. Semejante propuesta resultaba una autodelación. A Mayta los moscovitas lo odiaban a muerte. Y él los odiaba, al menos en apariencia. ¿Se imagina a Trotski llamando a colaborar a Stalin? —Mueve la cabeza con lástima—. El juego estaba claro.

—Yo nunca lo creí —dijo Anatolio—. Otros en el Partido, sí. Yo siempre te defendí diciendo son calumnias.

—Si hablando de eso te vas a olvidar, bueno, hablemos —susurró Mayta—. Si no, mejor no. Es un tema difícil, Anatolio, sobre el que estoy siempre confuso. Son muchos años a oscuras, tratando de entender.

—¿Quieres que me vaya? —preguntó Anatolio—. Me voy ahorita mismo.

Pero no se movió. ¿Por qué Mayta no podía dejar de pensar en esas familias de los otros cuartitos, amontonadas en la oscuridad, padres e hijos y entenados compartiendo colchones, mantas, el aire viciado y el mal olor de la noche? ¿Por qué los tenía tan presentes ahora, cuando no los recordaba jamás?

—No quiero que te vayas —dijo—. Quiero que te olvides de lo que pasó y que nunca más hablemos de eso.

Traqueteante, impertinente, sin duda viejísimo y parchado de pies a cabeza, cruzó la calle vecina un automóvil, remeciendo los vidrios.

—No sé —dijo Anatolio—. No sé si podré olvidarlo y dejar que todo vuelva a ser como antes. ¿Qué te pasó, Mayta? ¿Cómo pudiste?

—Te lo voy a decir, si tanto te empeñas —se oyó decir, con una resolución que lo sorprendió. Cerró los ojos, y, temiendo de nuevo que la lengua fuera en cualquier momento a desobedecerle, continuó—: Estaba contento desde la reunión del Comité. Estaba como si me hubieran cambiado la sangre, con la idea de pasar por fin a la acción. Estaba... en

113

fin, tú viste cómo estaba, Anatolio. Fue por eso. La excitación, el entusiasmo. Es malo, el instinto ciega a la razón. Sentí deseo de tocarte, de acariciarte. Muchas veces he sentido eso desde que te conozco. Pero siempre me contuve y tú ni lo notabas. Esta noche no pude. Sé que tú nunca sentirías deseos de dejarte tocar por mí. Lo más que yo puedo conseguir de alguien como tú, Anatolio, es que me deje corrérsela.

—Tendría que informar al Partido y pedir que te expulsen.

—Y ahora sí me voy a tener que despedir —dice súbitamente el senador Campos, echando un vistazo a su reloj y volviendo la cabeza en dirección a la sala de sesiones—. Se va a discutir el proyecto bajando el servicio militar obligatorio a los quince años. Soldaditos de quince años, qué le parece. Bueno, entre los otros hay hasta niños de primaria...

Se pone de pie y yo lo imito. Le agradezco el tiempo que me dedicó, aunque, le confieso, me voy algo frustrado. Esos cargos tan severos contra Mayta y su interpretación de los sucesos de Jauja como una simple trampa, no me parecen muy fundados. Él sigue sonriendo con amabilidad.

—No sé si he hecho bien hablándole con tanta franqueza —me dice—. Es mi defecto, ya lo sé. Más en este caso, en el que, por razones políticas, es preferible no remover el barro para no salpicar a mucha gente. Pero, en fin, usted no es historiador sino novelista. Si me hubiera dicho voy a escribir un ensayo, un libro sociopolítico, me hubiera quedado mudo. Una ficción es distinto. Es libre de creerme o no, por supuesto.

Le aclaro que todos los testimonios que consigo, ciertos o falsos, me sirven. ¿Le pareció que desecharía sus afirmaciones? Se equivoca; lo que uso no es la veracidad de los testimonios sino su poder de sugestión y de invención, su color, su fuerza dramáti-

114

ca. Eso sí, tengo el pálpito de que sabe más de lo que me ha dicho.

—Y eso que hablé como un loro —me responde, sin extrañarse—. Hay cosas que no contaría aunque me despellejaran vivo. Tiempo al tiempo y a la historia, mi amigo.

Caminamos hacia la puerta de salida. Los pasillos de Congreso están muy concurridos: comisiones que vienen a entrevistarse con los parlamentarios, mujeres que llevan cartapacios, y simpatizantes de partidos políticos que, encuadrados por tipos con brazaletes, hacen cola para subir a las galerías de la Cámara de Diputados, donde el debate sobre la nueva ley de servicio militar promete ser candente. La seguridad es ubicua: guardias civiles con fusiles, investigadores de civil con metralletas, y, además, los guardaespaldas de los parlamentarios. Como no se les permite entrar a las salas de sesiones, estos últimos se pasean de un lado a otro, sin ocultar los revólveres que llevan en cartucheras o embutidos entre el pantalón y la camisa. La policía practica un minucioso registro de cada persona que cruza el vestíbulo, obligándola a abrir paquetes y carteras, en busca de explosivos. Estas precauciones no han impedido que en las últimas semanas haya habido dos atentados en el interior del Congreso, uno de ellos muy serio: una carga de dinamita que estalló en Senadores con un saldo de dos muertos y tres heridos. El senador Campos cojea, ayudándose de un bastón, y saluda a diestra y siniestra. Me acompaña hasta la salida. Atravesamos esa atmósfera atestada de gente, de armas y de controversia política que parece un campo minado. Tengo la sensación de que bastaría un incidente ínfimo para que el Congreso reviente como un polvorín.

—Qué bueno un poco de aire fresco —dice el senador, en la puerta—. Llevo no sé cuántas horas

115

aquí y el aire está viciado con tanto humo. Bueno, yo he puesto mi granito de arena. Fumo mucho. Tendré que dejar el cigarrillo un día de éstos. En realidad, lo he dejado como media docena de veces.

Me toma familiarmente del codo, pero es para hablarme al oído:

—Respecto a lo que hemos conversado, yo no le he dicho nada. Ni sobre Mayta ni sobre Jauja. Nadie me acusará de contribuir, en estos momentos, a la división de la izquierda democrática, resucitando una polémica sobre hechos prehistóricos. Si usted tomara mi nombre, me obligaría a desmentirlo —continúa, como bromeando, pero los dos sabemos que por debajo del tono ligero, formula una advertencia—. La izquierda decidió enterrar ese episodio y eso es lo razonable por ahora. Ya habrá oportunidad de sacar los trapitos al sol.

—Está perfectamente claro, senador. No tema nada.

—Si me hiciera decir algo, tendría que enjuiciarlo por falsía —dice él, guiñándome un ojo y tocándose, como de casualidad, la parte abultada del saco, donde lleva el revólver—. Pero la verdad ya la sabe, y, eso sí, sin nombrarme, úsela.

Me estira una mano cordial y me guiña otra vez el ojo, con picardía: tiene unos dedos breves y delicados que cuesta imaginar apretando un gatillo.

—¿Alguna vez has envidiado a los burgueses? —dijo Mayta.

—¿Por qué me preguntas eso? —se sorprendió Anatolio.

—Porque yo, que siempre los desprecié, algo les envidio —dijo Mayta. ¿Lo haría reír?

—¿Qué cosa?

—Poder bañarse todos los días —Mayta confiaba en que el muchacho al menos sonreiría, pero no lo vio hacer ni el más mínimo gesto. Seguía sentado en el filo del catre; se había ladeado levemente de modo

116

que alcanzaba ahora a ver su perfil, alargado, muy serio, moreno, huesudo, sobre el que daba de lleno el resplandor de la ventana. Tenía una boca de labios anchos, muy pronunciados, y sus dientes grandes parecían fosforecer.

—Mayta.

—Sí, Anatolio.

—¿Crees que nuestra relación podrá ser la de antes, después de esta noche?

—Sí, la misma de antes —dijo Mayta—. No ha pasado nada, Anatolio. ¿Acaso pasó algo? Métete eso en la cabeza de una vez.

Brevísimas, disminuidas, se oyeron otra vez las carreritas en el entretecho y Mayta percibió que el muchacho se enderezaba, tenso.

—No sé cómo puedes dormir con ese ruido todas las noches.

—Puedo dormir con ese ruido porque no hay más remedio —repuso Mayta—. Pero no es cierto que el hombre se acostumbre a todo, como dicen. Yo no me he acostumbrado a no poder bañarme cuando quiera. Y eso que ya me olvidé cuándo fue la última vez que viví en una casa con ducha. Creo que la de mi tía Josefa, en Surquillo, hace siglos. Sin embargo, es algo que extraño todos los días. Cuando regreso cansado y sólo me puedo lavar como gato ahí en el patio y me subo acá un lavador y me doy un baño de pies, pienso qué rico una ducha, meterse bajo el chorro y que el agua se lleve la mugre, las preocupaciones. Dormir fresquecito... Qué buena vida la de los burgueses, Anatolio.

—¿No hay ningún baño público cerca?

—Hay uno a cinco cuadras, que es donde voy una o dos veces por semana —dijo Mayta—. Pero no siempre tengo plata. Un baño cuesta lo mismo que una comida en el Comedor Universitario. Puedo vivir sin bañarme pero no sin comer. ¿Tú tienes ducha en tu casa?

—Sí —dijo Anatolio—. El problema es que no siempre hay agua.

—Qué suertudo —bostezó Mayta—. Ya ves, en algo te pareces a los burgueses.

Anatolio tampoco sonrió esta vez. Estuvieron callados y quietos, cada uno en su postura. Aunque la oscuridad seguía siendo la misma, Mayta notaba, al otro lado de la ventanita, síntomas del amanecer: motores de automóviles, una que otra bocina, voces indiscernibles, trajín. ¿Serían las cinco, las seis? Se habían pasado la noche en vela. Se sentía débil, como si hubiera hecho un gran esfuerzo o convaleciera de una penosa enfermedad.

—Durmamos un rato —dijo, poniéndose boca arriba. Se tapó los ojos con el antebrazo y se corrió lo más que pudo para hacerle sitio—. Debe ser tardísimo. Mañana, mejor dicho hoy, habrá que empezar a romperse el lomo.

Anatolio no dijo nada, pero, al poco rato, Mayta lo sintió moverse, oyó crujir la cama y lo espió extenderse también de espaldas, a su lado, cuidando de no tocarlo.

—Mayta.

—Sí, Anatolio.

El muchacho no dijo nada, por más que Mayta esperó un buen rato. Lo sentía respirar ansiosamente. Su cuerpo, indócil, otra vez había empezado a caldearse.

—Duérmete —repitió—. Y, mañana, a pensar sólo en Jauja, Anatolio.

—Puedes corrérmela, si quieres —lo oyó susurrar, con timidez. Y, más bajo aún, asustado—: Pero nada más que eso, Mayta.

El senador Anatolio Campos se aleja y yo me quedo en lo alto de las escalinatas del Congreso, frente al río de gente, microbuses, automóviles, colectivos, el tráfago y el bullicio de la Plaza Bolívar. Hasta que se pierde de vista por la Avenida Abancay, sigo a un viejísimo ómnibus de línea, grisáceo y vencido sobre su derecha, cuyo tubo de escape, una chimenea a la altura del techo, va dejando una estela de humo negro, y en cuyas puertas un tumor de gente se sostiene de milagro, rozando los coches, los postes de luz, los peatones. Es la hora de salida del trabajo. En todas las esquinas hay una compacta aglomeración esperando a los ómnibus y microbuses; cuando el vehículo llega se produce en torno una escaramuza de empujones, exclamaciones, forcejeos e insultos. Son gente humilde y sudorosa, hombres y mujeres para quienes este combate callejero por trepar a los hediondos armatostes —en los que, cuando consiguen subir, viajan media hora, tres cuartos de hora, de pie, apretados, acalorados— es la diaria rutina. Y estos peruanos son, pese a sus ropas pobres y algo ridículas, a sus faldas huachafas y a sus corbatitas grasientas, miembros de una minoría tocada en la frente por la diosa fortuna, pues, por modesta y monótona que sea su vida, tienen trabajo como oficinistas o funcionarios, un sueldito, seguridad social y garantía de jubilación. Grandes privilegiados si se los compara, por ejemplo, con esos cholitos descalzos, a quienes veo tirar de una carreta de botellas vacías, escupiendo y esquivando a los autos, o con esa familia de andrajosos —una mujer sin edad, cuatro chiquillos de pieles arrebosadas por la mugre— que, desde las gradas del Museo de la Inquisición, alargan automáticamente las manos apenas me ven acercarme: «Una caridad, papacito», «Ya, pues, señorcito»...

Bruscamente, en vez de seguir rumbo a la Plaza San Martín, decido entrar al Museo de la Inquisición. No he estado aquí hace mucho tiempo, acaso desde la época en que vi a mi condiscípulo Mayta por última vez. Mientras hago la visita, no puedo sacarme de la cabeza su cara, como si esa imagen de hombre prematuramente envejecido y fatigado

119

que vi en la fotografía de la casa de su madrina, fuera convocada de manera irresistible por la vivienda que visito. ¿Cuál es el vínculo? ¿Qué hilo secreto une a la todopoderosa institución guardiana durante tres siglos de la ortodoxia católica en el Perú y en Sudamérica, y al oscuro militante revolucionario que hace veinticinco años, por un momento breve como un relámpago, salió a la luz?

Lo que fue el Palacio de la Inquisición está en ruinas, pero el artesonado de caoba del siglo XVIII se conserva bien, como lo explica una recitativa maestra a un grupo de escolares. Hermoso artesonado: los inquisidores eran hombres de gusto. Han desaparecido casi todos los azulejos sevillanos que los dominicos importaron para engalanar el lugar. También los ladrillos del piso fueron traídos de España; están irreconocibles por el tizne. Me detengo un rato en el escudo de piedra que señoreó orgullosamente en el frontón de este Palacio, con su cruz, su espada y su laurel. Reposa ahora sobre un desvencijado caballete.

Los inquisidores se instalaron aquí en 1584, después de haber pasado sus primeros quince años frente a la iglesia de La Merced. Compraron el solar a Don Sancho de Ribera, hijo de uno de los fundadores de Lima, por una módica suma, y desde aquí velaron por la pureza espiritual de lo que son hoy Perú, Ecuador, Colombia, Venezuela, Panamá, Bolivia, Argentina, Chile y Paraguay. Desde esta sala de audiencias, tras esta robusta mesa cuyo tablero es de una pieza y tiene monstruos marinos en vez de patas, los inquisidores de blancos hábitos y su ejército de licenciados, notarios, tinterillos, carceleros y verdugos, combatieron esforzadamente la hechicería, el satanismo, el judaísmo, la blasfemia, la poligamia, el protestantismo, las perversiones. «Todas las heterodoxias y los cismas», pensó. Era un trabajo arduo, riguroso, legalístico, maniático, el de los señores inquisidores, entre quienes figuraron (y con quienes colaboraron) los más ilustres intelectuales de la época: abogados, teólogos, catedráticos, oradores sagrados, versificadores, prosistas. Pensó: «¿Cuántos homosexuales quemarían?» Una puntillosa investigación, que borroneaba innumerables páginas de un expediente archivado con esmero, precedía cada condena y auto de fe. Pensó: «¿Cuántos locos torturarían? ¿Cuántos ingenuos agarrotarían?» Pasaban años antes de que el alto Tribunal del Santo Oficio dictara sentencia desde esta mesa que adornan una calavera y unos tinteros de plata con figuras labradas de espadas, cruces y peces y la inscripción: «Yo, la luz de la verdad, guío tu conciencia y tu mano. Si no aplicas la justicia, en tu fallo labrarás tu propia ruina.» Pensó: «¿A cuántos santos de verdad, a cuántos audaces, a cuántos pobres diablos quemarían?»

Porque no era la luz de la verdad la que guiaba la mano de la Inquisición: eran los delatores. Ellos mantenían siempre provistos estos calabozos y mazmorras, cuevas húmedas y profundas a las que no llega el sol y de las que el condenado salía tullido. Pensó: «Tú hubieras venido a parar aquí de todas maneras, Mayta. Por tu manera de ser, de cachar.» El delator estaba protegido al máximo y su anonimato garantizado, para que colaborase sin temor a represalias. Aquí está, intacta, la Puerta del Secreto, y Mayta, con una sensación de zozobra, espió por la pequeña ranura, sintiéndose ese acusador que, sin ser visto por él, reconocía con un simple movimiento de cabeza al acusado a quien su testimonio podía enviar por muchos años a la cárcel, privar de todos sus bienes, condenar a una vida infamante o hacer quemar vivo. Se le escarapeló el cuerpo: qué fácil era librarse de un rival. Bastaba ingresar a este cuartito y, con la mano en la Biblia, testimoniar. Anatolio hubiera podido venir, aguaitar por la ranura, asentir señalándolo y despacharlo a las llamas.

121

No quemaron a muchos, en verdad, explica un panel de ortografía dudosa: treinta y cinco en tres siglos. No es una cifra apabullante. Y de los treinta y cinco —pobre consuelo—, treinta fueron ejecutados con garrote antes de que el fuego se comiera sus cadáveres. El primero que protagonizó el gran espectáculo del auto de fe limeño no tuvo esa suerte: a ese francés, Mateo Salade, lo quemaron vivo, porque se dedicaba a hacer unos experimentos químicos que alguien denunció como «manipuleos con Satanás». «¿Salado?», pensó. ¿De ese franchute habría nacido el peruanismo «salado» para designar a la persona que tiene mala suerte? Pensó: «De ahora en adelante ya no serás un revolucionario salado.»

Pero aunque no quemó a mucha gente, el Santo Tribunal, en cambio, torturó sin límites. Después de los delatores, el tormento físico fue el más diligente acarreador de víctimas, de todo sexo, condición y estado, a los autos de fe. Aquí está muy bien expuesto, feria de horrores, el instrumental de que se servía el Santo Oficio para —el verbo es matemático— «arrancar la verdad» al sospechoso. Unos maniquíes de cartón instruyen al visitante sobre cómo funcionaba la «garrucha» o «estrapada», cuerda de la cual se suspendía al reo de una polea, con las manos atadas a la espalda y un lastre de cien libras en los pies. O cómo era tendido en el «potro», mesa de operaciones en que mediante cuatro torniquetes se podía descoyuntar sus extremidades, una por una, o todas a la vez. La más vulgar de las torturas era el cepo, que inmovilizaba la cabeza del reo como un yugo mientras era azotado; el más imaginativo, la «mancuerda», de refinamiento y fantasía surrealistas, suerte de silla en la que el verdugo podía atormentar, mediante un sistema de grilletes y esposas, las piernas, brazos, antebrazos, el cuello y el pecho del reo. El más actual de los tormentos es el de la «toca» —tela sobrepuesta en la nariz o embutida en la boca sobre la que se hacía correr agua y que al tupirse impedía respirar—, y, el más espectacular, el del brasero que se aproximaba a los pies del condenado, previamente inmovilizados y untados de manteca para que se fueran asando. «Ahora, pensó Mayta, tienen la electricidad en los testículos, las inyecciones de pentotal, los baños en tinas llenas de mierda, las quemaduras con cigarrillos.» No había habido progreso en este campo.

Pero todavía lo dejó más conmovido —diez veces pensó: «Qué haces aquí, Mayta, es ésta acaso la hora de perder el tiempo, no tienes cosas más urgentes que hacer»— la pequeña cámara de indumentarias que, por meses, años o hasta su muerte, debían llevar los acusados de judaísmo o hechicería o de ser íncubos del demonio o blasfemos que se «arrepentían con vehemencia» y abjuraban de sus pecados y prometían redimirse. Un cuarto de disfraces: en medio de estos horrores, parece algo más humano. Aquí está la «coroza» o sombrero en forma de cucurucho y el sambenito o túnica de pelliz, blanca, bordada con cruces, serpientes, diablos y llamas, con la que desfilaban los condenados hasta la Plaza Mayor —previa parada en el Callejón de la Cruz, donde debían arrodillarse frente a una cruz dominicana—, para ser azotados o ajusticiados, o que debían vestir día y noche mientras duraba la sentencia. Es esta última imagen sobre todo la que me queda fija en la memoria cuando, terminada la visita, voy hacia la puerta de salida: la de esos condenados, que se reincorporaban a sus ocupaciones cotidianas, con ese uniforme que debía levantar horror, pánico, repulsa, náusea, burla, odio a su alrededor. Imaginó lo que debieron ser los días, meses, años de las gentes vestidas así, a las que todo el mundo señalaría y evitaría, como a perros con rabia. Pensó: «Es un museo que vale la pena.» Instructivo, fascinante. Condensada en unas cuantas imágenes y objetos efectistas, hay en él un ingrediente esencial, invariable, de la historia de este país, desde sus tiempos más remotos: la violencia. La moral y la física, la nacida del fanatismo y la intransigencia, de la ideología, de la corrupción y de la estupidez que han acompañado siempre al poder entre nosotros, y esa violencia sucia, menuda, canalla, vengativa, interesada, parásita de la otra. Es bueno venir aquí, a este Museo, para comprobar cómo hemos llegado hasta lo que somos hoy, por qué estamos como estamos.

En la puerta del Museo de la Inquisición, a la familia de andrajosos hambrientos se ha unido por lo menos otra docena de viejos, hombres, mujeres, niños. Forman una pequeña corte de milagros de hilachas, tiznes, costras. Al verme aparecer estiran inmediatamente unas manos de uñas negras, pidiendo. La violencia detrás mío y delante el hambre. Aquí, en estas gradas, resumido mi país. Aquí, tocándose, las dos caras de la historia peruana. Y entiendo por qué Mayta me ha acompañado obsesivamente en el recorrido del Museo.

Voy casi a la carrera hasta San Martín a tomar el colectivo, pues se ha hecho tarde, y una media hora antes del toque de queda cesa todo tráfico. Temo que esta vez el toque me alcance caminando las cuadras que median entre la Avenida Grau y mi casa. Son pocas cuadras, pero, cuando oscurece, peligrosas. Ha habido en ellas varios asaltos y, apenas la semana pasada, una violación. A la esposa de Luis Saldías, recién casado, que vive frente a mi casa —es ingeniero hidráulico—, se le estropeó el auto y se le pasó la hora del toque de queda, pues tuvo que venir andando desde San Isidro. En este tramo final, la detuvo un patrullero. Eran tres policías: la metieron al auto, la desnudaron —después de golpearla, porque se les resistió— y abusaron de ella. Luego la trajeron hasta su casa, diciéndole: «agradece que no te pegáramos un tiro». Es lo que tienen orden de hacer

124

con quienes infringen el toque de queda. Luis Saldías me contó esto con los ojos llenos de ira y añadió que desde entonces se alegra cada vez que asesinan a un guardia. Dice que ya no le importa que triunfen los terroristas, porque «nada puede ser peor que lo que estamos viviendo». Yo sé que se equivoca, que todavía puede ser peor, que no hay límites para el deterioro, pero respeto su dolor y callo.

V

PARA tomar el tren a Jauja hay que comprar el boleto la víspera y presentarse en la estación de Desamparados a las seis de la mañana. Me han dicho que el tren va siempre lleno y, en efecto, debo tomar el vagón por asalto. Pero tengo la suerte de conseguir un asiento, en tanto que la mayoría de pasajeros viajará de pie. Los vagones carecen de servicios higiénicos y algunos temerarios orinan desde el pescante, con el tren en marcha. Aunque he comido algo antes de dejar Lima, a las pocas horas siento hambre. Es imposible comprar nada en las estaciones en las que el tren deja o recoge pasajeros: Chosica, San Bartolomé, Matucana, San Mateo, Casapalca, La Oroya. Hace veinticinco años, los vendedores ambulantes asaltaban los vagones en cada parada ofreciendo frutas, gaseosas, sandwiches, dulces. Ahora, sólo pregonan chucherías o cocimientos de hierbas. Pero, con todas sus incomodidades y su lentitud, el viaje está lleno de sorpresas, la primera de las cuales son estos vagones trepando desde el nivel del mar hasta los cinco mil metros para cruzar los Andes en el Paso de Anticona, al pie del Monte Meiggs. Ante el soberbio espectáculo, me olvido de los soldados con fusiles apostados en cada vagón y de la ametralladora que hay en el techo de la locomotora, en previsión de ataques. ¿Cómo sigue funcionando este tren? La carretera a la sierra central es continuamente sepultada bajo lluvia de rocas que los terroristas arrancan de las laderas con explosivos, de modo que se ha vuelto casi inutilizable. ¿Por qué no ha sido aún volado este tren, obstruidos sus túneles, derruidos sus puentes? Tal vez, por algún misterioso designio estratégico, les conviene mantener la comunicación entre Lima y Junín. Me alegro, el viaje a Jauja es esencial para reconstruir la peripecia de Mayta.

Se suceden los cerros, separados a veces por abismos al fondo de los cuales roncan ríos torrentosos. El trencito cruza puentes y túneles. Imposible no pensar en la proeza del ingeniero Meiggs, al construir hace más de ochenta años estos rieles en semejante geografía de gargantas, ventisqueros y picachos sacudidos por las tormentas y bajo la amenaza de los aluviones. ¿Pensaba en la odisea de ese ingeniero el revolucionario Mayta, al tomar por primera vez este tren, una mañana de febrero o marzo, veinticinco años atrás? Pensaba en el sufrimiento que habían invertido, para que se tendieran estos rieles, se levantaran estos puentes y se abrieran estos túneles, los miles de cholos e indios que, por un salario simbólico, a veces apenas un puñado de mala comida y un poco de coca, sudaron doce horas diarias, picando piedras, volando rocas, cargando durmientes, nivelando el terreno, para que el ferrocarril más alto del mundo fuera realidad. ¿Cuántos perdieron dedos, manos, ojos, dinamitando la cordillera? ¿Cuántos cayeron en esos precipicios o fueron enterrados por los huaycos que desbarataban los campamentos donde dormían, unos sobre otros, temblando de frío, borrachos de fatiga, embrutecidos de coca, calentados sólo por sus ponchos y el aliento de sus compañeros? Comenzaba a sentir la altura: cierta dificultad al respirar, la presión de la sangre en las sienes, el corazón acelerado. Al mismo tiempo, apenas podía disimular su excitación. Tenía ganas de sonreír, de silbar, de estrechar las manos de todo el vagón. Moría de impaciencia por reencontrar a Vallejitos.

—Yo soy el Profesor Ubilluz —me dice, extendiéndome su mano, apenas paso la barrera de la Estación de Jauja, donde, luego de una cola interminable, dos policías de civil me registran y expulgan la bolsa donde llevo el pijama—. El Chato para mis amigos. Y, si me permite, usted y yo ya somos amigos.

Le he escrito, anunciándole mi viaje, y él ha venido a esperarme. En torno a la estación, hay un considerable despliegue militar: soldados con fusiles, caballetes y alambradas. Y, yendo y viniendo por la calle a paso de tortuga, una tanqueta. Echamos a andar. ¿Está muy mala la situación aquí?

—Estas últimas semanas algo más tranquila —me dice Ubilluz—. Tanto que han suspendido el toque de queda. Ya podemos salir a ver las estrellas. Nos estábamos olvidando de cómo eran.

Me cuenta que hace un mes hubo un ataque masivo de los insurrectos al cuartel de Jauja. La balacera duró toda la noche y dejó los alrededores sembrados de cadáveres. Apestaban de tal modo y eran tantos que debieron ser rociados con kerosene y quemados. Desde entonces, los rebeldes no han vuelto a realizar ninguna acción importante en la ciudad. Eso sí, los cerros del contorno amanecen cada mañana erizados de banderas rojas con la hoz y el martillo. Las patrullas militares las arrancan, cada tarde.

—Le he reservado un cuartito en el Albergue de Paca —añade—. Un sitio lindísimo, verá.

Es un anciano bajito y compuesto, embutido en un terno a rayas que lleva abotonado, una especie de paquete moviente. Tiene una corbata de nudo milimétrico y unos zapatos que deben haber atravesado un lodazal. Hay en él ese atildamiento típico de la sierra y un español silabeado en el que, de rato en rato, brota un quechuismo. Encontramos un viejo taxi, cerca de la Plaza. La ciudad no ha cambiado mucho desde la última vez que estuve aquí. A simple vista al menos, no hay muchas huellas de la guerra. No se ven altos de basuras ni muchedumbres de mendigos. Las casitas lucen limpias e inmortales, con sus añosos portones y enrevesadas rejas. El Profesor Ubilluz pasó treinta años enseñando ciencias en el Colegio Nacional San José. Cuando se jubiló —por los días en que lo que habíamos creído una simple algarada de extremistas empezaba a tomar las proporciones de una guerra civil—, hubo una ceremonia en su honor a la que asistieron todos los ex-alumnos que habían sido sus discípulos. Al pronunciar su discurso, lloró.

—Hola, mi hermano —dijo Vallejos.

—Hola, hombre —dijo Mayta.

—Por fin viniste —dijo Vallejos.

—Sí —sonrió Mayta—. Por fin.

Se abrazaron. ¿Cómo es que el Albergue de Paca sigue abierto? ¿Acaso vienen aún turistas a Jauja? No, claro que no. ¿A qué vendrían? Todas las fiestas, incluidos los famosos Carnavales, se han extinguido. Pero el Albergue sigue abierto porque se alojan en él los funcionarios que vienen de Lima y, a veces, las misiones militares. Ahora no debe haber ninguna pues no hay vigilancia en el lugar. El Albergue no ha sido pintado desde hace siglos y da una impresión lastimosa. No hay servicio ni administrador, sólo un guardián que hace de todo. Después de dejar mi bolsa en el cuartito lleno de telarañas, voy a sentarme a la terraza que da a la laguna, donde me espera el Profesor Ubilluz. ¿Conocía la historia de Paca? Señala las aguas tersas, el cielo pintado, la delicada línea de los cerros que circundan a las aguas: esto, hace cientos de años, era un pueblo de gentes egoístas. El mendigo apareció una mañana de sol radiante y aire purísimo. De casa en casa fue pidiendo limosna y, en todas, los vecinos lo largaban con malos modos, azuzando contra él a los perros. Pero en una de las últimas viviendas encontró a una viuda caritativa, que vivía con un niño pequeño. Le dio algo de comer y unas palabras de esperanza. Entonces, el mendigo, resplandeciendo, mostró a la mujer caritativa su verdadera cara —la de Jesús— y le ordenó: «Sal de Paca con tu hijo, ahora mismo, llevándote todo lo que puedas cargar. No mires más hacia aquí, oigas lo que oigas». La viuda obedeció y salió de Paca, pero cuando subía el monte oyó un ruido muy fuerte, como el de un tambor gigante, y la curiosidad la hizo volverse. Alcanzó a ver el espantoso huayco de piedras y lodo que sepultaba a Paca y a sus habitantes y a las aguas que convertían en una tranquila laguna de patos, truchas y gallaretas lo que había sido su pueblo. Ni ella ni su hijo vieron ni oyeron más porque las estatuas no pueden ver ni oír. Pero los jaujinos sí pueden verlos a ella y al niño, a lo lejos: dos formas pétreas, espiando la laguna, en un punto de los cerros hasta donde peregrinan las procesiones para dedicar un pensamiento a esos vecinos que Dios castigó por avaros e insensibles y que yacen allí abajo, en esas aguas donde croan las ranas, graznan los patos y remaban antaño los turistas.

—¿Qué te parece, camarada?

Mayta advirtió que Vallejos estaba tan contento y emocionado como él mismo. Fueron andando a la pensión en que vivía el Alférez, en la calle Tarapacá. ¿El viaje? Muy bueno, y, sobre todo, impresionante, no se le olvidaría nunca el paso del Infiernillo. Sin dejar de hablar, espiaba las casitas coloniales, la limpieza del aire, las chapas de las jaujinas. Ya estabas en Jauja, Mayta. Pero no se sentía muy bien:

—Estoy con soroche, creo. Una sensación rarísima. Como si fuera a desmayarme.

—Mal comienzo para la revolución —se rió Vallejos, arrebatándole el maletín: llevaba pantalón y camisa caqui, unos botines de enormes suelas y el pelo cortado al rape—. Un mate de coca, una siestecita y como nuevo. A las ocho nos reuniremos donde el Profe Ubilluz. Un tipo macanudo, verás.

Le había hecho armar un catre en su mismo cuarto, en la pensión —unos altos de habitaciones alineadas en torno a una galería con barandales— y se despidió de él, aconsejándole que durmiera un poco para curarse el mal de altura. Partió y Mayta vio una ducha en el baño. «Me ducharé al acostarme y al levantarme todos los días que esté en Jauja», pensó. Haría una provisión de duchas para Lima. Se acostó vestido, quitándose sólo los zapatos y cerró los ojos. Pero no pudo dormir. No sabías gran cosa de Jauja, Mayta. ¿Qué, por ejemplo? Más leyendas que realidades, como la bíblica explicación del nacimiento de Paca. Había formado parte de la civilización huanca, una de las más pujantes que el Imperio de los Incas sojuzgó, y, por ello, los xauxas fueron aliados de Pizarro y los conquistadores y vengativos guerreros contra sus antiguos amos. Esta región debió ser inmensamente rica —¡quién lo diría, viendo la modestia del pueblo!— en los siglos coloniales, cuando el nombre de Jauja era sinónimo de abundancia. Sabía que este pueblecito fue la primera capital del Perú, designada como tal por Pizarro en su homérico trayecto de Cajamarca al Cusco, por uno de esos cuatro caminos del Incario que trepaban y bajaban los Andes como serpentearían ahora por ellos las columnas revolucionarias, y que, esos meses que ostentó su título de capital, fueron los más gloriosos de su historia. Pues, una vez que Lima le arrebató el cetro, Jauja, como todas las ciudades, gentes y culturas de los Andes, entró en un irremisible proceso de declinación y servidumbre a ese nuevo centro rector de la vida nacional, erigido en el más insalubre rincón de la costa, desde el cual, con una continuidad sin pausas, iría expropiando en su provecho todas las energías del país.

Su corazón latía muy fuerte, se sentía siempre mareado y el Profesor Ubilluz, con el telón de fondo de la laguna, sigue hablando. Yo me distraigo, acosado por las imágenes de pesadilla asociadas con el nombre de Jauja en mi infancia. ¡La ciudad de los tísicos! Porque aquí venían, desde el siglo pasado, aquellos peruanos víctimas de la entonces estremecedora enfermedad, mitificada por la literatura y el sadomasoquismo románticos, esa tuberculosis para la que el clima seco jaujino era considerado extraordinario bálsamo. Aquí venían, de los cuatro puntos cardinales del país, primero a lomo de mula y por caminos de herradura, luego por el escarpado ferrocarril del ingeniero Meiggs, todos los peruanos que comenzaban a escupir sangre y podían pagarse el viaje y tenían los medios suficientes para convalecer o agonizar en los pabellones del Sanatorio Olavegoya, el que, por efecto de esa invasión continua, fue creciendo desmesuradamente hasta —en algún momento— confundirse con la ciudad. El nombre que siglos atrás había despertado codicia, admiración, ensueño de doblones de oro y de montañas áureas, pasó a significar pulmones con agujeros, accesos de tos, esputos sanguinolentos, hemorragias, muerte por consunción. «Jauja, nombre voluble», pensó. Y, tocándose el pecho para contar los latidos, recordó que su madrina, en la casa de Surquillo, aquellos días que hacía su huelga de hambre, lo amonestaba con el dedo levantado y su bondadosa cara gorda: «¿Quieres que te mandemos a Jauja, zoncito?» Alicia y Zoilita lo enloquecían cada vez que lo oían carraspear: «Uy, uy, primo, ya comenzó la tosecita, ya te vemos yéndote a Jauja». ¿Qué dirían la tía Josefa, Zoilita, Alicia, cuando supieran lo que había venido a hacer a Jauja ahora? Más tarde, mientras Vallejos le presentaba al Chato Ubilluz, ceremonioso señor que le hizo una venia mientras le daba la mano, y a media docena de jovencitos que no le parecieron de los últimos años sino de la primaria del Colegio San José, Mayta, el cuerpo todavía erizado por la sensación de hielo de la ducha, se dijo, de pronto, que a aquellas imágenes se añadiría otra: Jauja, cuna de la revolución peruana. ¿Iría también a integrarse a los mitos del lugar? ¿Jauja-revolución, como Jauja-oro o Jauja-tuberculosis? Ésta era la casa del Profe Ubilluz y Mayta veía, por una ventanita empañada, construcciones de adobe, techos de tejas y de calamina, un pedazo de calle con adoquines y las altas veredas para los torrentes que —se lo había explicado Vallejos mientras venían— formaban los aguaceros de enero y febrero. Pensó: «Jauja, cuna de la revolución socialista del Perú». Costaba creerlo, sonaba tan irreal como la ciudad del oro o de los tísicos. Le digo que, por lo menos a simple vista, en Jauja parece haber menos hambre y escasez que en Lima. ¿Estoy en lo cierto? En vez de responderme, poniendo una cara grave, el Profesor Ubilluz resucita de golpe, en esta orilla solitaria de la laguna, el asunto que me ha traído a su tierra:

—Usted habrá oído muchos cuentos sobre la historia de Vallejos, por supuesto. Y los seguirá oyendo estos días.

—Como sobre todas las historias —le replico—. Algo que se aprende, tratando de reconstruir un suceso a base de testimonios, es, justamente, que todas las historias son cuentos; que están hechas de verdades y mentiras.

Me propone que vayamos a su casa. Una carreta tirada por dos burros nos alcanza y el carretero acepta llevarnos a la ciudad. Nos deja, media hora después, frente a la casita de Ubilluz, en la novena cuadra del Jirón Alfonso Ugarte. Poco menos que mira a la cárcel. «Sí, me dice, antes de que se lo pregun-

134

te. Ésos eran los dominios del Alférez, ahí comenzó todo.» La cárcel ocupa toda la manzana de la vereda opuesta y pone término al Jirón. En ese muro gris, con alero de tejas, termina la ciudad. Después, comienza el campo: las sementeras, los eucaliptos, los cerros. Veo, más lejos, trincheras, alambradas, y, esparcidos, soldaditos que montan guardia. Uno de los rumores insistentes, el año pasado, fue que la guerrilla preparaba el asalto a Jauja, con la intención de declararla capital del Perú Liberado. ¿Pero no han corrido rumores semejantes sobre Arequipa, Puno, Cusco, Trujillo, Cajamarca y hasta Iquitos? La cárcel y la casa del Profesor Ubilluz se encuentran en un barrio de nombre religioso, con resonancias de martirio y expiación: Cruz de Espinas. Es una vivienda modesta, baja y oscura, con una gran foto enmarcada en la que tornasola un señor de otros tiempos —corbatín de lazo, sarita de paja, mostachos atuzados, cuello duro, chaleco, perilla mefistofélica— que debe ser el padre o el abuelo del Profesor, a juzgar por la semejanza de rasgos. Hay un largo sillón cubierto por un poncho de colores y muebles variopintos, tan usados que parecen a punto de desplomarse. En un estante con vidrios, altos de periódicos en desorden. Unas moscas zumbonas revolotean sobre nuestras cabezas y uno de los josefinos ayudaba a pasar el platito con rajas de queso fresco y unos panecillos crujientes que a Mayta le hicieron agua la boca. Estoy muerto de hambre y le pregunto al Profesor si no habría donde comprar algo que comer. «A estas horas, no, dice. Al anochecer tal vez consigamos unas papas cocidas en un sitiecito que conozco. Eso sí, le puedo convidar una copita de buen pisco.»

—Sobre mi amistad con Vallejos se han dicho las cosas más disparatadas —añade—. Que nos conocimos en Lima, cuando yo hacía el servicio militar. Que empezamos a conspirar entonces y que seguimos conspirando aquí, cuando vino como jefe de la cárcel. De eso, lo único cierto es que soy licenciado del Ejército. Pero, cuando yo serví, Vallejos debía ser un niño de teta... —Se ríe, con una risita forzada, y exclama—: ¡Puras fantasías! Nos conocimos aquí, a los pocos días de llegar Vallejos a ocupar su puesto. A mucha honra puedo decirle que yo le enseñé todo lo que aprendió de marxismo. Porque, ha de saber —baja la voz, mira en torno con cierta alarma, me señala unos anaqueles vacíos— que yo tuve la biblioteca marxista más completa de Jauja.

Una larga digresión lo aparta de Vallejos. A pesar de que es un hombre anciano y enfermo —le han quitado un riñón, tiene presión alta y unas varices que lo hacen ver a Judas—, retirado de toda actividad política, las autoridades, hace un par de años, cuando las acciones terroristas cobraron auge en la provincia, quemaron todos sus libros y lo tuvieron preso una semana. Le pusieron electrodos en los testículos, para que confesara una supuesta complicidad con la guerrilla. ¿Qué complicidad podía tener él cuando era *vox populi* que los insurrectos lo tenían en su lista negra, por infames calumnias? Se levanta, abre un cajón, saca un papelito y me lo muestra: «Estás sentenciado a muerte por el pueblo, perro traidor». Se encoge de hombros: era viejo y no le importaba la vida. Que lo mataran, qué mierda. No se cuidaba: vivía solo y no tenía ni un palo para defenderse.

—Así que usted enseñó marxismo a Vallejos —aprovecho para interrumpirlo—. Yo creía que había sido Mayta, más bien.

—¿El trosco? —Se revuelve en el asiento, con gesto desdeñoso—. ¡Pobre Mayta! Andaba en Jauja medio sonámbulo por el soroche...

Era verdad. Nunca había sentido una opresión semejante en las sienes y ese atolondramiento del corazón, interrumpido de pronto por unas desconcertantes pausas en las que parecía dejar de latir. Mayta tenía la impresión de vaciarse, la desaparición súbita de sus huesos, músculos, venas, y un frío polar congelaba la gran oquedad bajo su piel. ¿Se iba a desmayar? ¿Iba a morir? Era un malestar sinuoso y traicionero: iba y venía, estaba a la orilla de un precipicio y la amenaza de caer al abismo nunca se cumplía. Le pareció que todos, en el atestado cuartito del Chato Ubilluz, se daban cuenta. Varios fumaban y una nube grisácea, con moscas, deformaba las caras de los muchachitos sentados en el suelo, que, de tanto en tanto, interrumpían con preguntas el monólogo de Ubilluz. Mayta había perdido el hilo: estaba junto a Vallejos, en un banquito, con la espalda apoyada en el estante de libros, y, aunque quería escuchar, atendía sólo a sus venas, a sus sienes, a su corazón. Al mal de altura se añadía una sensación de ridículo. «¿Tú eres el revolucionario que ha venido a tomar examen a estos camaradas?» Pensó: «Los tres mil quinientos metros te han convertido en un alfeñique con taquicardia». Vagamente, oía a Ubilluz explicar a los muchachos —¿trataba de impresionarlo a él con sus confusos conocimientos de marxismo?— que la manera de sacar adelante la revolución era interpretando correctamente las contradicciones sociales y las características que asumía en cada etapa la lucha de clases. Pensó: «La nariz de Cleopatra». Sí, ahí estaba: el imponderable que transtorna las leyes de la historia y troca la ciencia en poesía. Qué estúpido no prever lo más obvio, que un hombre que sube a los Andes puede sufrir soroche, no comprar algunas pastillas de coramina para contrarrestar la diferencia de presión atmosférica sobre su organismo. Vallejos le preguntó: «¿Te sientes bien?» «Sí, perfecto». Pensó: «He venido a Jauja para que un profesorcito que mea fuera de la bacinica me dé una clase de marxismo». Ahora, el Chato Ubilluz lo señalaba, dándole la bienvenida: era el camarada de Lima del que les habló Vallejos,

alguien con gran experiencia revolucionaria y sindical. Lo invitó a hablar y, a los muchachos, a que le
hicieran preguntas. Mayta sonrió a la media docena
de caras lampiñas que se habían vuelto a mirarlo,
con curiosidad y cierta admiración. Abrió la boca:

—El gran culpable, si se trata de buscar culpa-
bles —repite el Profesor Ubilluz, con la cara avina-
grada—. Nos engañó a su gusto. Se suponía que era
el enlace con los revolucionarios de Lima, con los
sindicatos, con el Partido, que representaba a cientos de camaradas. En realidad, no representaba a
nadie y no era nadie. Un trosco, para colmo de ma-
les. Su sola presencia ya nos cerró la posibilidad de
que el Partido Comunista nos apoyara. Éramos muy
ingenuos, es verdad. Yo sabía marxismo, pero no sabía siquiera cuál era la fuerza del Partido, ni las divisiones en la izquierda. Y Vallejos, por supuesto,
menos que yo. ¿Así que usted creía que el trosco
Mayta adoctrinó al Alférez? Nada de eso. Apenas si
se vieron, en una que otra escapadita de Vallejos a
Lima. Fue en este cuartito donde el Alférez aprendió
la dialéctica y el materialismo.

El Profesor Ubilluz pertenece a una vieja familia
jaujina, en la que ha habido subprefectos, alcaldes y
muchos abogados. (La abogacía es la profesión serrana por excelencia y Jauja tiene el cetro de número de abogados por habitante.) Debían ser gente aco-
modada, porque, me dice, muchos parientes suyos
han conseguido irse al extranjero: México, Buenos
Aires, Miami. Él no, él se quedará acá hasta el final,
con amenazas o con lo que sea, y se hundirá con lo
que se hunda. No sólo porque carece de medios para
irse, sino por su espíritu de contradicción, esa rebeldía que, de joven, hizo que, a diferencia de sus pri-
mos, tíos y hermanos, de vidas ocupadas por las cha-
cras, el comercio de abarrotes o el ejercicio de las
leyes, se dedicara a la enseñanza y se convirtiera en
el primer marxista de la ciudad. Lo ha pagado, aña-

de: incontables prisiones, palizas, agravios. Y, todavía peor, la ingratitud de la propia izquierda que, ahora que ha crecido y está por tomar el poder, se olvida de los que abrieron el surco y echaron las simientes.

—Las verdaderas lecciones de filosofía y de historia, las que no podía dar en el San José, las di en este cuartito —exclama, con orgullo—. Mi casa fue una universidad del pueblo.

Calla, porque oímos un ruido herrumbroso y voces militares. Me asomo a espiar por los visillos: está pasando la tanqueta, la misma que vi en la estación. Junto a ella trota, a la voz de mando de un oficial, una sección de soldados. Desaparecen en la esquina de la cárcel.

—¿No fue Mayta quien planeó todo, entonces? —le pregunto, de manera abrupta—. ¿No fue él quien ideó todos los detalles de la insurrección?

La sorpresa que gana su cara medio amoratada, llena de puntitos blancos de barba, parece sincera. Como si hubiera oído mal o no supiera de qué hablo.

—¿El trosco Mayta autor intelectual de la insurrección? —silabea, con esa acuciosa dicción serrana que no deja escapar ni la aureola de las palabras—. ¡Qué ocurrencia! Cuando vino aquí, todo estaba cocinado por Vallejos y por mí. No tuvo vela en ese entierro hasta el final. Le voy a decir algo más. Se le comunicaron los detalles sólo al último minuto.

—¿Por desconfianza? —lo interrumpo.

—Por precaución —dice el Profesor Ubilluz—. Bueno, si le gusta la palabra, por desconfianza. No de que fuera a ir con el soplo, sino de que se echara atrás. Con Vallejos decidimos tenerlo en ayunas, cuando nos fuimos dando cuenta de que no tenía personería, que era él solito. ¿Qué de raro que, a la hora de la hora, el pobre se echara atrás? No era de aquí, no aguantaba siquiera la altura. Jamás había agarrado un arma. Vallejos le enseñó a disparar, en un arenal de Lima. ¡Vaya revolucionario el que se fue a conseguir! Hasta marica dicen que era.

Se ríe, con su risita forzada de costumbre, y estoy a punto de decirle que, sin embargo, a diferencia de él, que no estuvo donde debía estar —por una razón que ojalá me aclare—, Mayta, pese a su soroche y a no representar a nadie, sí estuvo junto a Vallejos cuando —la expresión es suya— «las papas empezaron a quemar». Estoy a punto de decirle que muchos otros me han dicho, de él, lo que él dice de Mayta: que fue el gran culpable, el desertor. Pero por supuesto que no le digo nada de eso. No estoy aquí para contradecir a nadie. Mi obligación es escuchar, observar, cotejar las versiones, amasarlo todo y fantasear. Vuelve a oírse, afuera, el ferruginoso paso de la tanqueta y el trote de los soldados.

Cuando uno de los muchachos dijo «es hora de irse», Mayta sintió alivio. Se sentía algo mejor, después de haber pasado momentos agónicos: respondía a las preguntas de Ubilluz, de Vallejos, de los josefinos, y, a la vez, estaba pendiente del malestar que le atenazaba la cabeza y el pecho y parecía alborotar su sangre. ¿Había respondido bien? Por lo menos, había mostrado una seguridad que estaba lejos de sentir, y, al absolver las dudas de los muchachos, había tratado de no mentir, pero, también, de no decir verdades que enfriaran su entusiasmo. No había sido fácil. ¿Los apoyaría la clase obrera de Lima una vez que estallara la acción revolucionaria? Sí, aunque no de inmediato. En un principio, se sentiría indecisa, confusa, por la desinformación de la prensa y de la radio, por las mentiras del poder y de los partidos de la burguesía, y quedaría paralizada por la brutalidad de la represión. Pero esa misma represión le iría abriendo los ojos, revelándole quiénes defendían sus intereses y quiénes, además de explotarla, la engañaban. Porque la acción revolucionaria potenciaría la lucha de clases a niveles de gran violen-

140

cia. Los ojos muy abiertos de los muchachitos, su atenta inmovilidad, conmovieron a Mayta. «Te creen todo lo que les dices.» Ahora, mientras los josefinos se despedían de él dándole ceremoniosamente la mano, se preguntó cuál sería, en verdad, la actitud del proletariado limeño al estallar las acciones. ¿Indiferencia? ¿Hostilidad? ¿Desdén hacia esa vanguardia que se batía por él en la sierra? Lo cierto era que los sindicatos estaban controlados por el Apra, aliada del gobierno pradista, y enemiga de todo lo que oliera a socialismo. Tal vez sería diferente con los pocos sindicatos, como Construcción Civil, en los que tenía influencia el Partido Comunista. No, tampoco. Los acusarían de provocadores, de hacer el juego al gobierno, de servirle en bandeja el pretexto para poner fuera de la ley al Partido y deportar y encarcelar a los progresistas. Imaginó los titulares de *Unidad*, el texto de los volantes que repartirían, los artículos en la *Voz Obrera* del POR rival. Sí, todo aquello sería cierto en la primera etapa. Pero, estaba seguro, si la insurrección conseguía durar, desarrollarse, socavar aquí y allá al poder burgués, obligándolo a quitarse la máscara liberal y a mostrar su cara sangrienta, la clase obrera iría sacudiéndose de su letargo, de los engaños reformistas, de sus líderes corruptos, de la ilusión de que podía coexistir con la clase entreguista e incorporándose a la lucha.

—Bueno, ya se fueron los pichones. —El Chato Ubilluz desenterró del alto de libros, folletos, periódicos y telarañas de su estudio, una cantimplora y unos vasos—. Ahora, un traguito.

—¿Qué te parecen los muchachos? —le preguntó Vallejos.

—Muy entusiastas, pero, también muy mocositos —dijo Mayta—. Algunos deben andar por los quince ¿no? ¿Estás seguro que responderán?

—No tienes fe en la juventud —se rió Vallejos—. Claro que responderán.

—Acuérdate de González Prada —citó el Chato Ubilluz, moviéndose como un gnomo entre los estantes para volver a su asiento—. Los viejos a la tumba y los jóvenes a la obra.

—Además, cada cual a lo suyo —Vallejos se golpeó la palma de una mano con el puño y Mayta pensó: «Lo oigo y no puedo dudar, parece que todo se plegara a su voluntad, es un líder nato, un comité central él solito»—. A estos muchachos nadie les va a pedir que peguen tiros. Serán mensajeros.

—Los chasquis de la revolución —los bautizó el Chato Ubilluz—. Los conozco desde que gateaban, son la flor y nata de la juventud josefina.

—Se encargarán de las comunicaciones —explicó Vallejos, accionando—. De asegurar el contacto entre la guerrilla y la ciudad, de traer y llevar consignas, víveres, medicinas, parque. Precisamente porque son tan jóvenes, pueden pasar desapercibidos. Se mueven como por su casa en los cerros de toda la provincia. Hemos hecho excursiones, los he entrenado en largas marchas. Son formidables.

Se lanzaban por los precipicios y caían de pie, sin magullarse, como si fueran de goma; cruzaban los torrentes como unos pececillos ágiles sin que los remolinos los devoraran o destrozaran contra las rocas; resistían las nieves sin sentir frío y en las alturas más extremas corrían y saltaban sin agitarse: había aumentado el golpeteo de su corazón y la presión de su sangre en las sienes era de nuevo intolerable. ¿Se lo decía? ¿Les pedía un mate de coca, una medicina, algo que lo librara de esta angustia?

—A los que cogerán el fusil y se meterán con nosotros a la candela, comenzarás a conocerlos mañana, en Ricrán —dijo Vallejos—. Prepárate a subir a la puna, a conocer las llamas y el ichu.

En medio de su malestar, Mayta notó el silencio. Venía de afuera, era tangible, aparecía cada vez que el Chato Ubilluz o Vallejitos callaban. Entre una pregunta y una réplica, en las pausas de un monólogo, esa ausencia de motores, de bocinas, de frenos, de escapes, de pasos y de voces parecía sonar. Ese silencio debía recubrir Jauja como una noche superpuesta a la noche, era una presencia espesa en la habitación y lo aturdía. Resultaba tan extraño ese vacío exterior, esa falta de vida animal, mecánica o humana, allá en la calle. No recordaba haber experimentado nunca en Lima, ni siquiera en las cárceles donde había pasado temporadas (el Sexto, el Panóptico, el Frontón), un silencio tan notorio. Vallejos y Ubilluz, al romperlo, parecían profanar algo. El malestar había aminorado pero su zozobra continuaba pues, lo sabía, en cualquier momento volverían el ahogo, la taquicardia, la opresión, el hielo. El Chato le hizo salud y él, esforzándose por sonreír, se llevó la copita a la boca: la ardiente bebida lo estremeció. «Qué absurdo, pensó. A menos de trescientos kilómetros de Lima y como si fueras un extranjero en un mundo desconocido. Qué país es éste que apenas se mueve uno de un sitio a otro se convierte en gringo, en marciano.» Sintió vergüenza de no conocer la sierra, de no saber nada del mundo campesino. Volvió a prestar atención a lo que Vallejos y Ubilluz decían. Hablaban de una comunidad, en la vertiente oriental, que se extendía por la selva: Uchubamba.

—¿Por dónde está?

—No muy lejos en kilómetros —dice el Profesor Ubilluz—. Cerca, si mira en el mapa. Pero tan lejos como la luna entonces, si usted quería ir hasta allá desde Jauja. Unos años después, cuando Belaúnde, abrieron una trocha que cubría la cuarta parte del camino. Antes, había que ir a patita, por la puna y por los despeñaderos y quebradas que bajan a la selva.

¿Hay alguna posibilidad de acercarse ahora hasta allá? Claro que no: eso es un campo de batalla desde hace un año, lo menos. Y, según rumores, un enorme cementerio. Dicen que ahí ha muerto más gente que en todo el resto del Perú. No podré, pues, visitar algunos lugares claves de la historia, la averiguación quedará trunca. Por lo demás, aunque consiguiera esquivar las líneas militares y los puestos guerrilleros, no me serviría de mucho. En Jauja todo el mundo asegura que tanto Chunán como Ricrán han desaparecido. Sí, sí: el Profesor Ubilluz lo sabe de muy buena fuente. Chunán hace seis meses, más o menos. Era un baluarte de los insurrectos, tenían ahí, parece, hasta un cañón antiaéreo. Por eso la aviación arrasó Chunán con napalm y murieron hasta las hormigas. En Ricrán, hubo también una matanza, hace cosa de dos meses. Una historia que nunca se aclaró. Los del pueblo habían capturado a un destacamento guerrillero y, según unos, los lincharon ellos mismos porque se comían sus cosechas y sus animales, y, según otros, los entregaron al Ejército que los fusiló en la Plaza, contra la pared de la iglesita. Luego, llegó una expedición de escarmiento, y los terrucos quintearon a los de Ricrán. ¿Sabía yo cómo era el quinteo, no? Uno, dos, tres, cuatro, tú, ¡afuera! A todos los números cinco los hacharon, lapidaron o acuchillaron, ahí, también en la Plaza. Ahora, tampoco Ricrán existe. Los sobrevivientes están en Jauja, en esa barriada de inmigrantes que ha surgido al Norte, o vagando por la selva. No debo hacerme ilusiones. El Profesor se lleva su copita a los labios y retrocede hasta donde nos quedamos.

—Llegar hasta Uchubamba era para gente macha, que no se asustaba con la nieve ni los huaycos —dice—, para gente sin las varices que tiene ahora este viejo. Yo era fuerte y resistente y llegué allá, una vez. Un espectáculo que no se imagina eso de ver a los Andes convertirse en selva, cargarse de vegetación, de animales, de vaho. Ruinas por todas partes. Uchubamba, ése es el nombre. ¿No lo recuerda?

144

¡Caracoles! Si los comuneros de Uchubamba dieron que hablar a todo el Perú.

No, el nombre no me dice nada. Pero recuerdo, muy bien, el fenómeno que ha evocado el Profesor Ubilluz, mientras caliento en mi mano la copita de pisco que, con grandes aspavientos, acaba de servirme (un pisco que se llama El Demonio de los Andes, muestra de las buenas épocas, dice, cuando se podía comprar cualquier cosa en las bodegas, antes de ese racionamiento que nos mata de hambre y de sed). Para sorpresa del Perú oficial, urbano, costeño, a mediados de los años cincuenta comenzaron a ocurrir, en distintos puntos de la sierra del sur y del centro, ocupaciones de tierras. Yo estaba en París y con un grupo de revolucionarios de café seguíamos con avidez esas remotas noticias que llegaban sucintamente hasta *Le Monde*, y, a partir de las cuales, nuestra imaginación reconstruía el emulsionante espectáculo: comunidades indígenas que, allá en los Andes, armadas de palos, hondas, piedras, con sus ancianos, mujeres, niños y animales al frente, se trasladaban, en un amanecer o en una medianoche, masivamente, a las tierras aledañas, de las que —seguramente con razón— se sentían desposeídas por el señor feudal, o por el padre, abuelo, tatarabuelo o chozno del señor feudal, y rompían los hitos y los recomponían, integrándolas a los dominios comunales y marcaban a las bestias con sus propias enseñas, levantaban sus casas y al día siguiente comenzaban a trabajar esas nuevas tierras como suyas. «¿Es éste el comienzo?, nos decíamos, boquiabiertos y eufóricos. ¿Se despierta por fin el volcán?» A lo mejor, sí, ése fue el comienzo. En los bistrots de París, bajo los castaños rumorosos, deducíamos, a partir de las cuatro líneas de *Le Monde*, que esas invasiones eran obra de revolucionarios, nuevos narodniks que se habían trasladado al campo para persuadir a los indios a hacer por su cuenta y riesgo la

145

Reforma Agraria que desde hacía años todos los gobiernos prometían y ninguno hacía. Después supimos que esas tomas no eran obra de agitadores enviados por el Partido Comunista ni por los grupitos trotskistas, y, en su origen, ni siquiera de carácter político, sino un movimiento espontáneo, surgido enteramente de la masa campesina, que, espoleada por la inmemorial situación de abuso, hambre de tierra, y, en alguna medida, por la atmósfera caldeada de lemas y proclamas de justicia social que se creó en el Perú desde el resquebrajamiento de la dictadura de Odría, decidió un buen día pasar a la acción. ¿Uchubamba? Otros nombres de comunidades que se apoderaron de tierras y fueron desalojadas con muertos y heridos, o que consiguieron quedarse con ellas, revolotean en mi memoria: Algolán, en Cerro de Pasco, las del Valle de la Convención, en el Cusco. Pero ¿Uchubamba, en Junín?

—Sí, señor —dijo Vallejos, exaltándose, feliz de comprobar cómo lo sorprendía—. Indios de piel clara y ojos azules, más gringos que tú y yo.

—Primero los conquistaron los incas y los hicieron trabajar bajo la férula de los quipucamayocs cusqueños —peroró el Chato Ubilluz—. Después, los españoles les quitaron sus mejores tierras y los subieron a trabajar a las minas. Es decir, a morirse al poco tiempo con los pulmones agujereados. A los que se quedaron en Uchubamba los dieron en encomienda a una familia Peláez Rioja que los desangró durante tres siglos.

—Pero, ya ves, no pudieron acabar con ellos —remató Vallejos.

Habían dejado la casa de Ubilluz, para dar una vuelta, y estaban sentados en una banca de la Plaza de Armas. Tenían sobre sus cabezas una maravillosa quietud y miles de estrellas. Mayta se olvidó del frío y del soroche. Estaba exaltado. Trataba de recordar las grandes sublevaciones campesinas: Túpac Amaru, Juan Bustamante, Atusparia. Así que a lo largo de los siglos, mientras los explotaban y humillaban, los comuneros de Uchubamba habían seguido soñando con las tierras que les quitaron y rogando por ellas. Primero, a las serpientes y a los pájaros. Después, a la Purísima y a los santos. Y, luego, a todos los tribunales a su alcance, en juicios que siempre perdieron. Pero, ahora, hacía apenas meses, semanas, si era cierto lo que había oído, habían dado el paso decisivo y una buena noche rompieron los cercos de la Hacienda Aína y se metieron en esas tierras con sus chanchos, sus perros, sus burros, sus caballos, diciendo: «Queremos lo que es nuestro». Eso había pasado, y tú, Mayta, ¿ni siquiera lo sabías?

—Ni una palabra —murmuró Mayta, frotándose los brazos erizados de frío—. Ni siquiera de oídas, nada de eso se ha sabido en Lima.

Hablaba mirando al cielo, deslumbrado por los luceros de la bóveda retinta y chispeante y por las imágenes que suscitaba en su cabeza lo que iba sabiendo. Ubilluz le ofreció un cigarrillo y el Alférez se lo encendió.

—Tal como te lo digo —afirmó Vallejos—. Se apoderaron de la Hacienda Aína y el gobierno tuvo que mandar a la Guardia Civil a sacarlos. La compañía que salió de Huancayo tardó una semana en llegar a Uchubamba. Los sacó, al final, metiéndoles bala. Varios muertos y heridos, por supuesto. Pero la comunidad ha quedado revuelta y sin domar. Ahora sabe cuál es el camino.

Pasó una familia o grupo de indios que, en las sombras de la Plaza de Jauja, parecieron a Mayta fantasmas: silentes, furtivos, desaparecieron en la esquina de la iglesia con unas cargas sobre las cabezas que podían ser bateas.

—No es que los comuneros de Uchubamba estén dispuestos a ir a la pelea —dijo el Chato Ubilluz—.

147

Ya están peleando, ya han comenzado la revolución. Lo que nosotros vamos a hacer es simplemente encauzarla.

El frío iba y volvía, como el mal de altura. Mayta dio una larga pitada:

—¿Son informaciones de buena fuente?

—Tan buenas como yo mismo —se rió Vallejos—. He estado allá. Lo he visto con mis propios ojos.

—Hemos estado —lo corrigió, con sus eses y erres presumidas, el Chato Ubilluz—. Hemos visto y hemos conversado. Y hemos dejado todo a punto.

Mayta no supo qué decir. Ahora estaba seguro: Vallejos no era el muchacho inexperimentado e impulsivo que creyó al principio, sino alguien mucho más serio, sólido y complejo, más previsor y con los pies bien plantados sobre la tierra. Había dado más pasos de los que le dejó entrever en Lima, contaba con más gente, su plan tenía más ramificaciones de lo que él jamás imaginó. Lástima que no hubiera venido Anatolio. Para cambiar ideas, reflexionar, poner orden entre los dos a esa turbamulta de fantasías y entusiasmos que lo comían. Qué lástima que no estuvieran aquí todos los camaradas del POR(T) para que vieran que no era una quimera sino una realidad quemante. Aunque no habían dado las diez de la noche, los tres parecían los únicos habitantes de Jauja.

—¿Te das cuenta que no exageraba cuando te decía que los Andes están maduros? —volvió a reírse Vallejos—. Tal como te lo he dicho y repetido, mi hermano: un volcán. Y lo haremos estallar, carajo.

—Porque, naturalmente, no fuimos a Uchubamba con las manos vacías. —El Profesor Ubilluz vuelve a bajar la voz y mira en torno como si ese episodio pudiera aún comprometerlo—. Llevamos tres metralletas y unos cuantos Máuseres que el Alférez se había conseguido no sé dónde. También, medicinas de emergencia. Dejamos todo bien escondido, con lona impermeable.

Calla, para paladear la bebida, y murmura que por las cosas que me está contando nos podrían fusilar a los dos, en menos de lo que canta un gallo.

—Ya ve, no fue tan descabellado como creyó todo el mundo —añade una vez que el eco del paso metálico de la tanqueta se pierde en la noche: la hemos oído pasar frente a la casa toda la tarde, a intervalos fijos—. Fue algo planeado sin romanticismo, científicamente, y que hubiera podido resultar, si Vallejitos no comete la estupidez de adelantar la fecha. Hicimos un trabajo de hormigas, una verdadera filigrana. ¿No estaba bien elegida la zona? ¿No son ahora los guerrilleros dueños y señores de esa región? El Ejército ni se atreve a ir allí. Ríase de Vietnam o El Salvador. ¡Salud!

Allá, un hombre, un grupo de hombres, un destacamento, eran una aguja en un pajar. Y, bajo el manto de estrellas lucientes, Mayta la vio: selva espesa, frondosa, cerrada, jeroglífica, y se vio, junto a Vallejos y Ubilluz y un ejército de sombras, recorriéndola sinuosamente. No era la llanura amazónica sino un bosque ondulante, ceja de selva montañosa, declives, quebradas, gargantas, pasos angostos, desfiladeros, accidentes ideales para golpear y escapar, cortar las vías de comunicación del enemigo, marearlo, confundirlo, enloquecerlo, caerle donde y cuando menos lo esperaba, obligarlo a dispersarse, a diluirse, a atomizarse en el indescriptible laberinto. Le había crecido la barba, estaba flaco, en sus ojos había una resolución indómita y sus dedos se habían encallecido de apretar el gatillo, encender la mecha y arrojar la dinamita. El menor síntoma de abatimiento desaparecía ante la evidencia de que a diario se incorporaban nuevos militantes, el frente se extendía, y de que, allá en las ciudades, los obreros, sirvientes, estudiantes, empleados pobres, iban comprendiendo que la revolución era para ellos, de ellos. Sintió una angustiosa necesidad de tener cerca a Anatolio, poder hablar con él toda la noche. Pensó: «Con él se me quitaría este frío».

—¿Le importa que hablemos un poco más de Mayta, Profesor? Volviendo a ese viaje, en marzo del 58. Lo conoció a usted y a los josefinos, supo que tenían contacto con los comuneros de Uchubamba y que era allí donde Vallejos pensaba implantar la guerrilla. ¿Hizo algo más, supo algo más, en esa primera visita?

Me mira con sus ojitos desencantados mientras se lleva a los labios la copa de pisco. Chasquea la lengua, satisfecho. ¿Cómo hace para que le dure tanto? Debe sorber apenas una gota, cada vez. «Cuando se acabe esta botella ya sé que nunca volveré a tomar un trago, hasta mi muerte, murmura. Porque esto empeorará y empeorará.» Como no bebo hace tiempo, el pisco se me ha subido. Estoy descentrado y agitado, como debía estar Mayta con el mal de altura.

—El pobre se llevó la sorpresa de su vida —dice, al fin, con el tonito despectivo que emplea siempre que se refiere a él. ¿Es un rencor contra Mayta o algo más general y abstracto, un rencor serrano y provinciano que abarca a todo lo limeño, capitalino y costeño?—. Vino aquí, con su experiencia de revolucionario pasado por la cárcel, convencido de que iba a ser el mandamás. Y se encontró con que todo estaba hecho y muy bien hecho.

Suspira, con expresión de pesar, por el pisco que se acabará, por su juventud ida, por ese costeño al que él y el Alférez dieron una lección, por el hambre que se pasa y la incertidumbre en que se vive. En el poco tiempo que llevamos conversando he comprendido que es un hombre contradictorio, difícil de entender. A ratos se exalta y reivindica su pasado de revolucionario. A ratos, lanza exclamaciones de este género: «En cualquier momento los terrucos entrarán, me ajusticiarán y me pondrán el cartelito de "Perro traidor". O entrará un escuadrón de la libertad, le cortarán los huevos a mi cadáver y me los meterán en la boca. Es lo que hacen aquí ¿también en Lima?» A ratos se irrita conmigo: «¿Cómo puede estar escribiendo novelas en medio de esta pesadilla?» ¿Volverá a lo que me interesa? Sí, vuelve:

—Claro que puedo decirle todo lo que hizo, dijo, vio y oyó en ese primer viaje. Lo tuve prendido a mí como una lapa. Le organizamos un par de reuniones, primero con los josefinos y luego con camaradas más fogueados. Mineros de La Oroya, de Casapalca, de Morococha. Jaujinos que se habían ido a trabajar a las minas del gran pulpo imperialista de entonces, la Cerro de Pasco Cooper Corporation. Venían para las fiestas y algunos fines de semana.

—¿Estaban comprometidos ellos también en el proyecto?

Vallejos y Ubilluz decían que sí, pero Mayta no hubiera puesto sus manos al fuego por los mineros. Eran cinco, habían conversado a la mañana siguiente, también en casa del Chato, cerca de un par de horas. Encontró la reunión magnífica y una comunicación fácil con todos ellos —sobre todo con el Lorito, el más politizado y leído—, pero en ningún momento, ni éste ni los otros, habían dicho que abandonarían sus trabajos y sus hogares para coger el fusil. Al mismo tiempo, Mayta tampoco hubiera jurado que no lo harían. «Son sensatos», pensó. Eran obreros, sabían lo que arriesgaban. A él lo veían por primera vez. ¿No era lógico que se mostraran cautelosos? Parecían viejos amigos de Ubilluz. Por lo menos uno, el de la boca llena de dientes de oro, el Lorito, había tenido militancia aprista. Se proclamaba ahora socialista. Cuando hablaban de los gringos de la Cerro de Pasco, eran unos antiimperialistas decididos; cuando hablaban de los salarios, los acciden-

151

tes, las enfermedades contraídas en los socavones, unos revolucionarios resueltos. Pero todas las veces que Mayta trató de precisar cómo participarían en la insurrección, sus respuestas fueron vagas. Cuando pasaban de lo general a lo concreto, su decisión parecía debilitarse.

—Fuimos también a Ricrán —añade el Profesor Ubilluz, soltando a poquito sus tesoros—. Lo llevé yo, en el camión de un sobrino, porque Vallejos tuvo que quedarse ese día en la cárcel. Ricrán, el desaparecido Ricrán. ¿Sabe cuántos pueblecitos como Ricrán han sido destruidos en esta guerra? Un Juez me contaba el otro día, que, según un coronel de Estado Mayor, la estadística secreta de las Fuerzas Armadas ha registrado ya medio millón de muertos desde que esto comenzó. Sí, lo llevé a Ricrán. Cuatro horas de traqueteo, trepando, hasta un abra a cuatro mil quinientos metros. ¡Pobre trosco! Empezó a sangrar de la nariz y empapó su pañuelo. No estaba hecho para la altura. Lo asustaban los precipicios. De dar vértigo, le juro.

Había creído morir, desbarrancarse, que la hemorragia nasal no pararía nunca. Y, sin embargo, ese viaje de veinticuatro horas al distrito de Ricrán, allá, en un recoveco de la cordillera, fue la más estimulante de todas las cosas que hizo en Jauja. Tierra de cóndores, nieve, cielo limpio, cumbres filudas y ocres. Había pensado: «Increíble que pudieran vivir en estas alturas, domesticar estas montañas, sembrar y cultivar en estas pendientes, construir una civilización en semejantes páramos.» Los hombres que le presentó el Chato Ubilluz —una docena de chacareros minifundistas y artesanos— estaban formidablemente motivados. Había podido entenderse con ellos, pues todos hablaban español. Le hicieron muchas preguntas y, entusiasmado por su empeño, a ellos les dio aún más seguridades que a los josefinos sobre el apoyo de los sectores progresistas de

Lima. Qué alentador ver la naturalidad con que estos hombres humildes, algunos con ojotas, se referían a la revolución. Como algo inminente, concreto, decidido, irreversible. No hubo el menor eufemismo en la charla: se habló de armas, de escondrijos, y de su participación en las acciones desde el primer día. Pero Mayta había pasado un momento difícil. ¿Qué ayuda les daría la URSS? No tuvo valor para hablarles de la revolución traicionada, de la burocratización estalinista, de Trotski. Sintió que confundirlos ahora con semejante asunto sería imprudente. La URSS y los países socialistas ayudarían, pero después, cuando la revolución peruana fuera un hecho. Antes, les darían sólo un apoyo moral, de la boca para afuera. Así ocurriría con algunos progresistas criollos. Pondrían el hombro sólo cuando todo los empujara a hacerlo. Pero los empujaría, porque, una vez iniciada, la revolución sería indetenible.

—O sea que, en resumidas cuentas, Ricrán te dejó turulato —dijo Vallejos—. Ya lo sabía, mi hermano.

Estaban frente a la Estación del Ferrocarril, en un pequeño restaurante de mesitas de hule azulado y cortinillas de percal: El Jalapato. Desde la mesa que ocupaban, Mayta podía ver que los cerros, al otro lado de la verja y de los rieles, se iban volviendo grises y negros después de haber sido ocres y dorados. Llevaban allí varias horas, desde el almuerzo. El dueño conoció a Ubilluz y Vallejos y se acercaba a ratos a charlar. Entonces, cambiaban de tema y Mayta preguntaba sobre Jauja. ¿Por qué se llamaba El Jalapato? Por una costumbre practicada en las fiestas del 20 de enero en el barrio de Yauyos: se bailaba «la pandilla» y se colgaba un pato vivo en la calle que los jinetes y danzantes trataban de decapitar a la carrera, a jalones.

—Dichosos tiempos en que había patos para decapitar, en la fiesta del Jalapato —gruñe el Profesor Ubilluz—. Creíamos que habíamos tocado fondo. Sin embargo, había patos al alcance de cualquier bolsillo y la gente en Jauja comía dos veces al día, algo que ahora los niños no pueden creer. —Suspira, de nuevo—. Era una linda fiesta, más alegre y regada incluso que los Carnavales.

—Lo único que pedimos es que, cuando actuemos, el Partido cumpla —dijo Vallejos—. Son revolucionarios ¿cierto? Me he leído al revés y al derecho los números de *Voz Obrera* que me diste. La revolución para arriba y para abajo en cada artículo. Bueno, sean consecuentes con lo que escriben.

A Mayta le dio cierto malestar: era la primera vez que Vallejos le hacía saber que albergaba dudas sobre el apoyo del POR(T). Él no le había dicho palabra sobre los debates internos en torno a su proyecto y a su persona.

—El Partido cumplirá. Pero necesita estar seguro de que ésta es una acción seria, bien pensada y con probabilidades de éxito.

—Bueno, en esos días el trosco vio que eso no tenía nada de apresurado ni de loco —vuelve al tema el Profesor Ubilluz—. No le cabía en la cabeza que hubiéramos preparado tan bien las cosas.

—Es cierto, es más serio de lo que creía —Mayta se volvió a Vallejos—. ¿Sabes que me engañaste muy bien? Tenías montada una red insurreccional, con campesinos, obreros y estudiantes. Me quito el sombrero, camarada.

Prendieron las luces de El Jalapato. Mayta vio que unos insectos rumorosos comenzaban a estrellarse contra el foco que se balanceaba colgado de un cordón larguísimo.

—Yo también tenía que tomar mis precauciones, como tú conmigo —dijo el Alférez, hablando de pronto con ese aplomo que, al aparecer en él, lo convertía en otro—. También tenía que asegurarme que podía confiar en ti.

—Aprendiste bien la lección —le sonrió Mayta.

Hizo una pausa para tomar aire. Hoy, el soroche lo
había atormentado menos; pudo dormir algunas horas luego del desvelo de dos días. ¿La sierra lo estaba aceptando?—. Otros dos camaradas, Anatolio y
Jacinto, vendrán la próxima semana. Su informe será
decisivo para que el Partido se meta a fondo. Estoy
optimista. Cuando vean lo que he visto, comprende-
rán que no hay razones para echarse atrás.

Fue aquí, sin duda, en su primera venida a Jauja, que surgió en la cabeza de Mayta esa idea que
le trajo tantos problemas. ¿La compartió con ellos
en El Jalapato? ¿Se la expuso en voz baja, cuidando
las palabras, para no desconcertarlos con la revelación de las divisiones de esa izquierda que ellos
creían homogénea? El Profesor Ubilluz me asegura
que no. «Aunque mi cuerpo esté maltratado por los
años, mi memoria no lo está.» Mayta jamás le parti-
cipó su intención de comprometer a otros grupos o
partidos. ¿Compartió esa idea, entonces, sólo con Vallejos? En todo caso, es seguro que esa iniciativa ya
la había decidido en Jauja, pues Mayta no era un
impulsivo. Si, al regresar a Lima, fue a ver a Blacquer y, probablemente, a gente del otro POR, es porque en los días anteriores, en la sierra, le dio muchas
vueltas al asunto. Fue en una de esas noches de desvelo con taquicardia, en la pensión de la calle Tarapacá, mientras oía en la tiniebla la respiración tranquila de su amigo y el sobresalto de su propio corazón. ¿No era demasiado importante lo que estaba en
juego, para que sólo el pequeño POR(T) se hiciera
cargo de la insurrección? Hacía frío y, bajo la frazada, se encogió. Con la mano en el pecho, auscultaba
sus latidos. El razonamiento era clarísimo. Las divisiones en la izquierda se debían, en gran medida, a
la falta de una acción real, a su quehacer estéril: eso
la hacía escindirse y devorarse, más aún que las controversias ideológicas. La lucha guerrillera podía
modificar la situación y unir a los genuinos revolu-

cionarios, mostrándoles lo bizantinas que eran sus diferencias. Sí, la acción sería el remedio contra el sectarismo que resultaba de la impotencia política. La acción rompería el círculo vicioso, abriría los ojos de los camaradas adversarios. Había que ser audaz, ponerse a la altura de las circunstancias. «¿Qué importan el "pablismo" y el "antipablismo" cuando está en juego la revolución, camaradas?» Imaginó, en el frío de la noche jaujina, la bóveda tachonada de estrellas y pensó: «Este aire puro te ilumina, Mayta». Bajó la mano de su pecho hasta su sexo y, pensando en Anatolio, comenzó a acariciárselo.

—¿No les dijo que el plan era demasiado importante para que fuera monopolio de una fracción trotskista? —le insisto—. ¿Que intentaría conseguir la colaboración del otro POR e, incluso, del Partido Comunista?

—Por supuesto que no —responde, en el acto, el Profesor Ubilluz—. No nos dijo nada de eso y trató de ocultarnos que la izquierda estaba dividida y que el POR(T) era insignificante. Nos trampeó con toda deliberación y alevosía. Nos hablaba del Partido. El Partido para aquí y para allá. Yo oía, por supuesto, Partido Comunista, y creía que eso quería decir miles de obreros y estudiantes.

A lo lejos, se oye una salva de tiros. ¿O es un trueno? Vuelve a repetirse, a los pocos segundos, y quedamos mudos, escuchando. Se oye, más a lo lejos, otra salva y el Profesor murmura: «Son tracas de dinamita que los guerrilleros hacen estallar en los cerros. Para romperles los nervios a los soldados del cuartel. Guerra psicológica.» No: eran patos. Una bandada sobrevolaba las matas de cañas, graznando. Habían salido a dar una vuelta y Mayta tenía ya su bolso en la mano. Dentro de una horita tomaría el tren de regreso a Lima.

—Hay sitio para todos, por supuesto —dijo Vallejos—. Cuantos más, mejor. Por supuesto. Habrá armas suficientes para los que quieran dispararlas. Lo único que te pido es que hagas tus gestiones rápido.

Caminaban a orillas de la ciudad y a lo lejos reverberaban unos techos de tejas rojizas. El viento cantaba en los eucaliptos y sauces.

—Tenemos el tiempo que haga falta —dijo Mayta—. No hay razón para precipitar las cosas.

—Sí, la hay —dijo Vallejos, secamente. Se volvió a mirarlo y había en sus ojos una resolución ciega. Mayta pensó: «Hay algo más, voy a saber algo más»—. Los dos principales dirigentes de Uchubamba, los que dirigieron la invasión de la Hacienda Aína, están aquí.

—¿En Jauja? —dijo Mayta—. ¿Y por qué no me los has presentado? Yo hubiera querido hablar con ellos.

—Están en la cárcel y no reciben visitas —sonrió Vallejos—. Presos, sí.

Habían sido traídos por la patrulla de la Guardia Civil que fue a reprimir las invasiones. Pero no era seguro que se quedaran aquí mucho tiempo. En cualquier momento podía venir una orden, transfiriéndolos a Huancayo o a Lima. Y todo el plan dependía, en gran parte, de ellos. Ellos los conducirían de Jauja a Uchubamba de manera rápida y segura y ellos garantizarían la colaboración de los comuneros. ¿Veía por qué había poco tiempo?

—Alejandro Condori y Zenón Gonzales —le digo, adelantándome a los nombres que va a pronunciar. Ubilluz queda con la boca entreabierta. La luz del foco ha decaído tanto que estamos casi a oscuras.

—Sí, así se llamaban —murmura—. Está usted bien enterado.

¿Estoy bien enterado? Creo que he leído todo lo que apareció en los diarios y revistas sobre esta historia y hablado con sinnúmero de participantes y testigos. Pero mientras más averiguo tengo la impresión de saber menos lo que de veras sucedió. Porque, con cada nuevo dato, surgen más contradicciones, conjeturas, misterios, incompatibilidades. ¿Cómo fue que esos dos dirigentes campesinos, de una remota comunidad de la zona selvática de Junín, vinieron a parar a la cárcel de Jauja?

—Una casualidad maravillosa —le explicó Vallejos—. Yo no intervine en esto para nada. Ésta era la cárcel que les tocaba, porque aquí debe abrirles instructiva el Juez. Mi hermana diría que Dios nos ayuda ¿ves?

—¿Estaban comprometidos con ustedes antes de caer presos?

—De una manera general —dice Ubilluz—. Hablamos con ellos durante el viaje que hicimos a Uchubamba y nos ayudaron a esconder las armas. Pero sólo se comprometieron del todo aquí, en el mes que estuvieron presos. Se hicieron uña y carne de su carcelero. Es decir, del Alférez. Entiendo que no les comunicó los detalles hasta estallar la cosa.

Esa parte de la historia, la final, lo pone incómodo al Profesor Ubilluz, pese al tiempo transcurrido; de esa parte habla de oídas, en esa parte su papel es controvertido y dudoso. Escuchamos otra salva, a lo lejos. «A lo mejor están fusilando a cómplices de los terroristas», gruñe. Ésta es la hora en que van a sacarlos de sus casas, en un jeep o una tanqueta, y se los llevan a las afueras. Los cadáveres aparecen al día siguiente en los caminos. Y, bruscamente, sin ninguna transición, me pregunta: «¿Tiene sentido escribir una novela estando el Perú como está, teniendo todos los peruanos la vida prestada?» ¿Tiene sentido? Le digo que sin duda debe tenerlo, ya que la estoy escribiendo. Hay algo deprimente en el Profesor Ubilluz: todo lo que dice me deja un sabor triste. Es un prejuicio, pero no puedo librarme de la sensación de que está siempre a la defensiva y de que todo lo que me cuenta no tiene otro fin que el de justificarse. ¿Pero, acaso no hacen todos lo mismo? ¿De qué nace mi desconfianza? ¿De que esté vivo? ¿De tantos chismes y murmuraciones que he escuchado contra él? ¿Pero acaso no sé que en el campo de las controversias políticas este país fue un gran basural antes de ser el cementerio que es ahora? ¿No conozco las infinitas vilezas que se pueden atribuir recíprocamente los adversarios sin el menor fundamento? No, no debe ser eso lo que me resulta tan lastimoso en él, sino, sencillamente, su decadencia, su amargura, la cuarentena en la que vive.

—O sea que, resumiendo, la intervención de Mayta en el plan de acción fue nula —le digo.

—Para ser justos, mínima —me corrige, encogiendo los hombros. Bosteza y la cara se le llena de arrugas—. Con él o sin él, hubiera sido igual. Lo admitimos creyéndolo un dirigente político y sindical de cierto peso. Necesitábamos apoyo obrero y revolucionario en el resto del país. Ésa debía ser la función de Mayta. Pero resultó que ni siquiera a su grupito del POR(T) representaba. Políticamente hablando, era un huérfano total.

«Un huérfano total». La expresión me queda retintineando en el oído cuando me despido del Profesor Ubilluz y salgo a las desiertas calles de Jauja, rumbo al Albergue de Paca, bajo un cielo radiante de estrellas. El Profesor me ha dicho que si temo hacer el largo trayecto, puedo dormir en su salita. Pero prefiero irme: tengo urgencia de aire y de soledad. Necesito apaciguar la crepitación de mi cabeza y poner cierta distancia con una persona cuya presencia desalienta mi trabajo. Han cesado las salvas y es como si hubiera toque de queda porque no se ve a nadie en las calles. Camino por el centro de la calzada, pisando fuerte, esforzándome por hacerme visible para que, si aparece alguna patrulla,

159

no crea que trato de ocultarme. Una luminosidad baja del cielo, insólita para alguien que vive en Lima, donde las estrellas no se ven casi nunca o se entrevén apagadas por la neblina. El frío corta los labios. Se me ha quitado el hambre que tenía en la tarde. Un huérfano total. Se volvió eso, militando en sectas cada vez más pequeñas y radicales, en busca de una pureza ideológica que nunca llegó a encontrar, y su orfandad suprema consistió en lanzarse a esta extraordinaria conspiración, para iniciar una guerra en las alturas de Junín, con un Subteniente carcelero de veintidós años y un profesor de colegio nacional, ambos totalmente desconectados de la izquierda peruana. Era fascinante, sí. Me seguía fascinando, un año después de andar haciendo averiguaciones, como me fascinó aquel día que supe en París lo que había ocurrido en Jauja... La rancia luz de los espaciados postes con faroles envuelve en misteriosa penumbra las antiguas fachadas de las casas, algunas con enormes portones y aldabas, rejas de fierro forjado y balcones con celosías, tras las que adivino zaguanes, patios con árboles y enredaderas, y una vida antaño ordenada y monótona y, ahora, sin duda, sobrecogida por el miedo. En esa primera visita a Jauja, sin embargo, el huérfano total debió sentirse exaltado y feliz como no lo había estado nunca. Iba a actuar, la insurrección había tomado forma tangible: caras, lugares, diálogos, hechos concretos. Como si, de pronto, toda su vida de militante, de conspirador, de perseguido y de preso político se encontrara justificada y catapultada a una realidad superior. Además, ello coincidía con la realización de lo que hasta hace una semana le parecía sueño delirante. ¿No había soñado? No, era cierto y concreto como la rebelión inminente: había tenido en sus brazos al muchacho al que deseaba en secreto tantos años. Lo había hecho gozar y había gozado con él, lo había sentido gimiendo bajo sus caricias. Sintió una comezón en los testículos, un anticipo de erección y pensó: «¿Te has vuelto loco? ¿Aquí? ¿En plena estación? ¿Aquí, delante de Vallejitos?» Pensó: «Es la felicidad. Nunca te has sentido así, camarada». No hay nada abierto y yo recuerdo, de algún viaje anterior, hace años, antes de todo esto, las inmemoriales tiendecitas jaujinas al anochecer, iluminadas con lámparas de kerosene: las sastrerías, las cererías, las peluquerías, las relojerías, las panaderías, las sombrererías. Y, también, que en los balcones se podía ver, a veces, filas de conejos secándose a la intemperie. Vuelve el hambre, de golpe, y la boca se me hace agua. Pienso en Mayta: excitado, feliz, se disponía a regresar a Lima, seguro de que sus camaradas del POR(T) aprobarían el plan de acción sin reparos. Pensó: «Veré a Anatolio, nos pasaremos la noche conversando, le contaré todo, nos reiremos, me ayudará a entusiasmarlos. Y después…» Reina un silencio apacible, azoriniano, alterado a veces por el graznido de un pájaro nocturno, invisible debajo de los aleros de tejas. Ya estoy saliendo del pueblo. Aquí fue, aquí lo hicieron, en estas callecitas tan tranquilas e intemporales entonces, en esa Plaza de hermosas proporciones que hace veinticinco años tenía un sauce llorón y una circunferencia de cipreses. Aquí, en este país donde les hubiera sido difícil imaginar que se podía estar peor, que la hambruna, la matanza y el peligro de desintegración llegarían a los extremos actuales. Aquí, antes de regresar a Lima, cuando se despedían en la estación, enseñó el huérfano total al impulsivo Subteniente que, para dar mayor ímpetu al inicio de la rebelión, convenía pensar en algunas acciones de propaganda armada.

—¿Y qué es eso? —dijo Vallejos.

El tren estaba en el andén y la gente subía atropellándose. Conversaban cerca de la escalerilla, aprovechando los últimos minutos.

—Traducido al lenguaje católico, predicar con el ejemplo —dijo Mayta—. Acciones que eduquen a las masas, se graben en su imaginación, les den ideas, les muestren su fuerza. Un acto de propaganda armada vale más que cientos de números de *Voz Obrera*.

Hablaban en voz baja, pero no había peligro de que, en el pandemonio del asalto a los vagones, los oyeran.

—¿Y quieres más propaganda armada que ocupar la cárcel de Jauja y apoderarse del armamento? ¿Más que tomar la Comisaría y el Puesto de la Guardia Civil?

—Sí, quiero más que eso —dijo Mayta.

Tomar esos locales era un acto militar, beligerante, se parecía un poco a un cuartelazo desde que lo encabezaba un Alférez. No era suficientemente explícito desde el punto de vista ideológico. Había que aprovechar al máximo esas primeras horas. Diarios y radios informarían incansablemente. Todo lo que hicieran en esas primeras horas repercutiría y quedaría grabado en la memoria del pueblo. Había que aprovecharlas bien, llevar a cabo actos que tuvieran una carga simbólica, cuyo mensaje, revolucionario y clasista, llegara a los militantes, a los estudiantes, a los intelectuales, a los obreros y campesinos.

—¿Sabes una cosa? —dijo Vallejos—. Creo que tienes razón.

—Lo importante es saber con cuánto tiempo contamos.

—Varias horas. Cortados el teléfono y el telégrafo e inutilizada la radio, la única manera es que alguien vaya a Huancayo a dar aviso. Mientras van y vienen y movilizan a la policía, unas cinco horas.

—De sobra, entonces, para algunas acciones didácticas —dijo Mayta—. Que enseñen a las masas que nuestro movimiento es contra el poder burgués, el imperialismo y el capitalismo.

—Estás haciendo un discurso —se rió Vallejos, abrazándolo—. Sube, sube. Y, ahora que vuelvas, no te olvides de la sorpresa que te regalé. Te va a hacer falta.

«El plan era perfecto», ha dicho varias veces, en el curso de nuestra charla, el Profesor Ubilluz. ¿Qué falló, entonces, Profesor? Qué fue cambiado, precipitado, puesto de cabeza. ¿Por quién fue cambiado y precipitado? «No sabría decirlo con precisión. Por Vallejos, naturalmente. Pero, acaso, por influencia del trosco. Me iré a la tumba con esa duda.» Una duda, dice, que le ha comido la vida, que aún se la come, más todavía que esas infames calumnias contra él, más aún que estar en la lista negra de los guerrilleros. He recorrido la mitad del trayecto hacia el Albergue sin encontrar una patrulla, tanqueta, hombre ni animal: sólo graznidos invisibles. Las estrellas y la luna dejan ver la quieta y azulada campiña, las sementeras, eucaliptos y cerros, las pequeñas viviendas a los costados de la ruta, cerradas a piedra y lodo como las de la ciudad. Las aguas de la laguna, en una noche así, deben ser dignas de verse. Cuando llegue al Albergue saldré a verlas. La caminata me ha devuelto el entusiasmo por mi libro. Me asomaré a la terraza y al embarcadero, ninguna bala perdida o deliberada vendrá a interrumpirme. Y pensaré, recordaré y fantasearé hasta que, antes de que empiece el día, acabe de dar forma a este episodio de la historia de Mayta. Sonó un pito y el tren comenzó a moverse.

VI

—Fue la visita más terrorífica que he recibido en mi vida —dice Blacquer—. Me quedé pestañeando, queriendo y no queriendo reconocerlo. ¿Era él?

—Sí, soy yo —dijo Mayta, con rapidez—. ¿Puedo pasar? Es urgente.

—¡Imagínate! Un trosco en mi casa —Blacquer sonríe, recordando el escalofrío de aquella mañana, al encontrarse con semejante aparición—. No creo que tú y yo tengamos nada de qué hablar, Mayta.

—Es importante, es urgente, está por encima de nuestras discrepancias —«Hablaba con vehemencia, parecía no haber dormido ni haberse lavado, se lo notaba agitadísimo»—. ¿Tienes miedo que te comprometa? Vamos a donde sea, entonces.

—Nos vimos tres veces —añade Blacquer—. Las dos primeras, antes de esa reunión del POR(T) en la que lo expulsaron por traidor. Es decir, por ir a verme. A mí, un estalinista.

Vuelve a sonreír, con sus dientes manchados de tabaco al aire, y, detrás de sus gruesos anteojos de miope, me considera un rato, con displicencia. Estamos en el convaleciente Café Haití de Miraflores, que no acaba de reparar los destrozos del atentado: sus ventanas aún carecen de cristales y el mostrador y el suelo siguen rotos y tiznados. Pero aquí, en la calle, no se nota. A nuestro alrededor todo el mundo habla de lo mismo, como si los parroquianos de la veintena de mesitas participaran de una sola conversación: ¿será cierto que tropas cubanas han cruzado la frontera con Bolivia? ¿Que, desde hace tres días, los rebeldes y los «voluntarios» cubanos y bolivianos que los apoyan hacen retroceder al Ejército y que la Junta ha advertido a Estados Unidos que si no interviene los insurrectos tomarán Arequipa en cuestión de días y podrán proclamar allá la República Socialista del Perú? Pero Blacquer y yo evitamos estos grandes sucesos y conversamos sobre aquel episodio mínimo y olvidado de hace un cuarto de siglo sobre el que ronda mi novela.

—En realidad, lo era —agrega, luego de un rato—. Como todo el mundo, en ese tiempo. ¿Tú no lo eras, acaso? ¿No te emocionaba la hagiografía de Stalin hecha por Barbusse? ¿No sabías de memoria el poema de Neruda en su homenaje? ¿No tenías un cartel con el dibujo que le hizo Picasso? ¿No lloraste cuando se murió?

Blacquer fue mi primer profesor de marxismo —hace treinta y cinco años— en un círculo clandestino de estudios organizado por la Juventud Comunista, en una casita de Pueblo Libre. Era entonces un estalinista, cierto, una máquina programada para repetir comunicados, un autómata que hablaba en estereotipos. Ahora es un hombre envejecido que malvive haciendo trabajos de imprenta. ¿Milita aún? Tal vez, pero como un afiliado de remolque que jamás llegará a trepar en la jerarquía: la prueba es que esté aquí, conmigo, luciéndose a plena luz, en este día grisáceo, de nubes encapotadas y cenizas que parecen malos presagios, muy acordes con los rumores sobre la internacionalización definitiva de la guerra, en el Sur. Nadie lo persigue, en tanto que aun los menores dirigentes del Partido Comunis-

166

ta —o de cualquier otro partido de extrema izquierda— están escondidos, presos o muertos. Conozco sólo de oídas su confusa historia y no tengo intención de averiguarla ahora. (Si las noticias son ciertas y la guerra se generaliza, apenas dispondré de tiempo para terminar mi novela; si la guerra llega a las calles de Lima y a la puerta de mi casa dudo que ello sea ya posible.) Lo que me interesa es su testimonio sobre esas tres reuniones que celebraron hace veinticinco años —ellos, las antípodas, el estalinista y el trotskista— en vísperas de la insurrección jaujina. Pero siempre me ha intrigado que Blacquer, quien parecía irresistiblemente destinado a llegar al Comité Central y acaso a la jefatura del Partido Comunista, sea ahora un don nadie. Fue algo que le ocurrió en un país de Europa Central, Hungría o Checoeslovaquia, adonde fue enviado a una escuela de cuadros, y donde se vio envuelto en un lío. Por las acusaciones que circularon *sotto voce* —las de siempre: actividad fraccional, ultraindividualismo, soberbia pequeño-burguesa, indisciplina, sabotaje a la línea del Partido— era imposible saber qué había dicho o hecho para merecer la excomunión. ¿Había cometido el crimen superlativo: criticar a la URSS? Si lo hizo ¿por qué la criticó? Lo cierto es que estuvo expulsado algunos años, viviendo en el tristísimo limbo de los comunistas purgados —nada tan huérfano como un militante expulsado del Partido, ni siquiera un cura que cuelga los hábitos—, deteriorándose en todos los sentidos, hasta que, parece, pudo volver, haciendo, supongo, la debida autocrítica. La vuelta al redil no le sirvió de gran cosa, a juzgar por lo que ha sido de él desde entonces. Que yo sepa el Partido lo tuvo corrigiendo las pruebas de *Unidad* y de algunos folletos y volantes, hasta que, cuando la insurrección tomó las proporciones que ha tomado, los comunistas fueron puestos fuera de la ley y empezaron a ser perseguidos o asesinados por los escuadrones

167

de la libertad. Pero es improbable que al hombre arruinado e inútil en que se ha convertido, salvo algún error o estupidez monumental, vengan a encarcelarlo o asesinarlo. El ácido recuerdo del pasado debe haber puesto fin a sus ilusiones. Todas las veces que lo he visto en los últimos años —siempre en grupo, es la primera vez en dos o tres lustros que hablamos a solas— me ha dado la impresión de un ser amargo y sin curiosidades.

—A Mayta no lo expulsaron del POR(T) —lo rectifico—. Él renunció. En esa última sesión, precisamente. Su carta de renuncia salió en *Voz Obrera(T)*. Tengo el recorte.

—Lo expulsaron —me rectifica él, a su vez, con firmeza—. Conozco esa sesión de los troscos como si hubiera estado ahí. Me la contó el mismo Mayta, la última vez que nos vimos. La tercera. Voy a pedir otro café, si no te importa.

Café y gaseosas es lo único que se puede pedir, ahora hasta las galletas de agua están racionadas. Incluso, se supone que no deberían servir más de una taza de café por parroquiano. Pero ésta es una disposición que nadie respeta. La gente está muy excitada, en las mesas vecinas todo el mundo habla en voz alta. Por más que no quiero, me distraigo oyendo a un joven con anteojos: en Relaciones Exteriores calculan que los internacionalistas cubanos y bolivianos que cruzaron la frontera «son varios miles». La muchacha que está con él abre los ojos: «¿Fidel Castro habrá entrado también?» «Ya está muy viejito para estos trotes», la decepciona el muchacho. Los chiquillos descalzos y rotosos de la Diagonal se precipitan como un enjambre sobre cada automóvil que va a estacionarse, ofreciendo lavarlo, cuidarlo, limpiarle las lunas. Otros merodean entre las mesas, proponiendo a los clientes del Haití lustradas como espejos. (Dicen que la bomba, aquí, la pusieron unos niños como éstos.) Y hay, también, racimos de mujeres que asaltan a transeúntes y conductores —a éstos, aprovechando el alto en el semáforo— ofreciéndoles cigarrillos de contrabando. En la terrible escasez que vive el país, lo único que no falta es cigarrillos. ¿Por qué no se contrabandea, también, conservas, galletas, algo para matar el hambre con que nos levantamos y acostamos?

—De eso se trata —dijo Mayta, acezando. Había hablado tranquilo, en orden, sin que Blacquer lo interrumpiera. Había dicho lo que quería decirle. ¿Hizo bien o mal? No lo sabía y no le importaba: era como si todo el sueño de la noche de desvelo se le hubiera venido encima—. Ya ves, tenía razones para tocarte la puerta.

Blacquer permaneció en silencio, mirándolo, con el cigarrillo que se consumía entre sus dedos flacos y amarillentos. El cuartito era un híbrido —escritorio, comedor, salita de recibo—, atiborrado de muebles, sillas, algunos libros, y el papel verdoso de las paredes tenía manchas de humedad. Mientras hablaba, Mayta había oído, en los altos, una voz de mujer y el llanto de un niño. Blacquer permanecía tan inmóvil que, a no ser por sus ojos miopes fijos en él, lo hubiera creído dormido. Este sector de Jesús María era tranquilo, sin autos.

—Como provocación contra el Partido, no puede ser más burda —dijo, al fin, su voz sin inflexiones. La ceniza de su cigarrillo cayó al suelo y Blacquer la pisoteó—. Creí que los troscos eran más finos para sus trampas. Podías ahorrarte la visita, Mayta.

No se sorprendió: Blacquer había dicho, palabras más palabras menos, lo que debía decir. Le dio la razón, en su fuero íntimo: un militante debía desconfiar y Blacquer era un buen militante, eso lo sabía desde que habían estado presos juntos, aquella vez. Antes de responder, prendió un cigarrillo y bostezó. Arriba, el niño volvió a llorar. La mujer lo apaciguaba, susurrando.

—Recuerda que no vengo a pedir nada a tu Partido. Sólo a informar. Esto está por encima de nuestras diferencias. Concierne a todos los revolucionarios.

—¿Incluidos los estalinistas que traicionaron la Revolución de Octubre? —murmuró Blacquer.

—Incluidos los estalinistas que traicionaron la Revolución de Octubre —asintió Mayta. Y cambió de tono—: He reflexionado toda la noche, antes de dar este paso. Desconfío de ti tanto como tú de mí. ¿No te das cuenta? ¿Crees que no sé lo que me juego? Estoy poniendo en tus manos y en las de tu Partido un arma tremenda. Y, sin embargo, aquí estoy. No hables de provocaciones en las que no crees. Piensa un poco.

Es una de las cosas que menos entiendo en esta historia, el episodio más extraño. ¿No era absurdo revelar detalles de una insurrección a un enemigo político al que, para colmo, no iba a proponer un pacto, una acción conjunta, ni pedir una ayuda concreta? ¿Qué sentido tenía todo eso? «Esta madrugada, en la radio ésa, Revolución, dijeron que las banderas rojas flotan desde anoche sobre Puno y que antes de mañana flotarán sobre Arequipa y Cusco», dice alguien. «Cuentos», responde otro.

—Cuando vino a verme, tampoco me pareció que tuviera sentido —asiente Blacquer—. Primero creí que era una trampa. O que se había metido en algo de lo que estaba arrepentido y que quería zafarse, creando complicaciones y dificultades... Después, a la luz de las cosas que pasaron, quedó claro.

—Lo único claro es la puñalada en la espalda —rugió el Camarada Pallardi—. Mendigar apoyo a los estalinistas para esta aventura no es indisciplina. Es, pura y simplemente, traición.

—Te lo explicaré de nuevo, si hace falta —lo interrumpió Mayta, sin alterarse. Estaba sentado sobre una pila de números de *Voz Obrera* y apoyaba la espalda en el cartel con la cara de Trotski. En pocos segundos, una tensión eléctrica se había apoderado del garaje del Jirón Zorritos—. Pero, antes, camarada, aclárame algo. ¿Te refieres a la revolución cuando hablas de aventura?

Blacquer saborea con lentitud su café aguado y se pasa la punta de la lengua por los labios estriados. Entrecierra los ojos y permanece en silencio, como reflexionando sobre el diálogo de una mesa vecina: «Si es cierta la noticia, mañana o pasado tendremos la guerra en Lima.» «¿Tú crees, Pacho? Ay, cómo será una guerra ¿no?» Avanza la tarde y el tráfico de automóviles se adensa. La Diagonal está embotellada. Los chiquillos pordioseros y las vendedoras de cigarrillos también son más. «Me alegro que los cubanos y bolivianos entraran, exclama un cascarrabias. Ahora, los "marines" del Ecuador ya no tendrán pretextos para no entrar. A lo mejor ya están en Piura, en Chiclayo. Que maten a los que haya que matar y pongan punto final a esto, carajo.» Yo lo oigo apenas, porque, en verdad, en este momento, sus sangrientas conjeturas tienen menos vida que aquellas dos reuniones, en esa Lima con menos autos, menos miserables y menos contrabandistas, en la que parecían imposibles las cosas que ahora ocurren: Mayta yendo a compartir sus secretos conspirativos con su enemigo estalinista, Mayta batiéndose con sus camaradas en la última sesión del Comité Central del POR(T).

—Venir a verme es lo único sensato que hizo dentro de la insensatez en la que se había metido —añade Blacquer. Se ha sacado los anteojos para limpiarlos y parece ciego—. Si la guerrilla se afirmaba, iban a necesitar apoyo urbano. Redes que les enviaran medicinas e información, que pudieran esconder y curar a los heridos, reclutar nuevos combatientes. Redes que fueran una caja de resonancia de las acciones de la vanguardia. ¿Quién iba a formar esas redes? ¿La veintena de troscos que había en el Perú?

—En realidad, somos sólo siete —le preciso.

¿Lo había entendido Blacquer? Su inmovilidad era de estatua, otra vez. Avanzando la cabeza, sintiendo que transpiraba, persiguiendo las palabras que el cansancio y la preocupación me escamoteaban, oyendo de cuando en cuando, en esos altos desconocidos, al niño y a la mujer, se lo expliqué de nuevo. Nadie pedía a los militantes del Partido Comunista que se fueran a la sierra —había tenido la precaución de no mencionarle a Vallejos ni a Jauja ni fecha alguna— ni que renunciaran a sus tesis, ideas, prejuicios, dogmas y lo que fuera. Sólo que estuvieran informados y alertas. Pronto sobrevendría una situación en la que se verían en la disyuntiva de poner en práctica sus convicciones o de abjurar de ellas, pronto tendrían que demostrar a las masas si querían de veras el desplome del sistema explotador y su reemplazo por un régimen obrero-campesino revolucionario, o si todo lo que decían era pura retórica para vegetar a la sombra del poderoso aliado que los prohijaba esperando que, algún día, alguna vez, la revolución cayera al Perú como regalo del cielo.

—Cuando nos atacas, sí pareces tú —dijo Blacquer—. ¿Qué vienes a pedir? Concreta un poco.

—Que estén preparados, nada más. —Pensé: «¿Se me va a cortar la voz?» Nunca había sentido tanta fatiga; tenía que hacer un gran esfuerzo para articular cada sílaba. Arriba, la criatura rompió a llorar a gritos de nuevo—. Porque, cuando actuemos, va a haber un contragolpe feroz. Y ustedes no se salvarán de la represión, por supuesto.

—Por supuesto —musitó Blacquer—. Si lo que me dices no es cuento, el gobierno y la prensa y todo el mundo dirán que fue planeado y ejecutado por nosotros, con el oro y las órdenes de Moscú. ¿No es así?

—Es probable que sea así —asentí. La criatura lloraba más fuerte y su llanto me aturdía—. Pero, ahora ya están advertidos. Pueden tomar precauciones. Además...

Quedé con la boca entreabierta, sin animarme a terminar, y, por primera vez desde el principio de la charla con Blacquer, vacilé. Tenía la cara llena de sudor, las pupilas dilatadas y las manos me temblaban. ¿Aventura y traición?

—Son las palabras que corresponden y yo las respaldo —dijo el Camarada Carlos secamente—. El Camarada Pallardi no ha dicho más que la verdad.

—Concéntrate en lo de Vallejos, ahora —lo amonestó el Secretario General—. Quedamos en discutir primero lo de Jauja. La entrevista del Camarada Mayta con Blacquer, después.

—Correcto —repuso el Camarada Carlos y Mayta pensó: «Se me están volteando todos»—. Un Alférez que planea una revolución como un «putch», sin apoyo sindical, sin participación de las masas. ¿Qué otra cosa podemos llamar a eso sino aventura?

—La podríamos llamar provocación o payasada —intervino el Camarada Medardo. Miró a Mayta sin misericordia y añadió, con gesto lapidario—: El Partido no puede ir al sacrificio por algo que no tiene la menor chance.

Mayta sintió que la suma de ejemplares de *Voz Obrera* en que estaba sentado comenzaba a ladearse y pensó en lo ridículo que sería resbalar y darse un sentanazo. Miró de soslayo a sus camaradas y entendió por qué, cuando llegó, lo saludaron tan distantes y por qué en esta sesión no faltaba nadie. ¿Estaban todos en contra? ¿Incluso los del Grupo de Acción? ¿Anatolio también en contra? En vez de desaliento sentí una arcada de rabia.

—¿Y, además, qué? —me animó a seguir Blacquer.

—Fusiles —dije, con un hilo de voz—. Tenemos

más de los que necesitamos. Si el Partido Comunista quiere defenderse a la hora que comiencen los tiros, les damos armas. Y, por supuesto, gratis.

Vi que Blacquer, después de unos segundos, encendía el enésimo cigarrillo de la mañana. Pero se le apagó dos veces el fósforo y al dar la primera chupada se atoró. «Esta vez te has convencido que va en serio.» Lo vi ponerse de pie, humeando por la nariz y por la boca, asomarse al cuarto vecino y dar un grito: «Llévatelo a dar una vuelta. No nos deja hablar con tanto llanto». No hubo respuesta, pero, al momento, el niño se calló. Blacquer volvió a sentarse, a contemplarme, a serenarse.

—No sé si es una emboscada, Mayta —musitó—. Pero sí sé una cosa. Te has vuelto loco. ¿De veras crees que el Partido haría, en algún caso, por alguna razón, causa común con los troscos?

—Con la revolución, no con los troscos —le repliqué—. Sí, lo creo. Por eso he venido a verte.

—Una aventura pequeño-burguesa, para ser más exactos —dijo Anatolio y, con sólo advertir que tartamudeaba, supe lo que iba a añadir, supe que traía memorizado lo que iba diciendo—. Las masas no han sido invitadas ni aparecen para nada en el plan. De otro lado ¿qué garantía hay de que los comuneros de Uchubamba se alcen, si llegamos hasta allá? Ninguna. ¿Quién de nosotros ha visto a esos dirigentes presos? Nadie. ¿Quién va a dirigir esto? ¿Nosotros? No. Un Alférez con una mentalidad golpista y aventurerista a más no poder. ¿Qué papel se nos ofrece? Ser el furgón de cola, la carne de cañón. —Ahora sí se volvió y tuvo el valor de mirarme a los ojos—: Mi obligación es decir lo que pienso, camarada.

«No era lo que pensabas anoche», le repuse, mentalmente. O tal vez sí y su actitud, la víspera, había sido un simulacro para despistarme. Cuidadosamente, a fin de hacer algo que me ocupara, igualé los periódicos sobre los que estaba sentado y los volví a apoyar contra la pared. A estas alturas, era evidente: había habido una reunión previa, en la que el Comité Central del POR(T) había acordado lo que ahora estaba sucediendo. Anatolio tenía que haber asistido a ella. Sentí un sabor acre, malestar en los huesos. Era demasiada farsa. ¿No habíamos conversado tanto, anoche, en el cuarto del Jirón Zepita? ¿No habíamos repasado el plan de acción? ¿Irás a despedirte de alguien antes de subir a la sierra? Sólo de mi madre. ¿Qué le vas a decir? He conseguido una beca para México, te escribiré cada semana, mamacita. ¿Había en él vacilación, incomodidad, dudas, contradicciones? Ni sombra de eso, parecía entusiasta y muy sincero. Estábamos acostados a oscuras, el pequeño catre chirriaba, cada vez que surgían las carreritas en el entretecho el cuerpo de él, colado al mío, daba un respingo. Esa súbita vibración me revelaba, un instante, pedazos de piel de Anatolio, y la esperaba con ansiedad. La boca contra la suya le dije, de pronto: «No quiero que te mueras nunca.» Y, un momento después: «¿Has pensado que puedes morir?». Con una voz que el deseo volvía pastosa y lánguida, me respondió en el acto: «Claro que lo he pensado. No me importa». Adolorido y cimbreante sobre el alto de *Voz Obrera* que amenazaba de nuevo con deshacerse, pensé: «En realidad, te importa».

—Creí que era pose, que estaba con problemas psíquicos, creí que... —Blacquer se calla porque la chica de la mesa vecina ha lanzado una risita—. Pasaba a veces, entre los camaradas, como entre los militares creerse un día Napoleón. Pensé: esta mañana, al despertarse, se sintió Lenin llegando a la estación de Finlandia.

Calla de nuevo, por las risotadas de la muchacha. En otra mesa, a voz en cuello, un señor imparte instrucciones: llenar bañeras, lavatorios, baldes, barriles, ponerlos en todos los cuartos y rincones, aunque sea de agua de mar. Si los rojos entran, los Estados Unidos bombardearán y más graves que las bombas serán los incendios. Ésa es la prioridad, créanme: agua a la mano para apagar el fuego ahí mismo estalle.

—Pero, pese a sonar fantástico, era verdad —sigue Blacquer—. Todo era verdad. Les sobraban fusiles. El Subteniente había hecho desaparecer unas armas, de una armería del Ejército, aquí en Lima. Las tenía escondidas en alguna parte. ¿Sabes que le regaló una metralleta a Mayta, no? Era de ese botín, por lo visto. La idea de alzarse debía ser una obsesión que perseguía a Vallejos desde cadete. No estaba loco, su propuesta era sincera. Estúpida pero sincera.

Un simulacro de sonrisa desnuda sus dientes manchados. Con un gesto brusco aparta a un chiquillo que trata de limpiarle los zapatos:

—No tenían a quién dárselos, les faltaban manos para esos fusiles —se burla.

—¿Cuál fue la reacción del Partido?

—Nadie le dio importancia, nadie creyó una palabra. Ni lo de los fusiles, ni lo de la guerrilla. En el verano de 1958, meses antes de que los barbudos entraran a La Habana ¿quién iba a creer en esas cosas? El Partido reaccionó como era lógico. Hay que cortar por lo sano con ese trosco que algún chanchullo se trae entre manos. Y, por supuesto, corté.

Una señora acusa al señor de los baldes de agua de ignorante. ¡Contra las bombas no hay más que encomendarse a Dios! ¡Baldes de agua contra el bombardeo! ¿Creía que la guerra eran los Carnavales, pobre cojudo? «Lamento que no sea hombre, para poder romperle la jeta», ruge el señor, y el acompañante de la señora tercia con galantería: «Yo lo soy, rómpamela». Parece que van a trompearse.

—Trampa o locura o lo que sea, no queremos saber más del asunto —citó Blacquer—. Y tampoco verte.

—Me lo esperaba. Ustedes son lo que son y seguirán siéndolo todavía mucho tiempo.

Separan a los dos hombres y, tan rápido como se encresparon, los ánimos se sosiegan. La muchacha dice: «No se peleen, en estos momentos tenemos que estar unidos». Un jorobado le está mirando las piernas.

—Fue un golpe duro para él —Blacquer ahuyenta a otro lustrabotas que, arrodillado, trata de cogerle el zapato—. Para ir a verme, debió romper muchas inhibiciones. No hay duda, llegó a creerse que la insurrección podía echar abajo las montañas que nos separaban. Una ingenuidad supina.

Arroja el pucho y, al instante, una silueta de estropajo tiznado se arroja, lo levanta y ansiosamente trata de chuparlo, de extraerle una última bocanada de humo. ¿Así estaba cuando el increíble paso de ir donde Blacquer? ¿Así de angustiado cuando advertí que llegaba la hora cero y que éramos un puñadito los que nos íbamos a alzar y que carecíamos de la más mínima organización de apoyo en la ciudad?

—Y todavía le faltaba el tiro de gracia —añade Blacquer—. Que su Partido lo expulsara por traidor.

Era lo que había dicho Jacinto Zevallos con todas sus letras. Que lo dijera el veterano, el obrero, la reliquia trotskista del Perú, fue lo más turbador de esa sesión, en la que había oído ya tantas frases hostiles. Más penoso aún que el volteretazo de Anatolio. Porque tenía respeto y cariño por el viejo Zevallos. El Secretario General hablaba con indignación y nadie se movía:

—Sí, camarada, pedir la colaboración del estalinismo criollo para este proyecto, de espaldas a nosotros, tomando el nombre del Partido, es más que actividad fraccional. Es traición. Tus explicaciones son agravantes, en vez de reconocer tu error has he-

177

cho tu apología. Yo tengo que pedir tu separación
del Partido, Mayta.

¿Qué explicaciones les di? Aunque ninguno de
los que estuvieron presentes en aquella sesión admi-
ten que ella tuviera lugar, siento invenciblemente la
necesidad de creer que ella ocurrió y tal como me la
cuenta Blacquer. ¿Qué pude decirles para justificar
mi visita al archienemigo? Con la perspectiva de lo
que vino, ya no parece tan inconmensurable. Los «rojos» que pueden entrar a Lima mañana o pasado
pertenecen a un vasto espectro de marxistas entre
los que hay, peleando aparentemente bajo una sola
bandera, moscovitas, trotskistas y maoístas. La revolución era demasiado importante, seria y difícil
para ser monopolio de nadie, privilegio de una organización, aunque ésta hubiera interpretado más correctamente que otras la realidad peruana. La revolución sólo sería posible si todos los revolucionarios, deponiendo sus querellas pero sin renunciar, en
un primer momento, a sus propias concepciones, se
unían en una acción concreta contra el enemigo de
clase. Mal trajeado, cuarentón, sudoroso, sobreexci-
tado, pestañeante, trataba de venderles ese juguete
maravilloso que había cambiado su vida y que, estaba seguro, podía cambiar también la de ellos y la
de toda la izquierda: la acción, la acción purificado-
ra, redentora, absolutoria. Ella limaría asperezas y
rivalidades, las diferencias bizantinas, aboliría las
enemistades nacidas del egoísmo y el personalismo,
disolvería los grupos y capillas en una indestructible
corriente que arrastraría a todos los revolucionarios,
camaradas. Para eso había ido a hablar con Blacquer. No para revelarle ningún elemento clave, pues
ningún nombre, fecha ni lugar había salido de mi
boca, ni para comprometer al POR(T), pues lo primero que había advertido a Blacquer era que hablaba a título personal y que cualquier acuerdo futuro
debería hacerse de partido a partido. Había ido a

178

verlo sin pedir autorización para ganar tiempo, camaradas. ¿No estaba partiendo a Jauja? Había ido, simplemente, a advertirles que la revolución iba a empezar, a fin de que sacaran las conclusiones debidas, si es que eran, como decían, revolucionarios y marxistas. Para que estuvieran listos a entrar en la lucha. Porque la reacción se defendería, golpearía como una fiera acosada y para aguantar sus mordiscos y zarpazos iba a ser necesario un frente común... ¿Me escucharon hasta el fin? ¿Me hicieron callar? ¿Me expulsaron a golpes e insultos del garaje del Jirón Zorritos?

—Lo dejaron hablar varias veces —me asegura Blacquer—. Hubo mucha tensión, salieron a relucir cosas personales, Mayta y Joaquín estuvieron a punto de pegarse. Y, luego de votar contra él, de matarlo y rematarlo, lo levantaron del suelo, donde lo habían dejado hecho un trapo sucio, y le dieron una salida. Un melodrama trotskista. Esa última sesión del POR(T) te servirá mucho, supongo.

—Sí, supongo. Pero no acabo de entender. ¿Por qué Moisés, Anatolio, Pallardi, Joaquín, niegan terminantemente que tuviera lugar? En muchas cosas sus versiones discrepan, pero en esto coinciden: la renuncia de Mayta les llegó por correo, renunció por propia iniciativa al irse a Jauja, una vez que el POR(T) decidió no participar en la insurrección. ¿Mala memoria colectiva?

—Mala conciencia colectiva —murmura Blacquer—. Mayta no pudo inventarse esa sesión. Vino a contármela a las pocas horas de ocurrida. Fue el tiro de gracia y sin duda los incomoda. Porque en medio del cargamontón contra él, salió todo, hasta su talón de Aquiles. ¿Te imaginas qué truculencia?

—Mejor diga usted que se nos viene encima el fin del mundo, mi amigo —exclama un parroquiano despistado. La chica se está riendo, con una risa tonta y alegre, y los niños pordioseros nos dejan un momento de paz, pues se ponen a patear una lata entre los peatones.

—¿También te contó eso? —me sorprendo—. Era un tema que no mencionaba jamás, ni a sus mejores amigos. ¿Por qué te buscó a ti en ese momento? No lo entiendo.

—Al principio, yo tampoco, ahora creo que sí —dice Blacquer—. Él era un revolucionario ciento por ciento, no te olvides. Lo había echado el POR(T). Quizá, eso, podía hacer que nosotros reconsideráramos nuestra negativa. Quizás, ahora, tomaríamos en serio su plan insurreccional.

—En realidad, tendríamos que haberlo expulsado hace tiempo —afirmó el Camarada Joaquín, y se volvió a mirar a Mayta de tal modo que pensé: «¿Por qué me odia?»—. Te lo voy a decir sin tapujos, como marxista y revolucionario. A mí no me extraña lo que has hecho, esa intriga, eso de ir a hablar a escondidas con el policía estalinista que es Blacquer. No eres un hombre derecho porque, sencillamente, tú no eres un hombre, Mayta.

—No se permiten las cuestiones personales —lo interrumpió el Secretario General.

Lo que había dicho Joaquín lo tomó tan de sorpresa que Mayta no atinó a decir nada: salvo a encogerme. ¿Por qué me sorprendía tanto? ¿No era algo que, en un repliegue secreto de la mente, estaba siempre temiendo que surgiera en todos los debates, súbito golpe bajo que me quitaría el aire y lo dejaría baldado para el resto de la discusión? Con un calambre en todo el cuerpo, se acomodó sobre el alto de periódicos y, sintiendo una oleada solar, asustado, pensé: «Anatolio se pondrá de pie y confesará que anoche dormimos juntos». ¿Qué iba a decir? ¿Qué iba a hacer?

—No es personal, tiene relación con lo que ha pasado —repuso el Camarada Joaquín y, en medio de mi miedo y turbación, Mayta supo que, efectivamente, lo odiaba: ¿le había hecho algo, alguna vez, tan grave, tan hiriente, para una venganza así?—. Esa manera de proceder, tortuosa, caprichosa, eso de ir a buscar a nuestro enemigo, es feminoide, camaradas. Nunca se ha dicho aquí por unas consideraciones que Mayta no ha tenido con nosotros. ¿Se puede ser un revolucionario leal y un invertido? Ésa es la madre del cordero, camaradas.

«¿Por qué dice invertido y no maricón?, pensé, absurdamente. ¿No es maricón la palabra?» Reponiéndose, alzó la mano, indicando al Camarada Jacinto que quería hablar.

—¿Seguro que fue Mayta mismo quien les contó que había ido a verte?

—Seguro —asiente Blacquer—. Creía haber hecho lo correcto. Quiso hacer aprobar una moción. Que una vez que se hubieran ido a Jauja los tres que tenían que ir, los que quedaran en Lima intentarían nuevamente el acuerdo con nosotros. Fue su gran metida de pata. A los troscos, que no sabían cómo zafarse de lo de Jauja, en lo que nunca creyeron, a lo que se vieron arrastrados por Mayta, les dio el pretexto perfecto. Para librarse del compromiso y, de yapa, para librarse de él. O sea, para dividirse una vez más. Ha sido siempre el gran deporte de los troscos: purgarse, dividirse, fraccionarse, expulsarse.

Se ríe, mostrándome sus dientes nicotínicos.

—Las cuestiones personales no tienen nada que ver, las cuestiones de sexo, de familia, personales, no tienen nada que ver —repetí, sin poder apartar la mirada de la nuca de Anatolio que, sentado en uno de los banquitos de ordeñadora, miraba empecinadamente el suelo—. Por eso no voy a responder a la provocación. Por eso no te contesto lo que mereces, Joaquín.

—No está permitido personalizar, no están permitidas las amenazas —levantó la voz el Secretario General.

—¿Lo eres o no lo eres, Mayta? —oyó decir al Camarada Joaquín, quien se volvió a enfrentarlo. Advertí que tenía los puños cerrados, que estaba listo para defenderse o atacar—. Por lo menos, ten la franqueza de tu vicio.

—No se permiten los diálogos —insistió el Secretario General—. Y, si quieren pelear, se van afuera.

—Tienes razón, camarada —dijo Mayta, mirando a Jacinto Zevallos—. Ni diálogos ni trompeaderas, nada que nos aparte del tema. Este debate no es sobre el sexo. Lo discutiremos otra vez, si el Camarada Joaquín lo considera importante. Volvamos al orden del día. Que no se me interrumpa, por lo menos.

Había recuperado el aplomo, y, en efecto, me dejaron hablar, pero, mientras hablaba, íntimamente se decía que no serviría de gran cosa: habían decidido, ellos sí a mis espaldas, desligarse de la insurrección y ningún argumento los haría cambiar. No dejó traslucir, mientras hablaba, mi pesimismo. Les repetí con pasión todos los argumentos que ya les había dado y que se había dado, esas razones que, aun ahora, a pesar de los reveses y contrariedades, me seguían sonando, al oírselas decir, irrefutables. ¿No estaban dadas las condiciones objetivas? ¿No eran las víctimas del latifundismo, el gamonalismo, la explotación capitalista e imperialista, un potencial revolucionario? Pues bien, las condiciones subjetivas las crearía la vanguardia, con acciones de propaganda armada, golpeando al enemigo en operaciones pedagógicas que irían movilizando a las masas e incorporándolas gradualmente a la acción. ¿No abundaban los ejemplos? Indochina, Argelia, Cuba, estaban ahí, mostrándonos que una vanguardia decidida podía iniciar la revolución. Falso que lo de Jauja fuera una aventura pequeño-burguesa. Era una acción bien planeada y contaba con una infraestructura pequeña pero suficiente. Tendría éxito si todos cumplíamos nuestro rol. No era cierto, tampoco, que el POR(T) iría a remolque: tendría la dirección ideológica y Vallejos sólo la militar. Hacía falta un criterio amplio, generoso, marxista, trotskista, no sectario, camaradas. Aquí, en Lima, sí, el apoyo era débil. Por eso, había que estar llanos a la colaboración con otras fuerzas de izquierda, porque la lucha sería larga, difícil y...

—Hay una moción pidiendo la expulsión de Mayta y eso es lo que está en debate —recordó el Camarada Pallardi.

—¿No quedó claro que no debíamos vernos más? —dijo Blacquer, cerrándole el acceso a su casa.

—Es una historia larga de contar —repuso Mayta—. Ya no puedo comprometerte. Por venir a hablar contigo, me han expulsado del POR(T).

—Y, por recibirlo, me expulsaron a mí —dice Blacquer con su tonito desabrido—. Diez años después.

—¿Tus problemas con el Partido fueron por esas conversaciones?

Hemos dejado el Haití y caminamos por el Parque de Miraflores, hacia la esquina de Larco donde Blacquer tomará el microbús. Una masa espesa deambula entre los vendedores de baratijas regadas por el suelo, que se enredan en las piernas de los transeúntes. La efervescencia con motivo de la invasión es general, nuestra charla va salpicada de voces: «cubanos», «bolivianos», «bombardeos», «marines», «guerra», «rojos».

—No, no es verdad —me aclara Blacquer—. Mis problemas fueron porque comencé a cuestionar la línea de la dirección. Pero me sancionaron por razones que, en apariencia, no tenían que ver con mis críticas. Entre muchos otros cargos, salió a relucir un supuesto acercamiento mío al trotskismo. Se dijo que yo había propuesto al Partido un plan de acción conjunta con los troscos. Lo de siempre: descalificar moralmente al crítico, de manera que todo lo que venga de él, por venir de él, sea basura. Nadie nos ha ganado en eso, nunca.

—O sea, que también fuiste víctima de los acontecimientos de Jauja —le digo.

—En cierta forma. —Se vuelve a mirarme, con su vieja cara color pergamino humanizada por media sonrisa—. Existían otras pruebas de mi colusión con los troscos, pero ésas no las conocían. Porque yo heredé los libros de Mayta, cuando se fue a la sierra.

—No tengo a quién dejárselos —dije, tomándolo a la broma—. Me he quedado sin camaradas. Más vale tú que los soplones. Considéralo así, para que no tengas escrúpulos. Quédate con mis papeles y culturízate.

—Había gran cantidad de caca trotskista, que leí a escondidas, como leíamos a Vargas Vila en el colegio —se ríe Blacquer—. A escondidas, sí. Les arranqué la página donde Mayta había puesto sus iniciales, para que no quedara huella del crimen.

Vuelve a reírse. Hay un corro de gente adelantando las cabezas, tratando de oír un boletín de noticias en la radio portátil que un transeúnte tiene en alto. Alcanzamos el final de un comunicado: la Junta de Restauración Nacional denuncia a la comunidad de naciones la invasión del territorio patrio por fuerzas cubano-boliviano-soviéticas, que, desde esta madrugada, han violado el sagrado suelo peruano por tres puntos de la frontera, en el departamento de Puno. A las ocho de la noche, la Junta se dirigirá al país por radio y televisión para informar sobre esta inaudita afrenta que ha galvanizado a los peruanos, unidos ahora como un solo puño en la defensa de... Era cierto, pues, han entrado. Es seguro, entonces, que los «marines» vendrán también, desde las bases que tienen en el Ecuador, si no lo han hecho ya. Retoma-

184

mos nuestra caminata, entre gente estupefacta o asustada por las noticias.

—Gane quien gane, yo saldré perdiendo —dice, de pronto, Blacquer, más aburrido que alarmado—. Si los «marines», porque en sus listas debo figurar como viejo agente del comunismo internacional. Si los rebeldes, como revisionista, social-imperialista y ex-traidor a la causa. No seguiré el consejo del tipo del Haití. No pondré baldes de agua en mi cuarto. Para mí, los incendios pueden ser la solución.

En el paradero, frente a La Tiendecita Blanca, hay tal amontonamiento que deberá esperar mucho antes de subir a un microbús. En los años que pasó en el limbo de los expulsados, me dice, entendió mejor al Mayta de aquel día. Yo lo oigo pero ando apartado de él, reflexionando. Que los sucesos de Jauja sirvieran, años después, aunque fuera indirectamente, para contribuir a despeñar a Blacquer por la pendiente de nulidad en que ha vivido, es una prueba más de lo misteriosas e imprevisibles que son las ramificaciones de los acontecimientos, esa complejísima urdimbre de causas y efectos, reverberaciones y accidentes, que es la historia humana. Por lo visto, no le guarda rencor a Mayta por las visitas intempestivas. Incluso, parecería que a la distancia le ha cobrado estima.

—Nadie se abstiene, puedes contar las manos —dijo Jacinto Zevallos—. Unanimidad, Mayta. Ya no perteneces al POR(T). Tú solito te has expulsado.

Reinaba silencio sepulcral y nadie se movía. ¿Debía irse? ¿Debía hablar? ¿Dejar las puertas abiertas o mentarles la madre?

—Hace diez minutos los dos sabíamos que éramos enemigos a muerte —vociferó Blacquer, paseándose furioso frente a la silla de Mayta—. Y ahora actúas como si fuéramos camaradas de toda la vida. ¡Es grotesco!

—No se vayan —dijo, suavemente, el Camarada

185

Medardo—. Tengo un pedido de reconsideración, camaradas.

—Estamos en trincheras distintas, pero los dos somos revolucionarios —dijo Mayta—. Y en algo más nos parecemos: para ti y para mí las cuestiones personales están subordinadas a las políticas. Así que déjate de renegar y conversemos.

¿Una reconsideración? Todos los ojos giraron hacia el Camarada Medardo. Había tanto humo que, desde su rincón, junto al alto de números de *Voz Obrera*, Mayta veía las caras borrosas.

—¿Estaba desesperado, abrumado, sintiendo que la tierra se le abría?

—Estaba confiado, sereno y hasta optimista, o lo aparentaba muy bien —niega con la cabeza Blacquer—. Quería mostrarme que la expulsión no le había hecho mella. A lo mejor era cierto. ¿Has conocido a esos hombres que a la vejez descubren el sexo o la religión? Se vuelven ansiosos, ardientes, incansables. Estaba así. Había descubierto la acción y parecía un chiquillo. Daba una impresión ridícula, como esos viejos que tratan de bailar los bailes modernos. Al mismo tiempo, era difícil no tenerle cierta envidia.

—Hemos sido enemigos por razones ideológicas, por esas mismas razones podemos ser ahora amigos —le sonrió Mayta—. La amistad y la enemistad, entre nosotros, es un problema puramente táctico.

—¿Vas a hacer tu autocrítica y a pedir tu inscripción en el Partido? —terminó por reírse Blacquer.

El revolucionario fogueado, menguante, que, un buen día, descubre la acción y se lanza a ella sin reflexionar, impaciente, esperanzado en que los combates, marchas, lo resarcirán en pocas semanas o meses de años de impotencia: es el Mayta de esos días, el que percibo mejor entre todos los Maytas. ¿Eran para él, la amistad, el amor, algo que administraba políticamente? No: ésas eran palabras para ganarse a

186

Blacquer. Si hubiera gobernado así sus sentimientos e instintos, no hubiera llevado la doble vida que llevó, el desgarro que debió ser congeniar al militante clandestino entregado a la absorbente tarea de cambiar el mundo y al apestado que, nocturnamente, buscaba mariquitas. No hay duda que era capaz de apelar a los grandes recursos, lo prueba ese último intento de conseguir lo imposible, la adhesión de sus archienemigos para una rebelión incierta. Pasan dos, tres microbuses sin que Blacquer pueda tomarlos. Decidimos bajar por Larco, tal vez en Benavides sea más fácil.

—Que esto se sepa no va a beneficiar a nadie salvo a la reacción. Y, en cambio, perjudicará al Partido —explicó delicadamente el Camarada Medardo—. Nuestros enemigos se van a frotar las manos, incluso los del otro POR. Ahí están, van a decir, despedazándose una vez más en luchas intestinas. No me interrumpas, Joaquín, no voy a pedir un acto de perdón cristiano ni nada que se parezca. Sí, ya explico a qué clase de reconsideración me refiero.

La atmósfera del garaje del Jirón Zorritos se había distendido; el humo era tan espeso que a Mayta le ardían los ojos. Notó que escuchaban a Moisés con alivio aflorando a las caras, como si, sorprendidos de haberlo derrotado tan fácil, agradecieran que alguien les brindara una coartada para salir de allí con la conciencia tranquila.

—El Camarada Mayta ya ha sido sancionado. Lo sabe él y lo sabemos nosotros —añadía el Camarada Medardo—. No va a volver al POR(T), no por ahora, no en las actuales circunstancias. Pero, camaradas, él lo ha dicho. Los planes de Vallejos siguen en pie. El alzamiento se va a producir con o sin nosotros. Esto, querámoslo o no, va a afectarnos.

¿Adónde iba Moisés? A Mayta lo sorprendió que se refiriera a él llamándolo todavía «camarada». Sospechó hacia dónde y, en un instante, se disiparon el abatimiento y la cólera que había sentido al ver alzarse todos los brazos apoyando la moción: había que aprovechar al vuelo esa chance.

—El trotskismo no entra en la guerrilla —dijo—. El POR(T) ha decidido por unanimidad darnos la espalda. El otro POR ni está enterado del asunto. El plan es serio, sólido. ¿No te das cuenta? El Partido Comunista tiene la gran oportunidad de llenar el vacío.

—De poner la cabeza en la guillotina. ¡Gran privilegio! —gruñó Blacquer—. Tómate ese café y, si quieres, cuéntame tus amores trágicos con los troscos. Pero de la insurrección ni una palabra, Mayta.

—No lo decidan ahora, ni en una semana, tómense el tiempo que haga falta —prosiguió Mayta, sin hacerle caso—. El obstáculo principal para ustedes era el POR(T). Ya no existe. La insurrección es ahora, únicamente, de un grupo obrero-campesino de revolucionarios independientes.

—¿Revolucionario independiente, tú? —silabeó Blacquer.

—Compra el próximo número de *Voz Obrera (T)* y te convencerás —dijo Mayta—. Eso me he vuelto: un revolucionario sin partido. ¿Ves? Tienen la gran oportunidad. De dirigir, de estar a la cabeza.

—Ésa fue la renuncia que leíste —dice Blacquer. Se saca los anteojos para echarles el vaho de su boca y limpiarlos con el pañuelo—. Un simulacro. No creía en esa renuncia ni el que la firmaba ni los que la publicaron. ¿Para qué estaba ahí, entonces? ¿Para embaucar a los lectores? ¿Cuáles lectores? ¿Acaso tenía un solo lector *Voz Obrera (T)* fuera de los, ¿cuántos dijiste?, ¿siete?, ¿de los siete troscos? Así se escribe la historia, camarada.

Todas las tiendas de la Avenida Larco están cerradas, pese a ser temprano. ¿Son las noticias de la invasión en el Sur el motivo? En este sector hay menos gente que en la Diagonal o en el Parque. Y hasta

188

las bandas de pordioseros que usualmente pululan por aquí, entre los autos, son más ralas que de costumbre. La pared de la Municipalidad luce una enorme inscripción hecha con pintura roja —«Se acerca la victoria de la guerra popular»— y la hoz y el martillo. No estaba cuando pasé por aquí, hace tres horas. ¿Un comando llegó con su botes y brochas y la pintó delante de los policías? Pero me doy cuenta que no hay policías cuidando el edificio.

—Que, por lo menos, evite hacerle más daño al Partido, démosle esa oportunidad —prosiguió cautelosamente el Camarada Medardo—. Que renuncie. Publicaremos su renuncia en *Voz Obrera (T)*. Quedará prueba, al menos, de que no hay responsabilidad del Partido en lo que pueda ir a hacer a Jauja. Reconsideración en ese sentido, camaradas.

Mayta vio que varios miembros del Comité Central del POR(T) movían las cabezas, aprobando. La propuesta de Moisés/Medardo tenía posibilidades de ser aceptada. Recapacitó, hizo un balance veloz de las ventajas y desventajas. Sí, era el mal menor. Alzó la mano: ¿podía hablar?

En Benavides hay tanta gente esperando los microbuses como en La Tiendecita Blanca. Blacquer se encoge de hombros: paciencia. Le digo que me quedaré con él hasta que suba. Aquí, sí, varios hablan de la invasión.

—Con el tiempo, he llegado a darme cuenta que no era tan demente —dice Blacquer—. Si el foco hubiera durado, las cosas hubieran podido pasar según el cálculo de Mayta. Si la insurrección prendía, el Partido se hubiera visto obligado a entrar, a tratar de tomar el mando. Como ha pasado con ésta. ¿Quién se acuerda que los dos primeros años estuvimos en contra? Y ahora le disputamos la dirección a los maoístas ¿no? Pero el Camarada Cronos no perdona. Hizo sus cálculos veinticinco años antes de tiempo.

Intrigado por la manera como habla del Partido, le pregunto si finalmente fue readmitido o no. Me responde de una manera críptica: «Sólo a medias». Una señora con una niña en brazos que parecía estarlo oyendo, súbitamente nos interrumpe: «¿Cierto que han entrado los rusos? ¿Qué les hemos hecho? ¿Qué le va a pasar a mi hija, ahora?» La niña grita, también. «Cálmese, no va a pasar nada, son puras bolas», la consuela Blacquer, a la vez que hace señas a un recargado microbús que sigue de largo. En medio de un clima que no era ni, por asomo el de minutos atrás, el Secretario General susurró que la propuesta del Camarada Medardo era razonable: evitaría que los divisionistas del otro POR se aprovecharan. Lo miró: no había inconveniente en que se pronunciara el interesado. «Tienes la palabra, Mayta».

—Conversamos un buen rato. A pesar de lo que le habían hecho, se puso eufórico hablando de la insurrección —dice Blacquer, prendiendo un cigarrillo—. Me enteré que era un asunto de días, pero no del lugar. No me imaginé nunca Jauja. Pensé que el Cusco, donde, por esa época, hubo tomas de tierras. Pero, una revolución en la cárcel de Jauja ¿a quién se le iba a ocurrir?

Escucho su risita desabrida, de nuevo. Sin ponernos de acuerdo, reanudamos la caminata, hacia el paradero de 28 de Julio. Pasan las horas y él está allí, sudoroso, la ropa arrugada y sucia, con ojeras violáceas y el crespo cabello alborotado, a la orilla del asiento, en la atestada salita pobretona de Blacquer: habla, gesticula, apoya sus verbos con ademanes perentorios y hay en sus ojos una convicción irreductible. «¿Se van a negar a entrar en la historia, a hacer la historia?», recrimina a Blacquer.

—Todo en este asunto resultó contradictorio —oigo decir a éste, media cuadra después—. Porque, el mismo POR(T) que expulsó a Mayta por querer meterlos en lo de Jauja, se lanzó, al poco tiempo, a algo todavía más estéril: las expropiaciones de Bancos.

¿Fue la entrada de Fidel Castro a La Habana, ocurrida en el entreacto, lo que transformó al prudente POR(T) que se había zafado de la conspiración de Mayta en el beligerante organismo que se puso a desvalijar los Bancos de la burguesía? Asaltaron precisamente esta agencia del Banco Internacional que estamos dejando atrás —en la operación fue capturado Joaquín— y, a los pocos días, el Banco Wiese de La Victoria, donde cayó Pallardi. Estas dos acciones desintegraron al POR(T). ¿O hubo, también, algo de mala conciencia, un afán de demostrar que, por más que hubieran dado la espalda a Mayta y a Vallejos, eran capaces de jugarse el todo por el todo?

—Ni remordimientos ni nada que se le parezca —dice Blacquer—. Fue Cuba. La Revolución Cubana rompió los tabúes. Mató al super ego que nos ordenaba resignarnos a que «las condiciones no estuvieran dadas», a que la revolución fuera una conspiración interminable. Con la entrada de Fidel a La Habana, la revolución pareció ponerse al alcance de todos los que se atrevieran a fajarse.

—Si no eres tú, el dueño de mi casa los rematará en La Parada —insistió Mayta—. Puedes recogerlos a partir del lunes. No son tantos, tampoco.

—Bueno, me quedaré con tus libros —se rindió Blacquer—. Digamos que te los guardaré, mientras tanto.

En el paradero de 28 de Julio hay el mismo atoro que en los anteriores. Un hombre de sombrero tiene una radio portátil, en la que —observado con ansiedad por los presentes— busca alguna estación que dé noticias. No la encuentra: todas transmiten música. Espero, junto con Blacquer, cerca de media hora, y en ese lapso pasan dos microbuses, cargados hasta el tope, sin detenerse. Entonces, me despido de él, pues quiero llegar a mi casa a tiempo para escuchar el mensaje de la Junta sobre la invasión. Desde la esquina de Manco Cápac, me vuelvo y Blacquer sigue allí, distinguible, con su facha ruinosa y su actitud perdida, al borde de la vereda, como si no supiera qué hacer, adónde ir. Ése hubiera debido ser el estado de Mayta aquel día, luego de aquella sesión. Y sin embargo Blacquer me asegura que, después de hacerlo heredero de sus libros e indicarle dónde escondería la llavecita de su cuarto, se despidió de él rezumando optimismo. «Se creció con el castigo», ha dicho. Sin duda, es exacto: su capacidad de resistencia, su audacia, aumentaron con las contrariedades.

Aunque todas las tiendas están también cerradas, en esta parte de Larco las veredas siguen invadidas de vendedores de paisajes andinos, retratos, caricaturas, de artesanías y chucherías. Esquivo las mantas llenas de pulseras y collares que custodian muchachos de cabelleras y muchachas de saris. Respiro un aire de incienso. En este enclave de estetas y místicos callejeros no se advierte alarma, ni siquiera curiosidad, por los sucesos del Sur. Se diría que ni siquiera saben que la guerra ha tomado, en las últimas horas, un cariz mucho más grave y que en cualquier momento puede venírseles encima. En la esquina de Ocharán oigo ladrar un perro: es un ruido extraño, parece venir del pasado, pues desde que comenzó la hambruna los animales domésticos han desaparecido de las calles. ¿Cómo se sentía Mayta esa mañana, después de la larga noche, comenzada en el garaje del Jirón Zorritos, con su expulsión del PORT(T) y el acuerdo de disfrazarla de renuncia, y que terminó con esa conversación en casa de Blacquer, al que las circunstancias trocaron de enemigo en su confidente y paño de lágrimas? Con sueño, hambre y fatiga, pero con la misma disposición de ánimo con que había regresado de Jauja y el mismo convencimiento de haber actuado bien. No lo habían expulsado por ver a Blacquer; habían acordado la marcha atrás antes. Su supuesta ira, las acusaciones de traición, habían sido un recurso para cerrar de entrada toda posibilidad de revisar lo decidido. ¿Había sido el miedo a pelear? No, había sido, más bien, el pesimismo, la abulia, la incapacidad psicológica de romper la rutina y pasar a la acción real. Había tomado un ómnibus, iba de pie, cogido del pasamanos, aplastado por dos negras con canastas. ¿No conocía esa actitud? «¿No ha sido la tuya tantos años?» No tenían fe en las masas por su falta de contacto con ellas, dudaban de la revolución y de sus propias ideas porque la vida de intrigas entre sectas los había atrofiado para la acción. Una de las negras se puso a reír, mirándolo, y Mayta se dio cuenta que hablaba solo. Se rió también. Con esa disposición de ánimo, preferible que se abstuvieran, húbieran sido un lastre. Sí, harían falta, en Lima ya no tendrían ayuda urbana. Pero a medida que la lucha registrara adhesiones, iría surgiendo una organización de apoyo, aquí y en todas partes. Los camaradas del POR(T), al ver que la vanguardia se prestigiaba y que las masas se incorporaban, lamentarían sus vacilaciones. También los rabanitos. La gestión con Blacquer era un bomba de tiempo, cuando vieran que el riachuelo se volvía torrente, recordarían que tenían abierta la puerta, que eran esperados. Vendrían, se plegarían. Estaba tan abstraído que no bajó en la esquina de su casa sino dos cuadras después.

Llegó al callejón agotado. En el patio, había una larga cola de mujeres con baldes, protestando porque la primera de ellas se eternizaba en el caño. Entró a su cuarto y se tendió en la cama sin siquiera quitarse los zapatos. No tenía ánimos para bajar y hacer la cola. Pero qué bueno hubiera sido, ahora, hundir los pies cansados en un lavador de agua fresquita. Cerró los ojos y, luchando contra el sueño, buscó las palabras para la carta que debía llevar, esa tarde, a Jacinto, a fin de que la incluyera en el número de *Voz Obrera (T)* componiéndose ya en la imprenta. Es un número de apenas cuatro páginas, un solo pliego, tan amarillo que al cogerlo —instalado frente al aparato de televisión, en el que, pese a ser las ocho, no aparecen aún los generales de la Junta— tengo la sensación de que se me va a deshacer en las manos. La renuncia no está en la primera página, dividida en dos largos artículos y un pequeño recuadro. El editorial, en negrita, llena la columna de la izquierda: «¡Alto, fascistas!» Se refiere a unos incidentes habidos en la sierra central, con motivo de una huelga en dos asientos mineros de la Cerro de Pasco Cooper Corporation. Al desalojar a los huelguistas, la policía hirió a varios y, al parecer, uno de ellos ha muerto. No es algo casual, sino parte del plan de intimidación y desmovilización de la clase obrera, fraguado por la policía, el ejército y la reacción acorde con los planes del Pentágono y la CIA para América Latina. ¿De qué se trata, en resumidas cuentas? Han comenzado unas marchas militares, y, a las imágenes del escudo y la bandera, suceden, en el televisor, bustos y retratos de próceres. ¿Va a comenzar, por fin? De frenar el avance, cada día más impetuoso e incontenible, de las masas obreras hacia el socialismo. Esos métodos no pueden sorprender a quien ha aprendido las lecciones de la Historia: fueron empleados por Mussolini en Italia, Hitler en Alemania y ahora Washington los aplica en América Latina. Pero no tendrán éxito, serán contraproducentes, un abono fructífero, pues, como escribió León Trotski, para la clase obrera los golpes de la represión son como una poda para las plantas. Ahora sí, ahí están: el Marino, el Aviador, el Militar, y, detrás de ellos, los edecanes, los ministros, los jefes de las guarniciones y cuerpos militares de la región de

Lima. Las caras sombrías parecen confirmar los peores rumores. El editorial de *Voz Obrera (T)* termina exhortando a obreros, campesinos, estudiantes y sectores progresistas a cerrar filas contra la conjura nazi-fascista. Cantan el Himno Nacional.

El otro artículo está dedicado a Ceylán. Cierto, en aquella época el trotskismo alcanzó un repunte allá. El texto afirma que es la segunda fuerza en el Parlamento y la primera en los sindicatos cingaleses. Por el uso de los tiempos verbales, está traducido del francés ¿acaso por Mayta? Los nombres, empezando por el de la señora Bandaranaike, la Primera Ministra, son difíciles de retener. Ya está, terminó el Himno y se adelanta el Militar, vocero habitual de la Junta. Insólitamente, en vez de extraviarse como siempre en ampulosa retórica patriota, va de frente al grano. Su voz suena menos cuartelera y más trémula. Tres columnas militares, de cubanos y bolivianos, han penetrado profundamente en el territorio nacional, apoyadas por aviones de guerra que desde anoche bombardean blancos civiles en los departamentos de Puno, Cusco y Arequipa, en abierta violación de todas las leyes y acuerdos internacionales; van causando numerosas víctimas y cuantiosos daños, incluso en la misma ciudad de Puno, donde las bombas han destruido parte del Hospital del Seguro Social, con un número aún indeterminado de muertos. La descripción de los desastres lo demora varios minutos. ¿Dirá si los «marines» han cruzado la frontera del Ecuador? El pequeño recuadro anuncia que, muy pronto, el POR(T) llevará a cabo, en el local del sindicato de Construcción Civil, el postergado acto sobre: «La revolución traicionada: una interpretación trotskista de la Unión Soviética». Para encontrar la renuncia hay que volver la página. En una esquina, debajo de un extenso artículo, «¡Instalemos soviets en los cuarteles!», sin encabezamiento ni apostillas: «Renuncia al POR(T)». El Militar asegura, ahora, que las tropas peruanas, pese a luchar en condiciones de inferioridad numérica y logística, resisten heroicamente la criminal invasión del terrorismo-comunismo internacional, con el apoyo decidido de la población civil. La Junta, mediante Decreto Supremo, ha llamado a filas esta tarde a tres nuevas clases de reservistas. ¿Dirá si aviones norteamericanos bombardean ya a los invasores?

Camarada Secretario General
del POR(T)
Ciudad
Camarada:
Por la presente le comunico mi renuncia irrevocable a las filas del Partido Obrero Revolucionario (Trotskista) en el que milito hace más de diez años. Mi decisión obedece a motivos personales. Deseo recuperar mi independencia y poder actuar bajo mi absoluta responsabilidad, sin que lo que yo pueda decir o hacer comprometa para nada al Partido. Necesito mi libertad de acción en estos momentos en que nuestro país se debate una vez más en la vieja disyuntiva entre revolución y reacción.

Que me aparte del POR(T) por mi propia voluntad no significa que rompa con las ideas que han señalado el rumbo del socialismo revolucionario a los obreros del mundo. Quiero, camarada, reafirmar una vez más mi fe en el proletariado peruano, mi convicción de que la revolución será una realidad y romperá definitivamente las cadenas de la explotación y el oscurantismo que pesan desde hace siglos sobre nuestro pueblo y que el proceso de liberación se llevará a cabo a la luz de la teoría concebida por Marx y Engels y materializada por Lenin y Trotski, vigente y más fuerte que nunca.

Solicito que se publique mi renuncia en *Voz*

Obrera(T) a fin de que la opinión pública quede informada.

Revolucionariamente,

A. Mayta Avendaño

Lo ha dicho sólo al final, muy rápido, con menos firmeza, como si no estuviera seguro: en nombre del pueblo peruano, que se bate gloriosamente por la defensa de la civilización occidental y cristiana del mundo libre contra la embestida del ateísmo colectivista y totalitario, la Junta ha solicitado y obtenido del gobierno de los Estados Unidos de Norteamérica el envío de tropas de apoyo y material logístico para repeler la invasión comunista ruso-cubano-boliviana que pretende esclavizar a nuestra Patria. O sea, también cierto. Ya está, la guerra dejó de ser peruana, el Perú no es sino otro escenario más del conflicto que libran las grandes potencias, directamente y a través de satélites y aliados. Gane quien gane, lo seguro es que morirán cientos de miles y acaso millones y que, si sobrevive, el Perú quedará exangüe. Sentía un sueño tan grande que no tenía ánimos para apagar el televisor. El malestar quedó aclarado al volver la vista: Anatolio lo apuntaba con una pistola. No sintió miedo sino pena: ¡el retraso que significaría! ¿Y Vallejos? Los plazos debían cumplirse milimétricamente y, era clarísimo, Anatolio no se proponía matarlo sino impedirle viajar a Jauja. Dio unos pasos resueltos hacia el muchacho, para hacerlo entrar en razón, pero Anatolio extendió el brazo con energía y Mayta vio que iba a apretar el gatillo. Alzó los brazos, pensando: «Morir sin haber peleado». Sentía una tristeza lacerante, ya no estaría con ellos, allá en el Calvario, cuando la Epifanía comenzara. «¿Por qué haces esto, Anatolio?» Su voz le disgustó: el verdadero revolucionario es lógico y frío, no un sentimental. «Porque eres un rosquete», dijo Anatolio, con la voz tranquila, aploma-

da, contundente, irreversible, que él hubiera querido tener en este momento. «Porque eres un maricón y eso se paga», confirmó, asomando su cabeza cetrina, de orejas en punta, el Secretario General. «Porque eres rosquete y eso da asco», añadió,
asomando el perfil por sobre el hombro del Camarada Jacinto, el Camarada Moisés/Medardo. Todo el
Comité Central del POR(T) estaba allí, uno detrás
de otro y todos armados de revólveres. Había sido
juzgado, sentenciado y lo iban a ejecutar. No por
indisciplina, error, traición, sino, qué mezquindad,
qué cojudez, por haber deslizado la lengua como un
estilete entre los dientes de Anatolio. Perdida toda
compostura, se puso a llamar a gritos a Vallejos, a
Ubilluz, a Lorito, a los campesinos de Ricrán, a los
josefinos: «Sáquenme de esta trampa, camaradas».
Con la espalda húmeda se despertó: desde la orilla
del catre, Anatolio lo miraba.

—No se entendía lo que decías —lo oyó susurrar.

—¿Qué haces aquí? —tartamudeó Mayta, sin salir del todo de la pesadilla.

—He venido —dijo Anatolio. Lo miraba sin pesta-
ñear, con una lucecita intrigante en las pupilas—.
¿Estás molesto conmigo?

—La verdad que eres conchudo —murmuró Mayta, sin moverse. Sentía la boca amarga y los ojos legañosos, la piel erizada aún del miedo—. La verdad
que eres cínico, Anatolio.

—Tú me has enseñado —dijo el muchacho, suavemente, mirándolo siempre a los ojos, con una indefi-
nible expresión que irritaba y causaba remordimientos a Mayta. Un moscardón empezó a revolotear en
torno del foco de luz.

—Yo te enseñé a cachar con un hombre, no a ser
hipócrita —dijo Mayta, haciendo un esfuerzo por
contener la cólera. «Cálmate, no lo insultes, no le
pegues, no discutas. Sácalo de aquí.»

—Lo de Jauja es una locura. Lo discutimos y

todos estuvimos de acuerdo en que había que atajarte —dijo Anatolio, sin moverse, con cierta vehemencia—. Nadie te iba a expulsar. ¿Para qué fuiste a ver a Blacquer? Nadie te hubiera expulsado.

—No voy a discutir contigo —dijo Mayta—. Todo eso es historia antigua ya. Anda, vete.

Pero el muchacho no se movió ni dejó de mirarlo de esa manera en la que había provocación y algo de burla.

—Ya no somos ni camaradas ni amigos —dijo Mayta—. ¿Qué mierda quieres?

—Que me la chupes —dijo el muchacho, despacito, mirándolo a los ojos y tocándole la rodilla con los cinco dedos.

VII

—¿Qué haces aquí, Mayta? —exclamó Adelaida—.
¿A qué has venido?

El castillo Rospigliosi está en el límite de Lince
y Santa Beatriz, barrios ahora indiferenciables. Pero
cuando Mayta se casó con Adelaida había entre ellos
una lucha de clases. Lince fue siempre modesto, un
barrio de clase media tirando para proletaria, de
casitas estrechas e incoloras, conventillos y callejones, veredas con grietas y jardincillos montuosos.
Santa Beatriz, en cambio, fue un barrio pretencioso,
en el que unas familias acomodadas construyeron
mansiones de estilo «colonial», «sevillano» o «neo-
gótico», como este monumento a la extravagancia
que es el castillo Rospigliosi, un castillo con almenas
y ojivas de cemento armado. Los vecinos de Lince
miraban con resentimiento y envidia a los de Santa
Beatriz, porque éstos, a su vez, los miraban por sobre el hombro y los choleaban.

—Quisiera conversar un momento contigo —dijo
Mayta—. Y, si no te importa, ver a mi hijo.

Ahora Santa Beatriz y Lince son la misma cosa;
el primero decayó y el segundo mejoró hasta que se
encontraron en un punto intermedio: barrio informe, de empleados, comerciantes y profesionales ni
ricos ni paupérrimos pero con problemas para lle-

gar a fin de mes. Esa medianía parece bien representada por el marido de Adelaida, Don Juan Zárate, funcionario de Correos y Telégrafos con muchos años de servicio. Su foto está junto a la ventana sin cortinas por la que puedo observar el castillo Rospigliosi: como allí funciona una dependencia del Ministerio de Aviación, lo rodean alambradas y sacos de arena, por sobre los que asoman cascos y fusiles de centinelas. Una de esas patrullas me detuvo al venir aquí y me registró de pies a cabeza antes de dejarme pasar. Los avioneros estaban muy nerviosos, los dedos en los gatillos. No es para menos, dados los acontecimientos. En la foto, Don Juan Zárate aparece de terno y corbata, serio, y Adelaida, prendida de su brazo, está también adusta.

—Es de cuando nos casamos, en Cañete. Fuimos a pasar tres días a casa de un hermano de Juan. Estaba de siete meses. ¿Apenas se me nota, no?

En efecto, nadie diría que era una mujer con una gravidez tan avanzada. La foto debe tener cerca de treinta años. Es extraordinario lo bien conservada que está la que fue, por corto tiempo, mujer de mi condiscípulo salesiano.

—Embarazada de Mayta —añade Adelaida.

La escucho con atención y la observo. No salgo de la sorpresa que me produjo verla, al entrar a la lóbrega casita. Sólo había hablado con ella por teléfono y nunca imaginé que esa voz áspera correspondiera a una mujer todavía atractiva, pese a sus años. Tiene unos cabellos grises ondulados que le llegan a los hombros y una cara de facciones suaves, en la que destacan unos labios carnosos y unos ojos profundos. Cruza las piernas: lisas, torneadas, largas, firmes. Cuando fue mujer de Mayta, debía ser una belleza.

—A buena hora te acuerdas de tu hijo —exclamó Adelaida.

—Siempre me acuerdo de él —repuso Mayta—.

Una cosa es que no lo vea y otra que no piense en él. Hicimos un pacto y lo cumplo.

Pero hay en ella algo desolado, abatimiento, una expresión de derrota. Y una total indiferencia: no parece importarle que los insurrectos hayan tomado el Cusco y establecido allí un gobierno, ni los tiroteos indescifrables de anoche en las calles de Lima, ni si es falso o cierto que cientos de «marines» han desembarcado en las últimas horas en la base de La Joya, en Arequipa, para reforzar al Ejército que parece haberse desmoronado en todo el frente Sur. No menciona siquiera una vez los sucesos que tienen en vilo a toda Lima y que —pese al triunfo que es para mí estar conversando con ella— me distraen con imágenes recurrentes de banderas rojas, erupción de fusiles y gritos de victoria en las calles cusqueñas.

—No lo cumples cuando te atreves a presentarte en mi casa —dijo Adelaida, apartándose un fleco de cabellos de la frente—. ¿No sabes el lío que me puedes traer con mi marido?

Mientras la oigo contar que su matrimonio con Juan Zárate se adelantó para que el hijo de Mayta naciera con otro apellido y otro padre, en un hogar constituido, me repito que hago mal en distraerme: me queda poco tiempo. Es un premio a mi constancia estar aquí. Adelaida se negó muchas veces a recibirme, y, la tercera o cuarta vez, me colgó el teléfono. Ha sido preciso insistir, rogar, jurarle que ni su nombre ni el de Juan Zárate ni el de su hijo aparecerán jamás en lo que yo escriba, y, finalmente, proponerle que, como se trata de un trabajo —contarme su vida con Mayta y esa última entrevista, horas antes de que él partiera a Jauja—, fijara una retribución por el tiempo que le haré perder. Me ha concedido una hora de conversación por doscientos mil soles. Callará lo que le parezca «demasiado privado».

203

—Se trata de una circunstancia especial —insistió Mayta—. Me iré ahora mismo, te juro.

—Creí que necesitaba esconderse y no tenía adónde ir —dice Adelaida—. Lo de toda la vida. Porque, desde que lo conocí hasta que nos separamos, vivió sintiéndose perseguido. Con razón o sin ella. Y lleno de secretos, incluso para mí.

¿Llegó a quererlo? No pudo tener otra razón para estar con él. ¿Cómo lo había conocido? En una tómbola, en la Plaza Sucre. Ella apostó al 17 y el que estaba a su lado al 15. La rueda se paró justo en el 15. «Ay, qué suerte. Es el osito», exclamó Adelaida. Y su vecino: «Te lo puedo regalar. ¿Me permites que te lo regale? Presentémonos. Yo me llamo Mayta.»

—Bueno, entra, prefiero que la chismosa del frente no me vea contigo aquí en la calle —le abrió por fin la puerta Adelaida—. Sólo cinco minutos, por favor. Si te descubre aquí, Juan se enojaría muchísimo. Ya me diste bastantes dolores de cabeza en la vida.

¿Por su agitación y nerviosismo, no sospechó que esa insólita visita se debía a que estaba en vísperas de hacer algo extraordinario? Ni remotamente. Porque, además, no lo notó nervioso ni excitado. Como siempre, nomás: tranquilo, mal vestido, un poco más flaco. Cuando tuvieron cierta confianza, Mayta le confesó que el encuentro en la tómbola de la Plaza Sucre no fue casual: la había visto, seguido, había rondado por los alrededores buscando meterle conversación.

—Me hizo creer que se había enamorado de mí a primera vista —añade Adelaida, con tono sarcástico. Cada vez que lo nombra algo en ella se amarga. A pesar de los años, hay, pues, una herida que supura—. Una gran farsa, en la que caí como cacasena. No estuvo nunca enamorado de mí. Y por su gran egoísmo ni siquiera llegó a darse cuenta del daño que me hizo.

Mayta echó una mirada en torno: un mar de banderas rojas, un mar de puños en alto, un bosque de fusiles y diez mil gargantas rajadas de tanto gritar. Le pareció incomprensible estar aquí, en la casa de Adelaida y que entre estos sillones con forro de plástico y estas paredes de pintura raída viviera un niño que, aunque llevara otro nombre, fuera hijo mío. Sentí profundo malestar. ¿Hice bien en venir? ¿No era otro gesto sentimental esta visita, sin sentido ni finalidad? ¿No maliciaría Adelaida algo raro? ¿Eso que cantaban era la *Internacional* en quechua?

—Me voy de viaje y no sé cuándo volveré al Perú —le explicó Mayta, sentándose en el brazo del sillón más próximo—. No quisiera irme sin conocerlo. ¿Te importaría que lo viera un momento?

—Claro que me importaría mucho —lo cortó Adelaida con brusquedad—. No lleva tu nombre, Juan es el único padre que conoce. ¿No sabes lo que me costó conseguirle un hogar normal y un padre de verdad? Eso no me lo vas a echar abajo ahora.

—No quiero echarlo abajo —dijo Mayta—. He respetado siempre nuestro acuerdo. Simplemente, quiero conocerlo. No le diré quién soy, y, si quieres, ni le hablaré.

No le dijo una palabra sobre sus actividades reales las primeras veces; sólo que se ganaba la vida como periodista. No se podía decir que fuera buenmozo, con esa manera de caminar pisando huevos y esos dientes separados, ni de buena situación a juzgar por su ropa. Pero, a pesar de todo, algo le gustó de él. ¿Qué, qué le gustó del revolucionario a la guapa empleada del Banco de Crédito de Lince? Los avioneros que cuidan el castillo Rospigliosi están muy nerviosos, sí: se precipitan sobre cada transeúnte y le piden papeles y lo registran con prolijidad maniática. ¿Ha ocurrido algo más? ¿Saben ellos algo que no se haya dicho aún por las radios? A una joven con canastas reacia a que la registren acaban de darle un culatazo.

—A su lado sentía que aprendía cosas —dice Adelaida—. No es que fuera un sabio. Era que me hablaba de asuntos que no tocaban mis otros pretendientes. Como yo no entendía nada de eso, me quedaba igual que el pajarito ante la víbora.

La impresionó también que fuera respetuoso, desenvuelto, dueño de sí mismo. Le decía cosas bonitas. ¿Por qué no la besaba? Un día, la llevó a visitar a una tía de Surquillo, la única pariente de Mayta que conocería. La señora Josefa les preparó un lonche, pastelitos, y trató a Adelaida con cariño. Estuvieron conversando y, de pronto, Doña Josefa tuvo que salir. Se quedaron en la salita, oyendo radio y Adelaida pensó: «Ahora». Mayta estaba a su lado, en el sillón, y ella esperando. Pero no intentó ni cogerle la mano y ella se dijo: «Debe estar muy enamorado de mí». La muchacha de las canastas ha tenido que resignarse a que la registren. Entonces, la dejan pasar. Cuando cruza frente a la ventana veo que mueve los labios, insultándolos.

—Te ruego que no insistas —dijo Adelaida—. Además, está en el colegio. ¿Para qué, con qué objeto? Si adivina algo, sería terrible.

—¿Al ver mi cara descubrirá milagrosamente que soy su padre? —se burló Mayta.

—Me da miedo, me parece llamar la mala suerte —balbuceó Adelaida.

En efecto, su voz y su cara estaban comidas por la aprensión. Inútil insistir más. ¿No era un mal síntoma este arranque sentimental, querer ver a un hijo al que rara vez recordaba? Perdía minutos preciosos, era una imprudencia haber venido. Si lo encontraba Juan Zárate, tendría un incidente y cualquier escándalo, por pequeño que fuera, repercutiría negativamente en el plan. «Párate, despídete.» Pero estaba soldado al brazo del sillón.

—Juan era jefe de Correos aquí en Lince —dice Adelaida—. Venía a verme entrar a mi trabajo, a verme salir. Me seguía, me invitaba, me proponía matrimonio cada semana. Aguantaba mis desaires, sin darse por vencido.

—¿Él se ofreció a poner su nombre al niño?

—Fue la condición que le puse para casarnos. —Echo una mirada a la fotografía de Cañete y ahora entiendo que la bella empleada se casara con ese funcionario de Correos, feúcho y mayor. El hijo de Mayta debe andar por los treinta años. ¿Tuvo la vida normal que quería su madre? ¿Qué piensa de lo que ocurre? ¿Ha tomado partido por los rebeldes e internacionalistas o por el Ejército y los «marines»? ¿O, como su madre, cree que una y otra cosa son la misma basura?—. Y, sin haberme besado, a la quinta o sexta vez que salimos me dio la gran sorpresa.

—¿Qué me dirías si un día te propusiera casarnos?

—Esperemos ese día y lo sabrás —coqueteó ella.

—Te lo propongo —dijo Mayta—. ¿Quieres casarte conmigo, Adelaida?

—No me había dado un beso —repite, moviendo la cabeza—. Y me lo propuso, sin más ni más. Y, sin más ni más, lo acepté. Yo solita me las busqué, no puedo echarle la culpa a nadie.

—Prueba de que estaba usted enamorada.

—No es que me muriera por casarme —afirma; a la vez, hace el ademán, que le he observado varias veces, de echarse atrás los cabellos—. Era joven, bastante agraciada, no me faltaban partidos. Juan Zárate no era el único. Y acepté al que no tenía dónde caerse muerto, al revolucionario, al que además era lo que era. ¿No es ser cacasena?

—Está bien, no lo veré —murmuró Mayta. Pero

tampoco esta vez se levantó del sillón—. Cuéntame algo de él, por lo menos. Y de ti. ¿Te va bien en tu matrimonio?

—Me va mejor que contigo —dijo Adelaida, con resignación y hasta melancolía—. Vivo tranquila, sin pensar en que los soplones vendrán en cualquier momento a dejarlo todo hecho un desbarajuste y a llevarse a mi marido. Con Juan sé que comeremos cada día y que no nos botarán por no pagar el alquiler.

—Por la manera de decirlo, no pareces tan feliz —murmuró Mayta. ¿No era absurdo, en este preciso momento, semejante conversación? ¿No debía estar comprando medicamentos, recogiendo el dinero de la France Presse, haciendo su maleta?

—No lo estoy —dijo Adelaida: desde que él había consentido en no ver al niño, se mostraba más hospitalaria—. Juan me hizo renunciar al Banco. Si siguiera trabajando, viviríamos mejor y vería gente, la calle. Aquí, me la paso barriendo, lavando y cocinando. No es para sentirse muy feliz.

—No, no lo es —dijo Mayta, echando una ojeada a la salita—. Y eso que, comparada con millones, vives muy bien, Adelaida.

—¿Me vas a hablar de política? —se encrespó ella—. Entonces, te vas. Por tu culpa he llegado a odiar la política por encima de todas las cosas.

Se casaron a las tres semanas, por lo civil, en la Municipalidad de Lince. Entonces empezó a conocer al verdadero Mayta: bajo el cielo purísimo y sobre los techos de tejas rojas del Cusco ondean cientos, miles, de banderas rojas, y las viejas fachadas de sus iglesias y palacios y las antiquísimas piedras de sus calles están enrojecidas con la sangre de los recientes combates. Al principio, no entendió bien eso del POR. Ella sabía que en el Perú había un partido, el Apra, al que el general Odría puso fuera de la ley y que, al subir Prado, volvió a ser permitido. Pero ¿un partido llamado POR? Manifestaciones rugientes, disparos al aire, discursos frenéticos proclaman el inicio de otra era, el advenimiento del hombre nuevo. ¿Han comenzado los fusilamientos de traidores, soplones, torturadores, colaboradores del viejo orden, en la hermosa Plaza de Armas donde las autoridades virreinales descuartizaron a Túpac Amaru? Mayta se lo explicó a medias: el Partido Obrero Revolucionario era todavía pequeño.

—No le di importancia, me pareció un juego —dice, apartándose el pelo de la cara—. Pero no había pasado ni un mes, y una noche, estando sola, tocaron la puerta. Abrí y eran dos investigadores. Con el cuento de hacer un registro se llevaron hasta una bolsa de arroz que tenía en la cocina. Así principió la pesadilla.

Apenas veía a su marido y nunca sabía si estaba en reuniones, en la imprenta o escondiéndose. La vida de Mayta no era la France Presse, iba allá sólo por horas y ganaba miserias, jamás les habría alcanzado si ella no hubiera seguido en el Banco. Muy pronto se dio cuenta que lo único importante para Mayta era la política. A veces venía a la casa con esos tipos y se quedaban discutiendo hasta las mil quinientas. ¿O sea que el POR es comunista?, le preguntó. «Somos los verdaderos comunistas», le dijo él. ¿Con quién te has casado?, empezó a preguntarse.

—Creí que Juan Zárate te quería y que se desvivía por hacerte feliz.

—Me quería antes de que aparecieras tú —murmuró ella—. Y debía quererme cuando aceptó darle su nombre a tu hijo. Pero una vez que lo hizo empezó a mostrarme rencor.

¿La trataba mal, entonces? No, la trataba bien, pero haciéndola sentir que él había sido el generoso. Con el chico, en cambio, era bueno, se preocupaba por su educación. ¿Qué haces aquí, Mayta? ¿Perder las últimas horas en Lima hablando de esto? Pero

209

una inercia le impedía partir. Que, en esa última conversación, cuando Mayta estaba ya con un pie en Jauja, hablaran de problemas conyugales, me decepciona. Anhelaba, en esa última conversación, algo espectacular, dramático, que arrojara una luz conflictiva sobre lo que sentía y soñaba Mayta en vísperas del alzamiento. Pero, por lo que oigo, veo que hablaron sobre usted más que sobre él. Perdóneme la interrupción, sigamos. ¿O sea que las actividades políticas de él la hicieron sufrir mucho?

—Más me hizo sufrir que fuera maricón —responde. Se ruboriza y sigue—. Más, descubrir que se había casado conmigo para disimular que lo era.

Una revelación dramática, por fin. Y, sin embargo, mi atención sigue escindida entre Adelaida y las banderas, la sangre, los fusilamientos y la euforia de los insurrectos e internacionalistas en el Cusco. ¿Estará así Lima dentro de unas semanas? En el colectivo en que venía a Lince, el chofer aseguró que el Ejército, desde anoche, estaba fusilando públicamente a presuntos terroristas en Villa el Salvador, Comas, Ciudad del Niño y otros pueblos jóvenes. ¿Se reproducirán en Lima los linchamientos y matanzas de cuando entraron los chilenos en la guerra del Pacífico? Nítidamente vuelvo a escuchar la conferencia de un historiador, en Londres, relatando el testimonio del Cónsul inglés de la época: mientras los voluntarios peruanos se hacían despedazar resistiendo el ataque chileno en Chorrillos y Miraflores, el populacho de Lima asesinaba a los chinos de las bodegas, ahorcándolos, acuchillándolos y prendiéndoles fuego en la vía pública, acusándolos de ser cómplices del enemigo, y saqueaba luego las casas de la gente adinerada, señoras y señores que, aterrorizados, desde las legaciones diplomáticas donde se habían refugiado, clamaban por el ingreso pronto del invasor, a quien, en ese momento, descubrieron que temían menos que a esas masas desenfrenadas de indios, cholos, mulatos y negros que se habían adueñado de la ciudad. ¿Ocurriría algo así ahora? ¿Las muchedumbres de hambrientos entrarán a saco en las casas de San Isidro, Las Casuarinas, Miraflores, Chacarilla, mientras los últimos vestigios del Ejército se deshacen ante la ofensiva final de los rebeldes? ¿Habrá una estampida hacia las embajadas y consulados mientras generales, almirantes, funcionarios, ministros, trepan a aviones, barcos, con todas las joyas, dólares, títulos desenterrados de sus escondites, precipitadamente? ¿Llameará Lima como llamea en estos momentos la ciudad de los Cuatro Suyos?

—Por lo visto, no le ha perdonado usted tampoco eso —le digo.

—Me acuerdo y se me hiela la sangre —admite Adelaida.

¿Esa vez? Esa noche, o, más bien, amanecer. Sintió frenar el auto, un patinar de llantas frente a la quinta, y, como vivía con el temor de los policías, saltó de la cama a espiar. Por la ventana vio el auto: en la luz azulosa del amanecer bajaba la silueta sin cara de Mayta, y, por el otro lado, el chofer. Volvía a la cama cuando algo —algo extraño, insólito, difícil de explicar, de definir— la desasosegó. Retuvo la cara pegada al cristal. Porque el otro había hecho un movimiento para despedirse de Mayta que no le pareció normal, tratándose de su marido. Entre bromistas, juerguistas, borrachines, cabían esos disfuerzos. Pero Mayta no era juguetón ni confianzudo. ¿Y entonces? El tipo, como despidiéndose, le había cogido la bragueta. La bragueta. Se la tenía cogida todavía y Mayta, en vez de apartarle la mano —¡quita, borracho!, ¡suelta, borracho!—, se dejó ir contra él. Lo estaba abrazando. Se estaban besando. En la cara, en la boca. «Es una mujer», quiso, pensó, rogó que fuera, sintiendo que le temblaban manos y piernas. ¿Una con pantalones y casaca? El resplandor neblinoso no le permitía ver con nitidez con quién se besaba y frotaba su marido en esa callejuela desierta, pero no había duda —por su corpulencia, su hechura, su cabeza, su pelos— que era un hombre. Sintió el impulso de salir, semidesnuda como estaba, a gritarles: «Maricones, maricones». Pero unos segundos después, cuando la pareja se desoldó y avanzó Mayta hacia la casa, se hizo la dormida. En la oscuridad, muerta de vergüenza, lo espió entrar. Rogaba que viniera en un estado tal que pudiera decirse: «no sabía lo que hacía ni con quién estaba». Pero, por supuesto, no había tomado ¿acaso tomaba nunca? Lo vio desvestirse en la sombra, quedarse con los calzoncillos que eran su pijama y deslizarse a su lado, con miramientos, para no despertarla. Entonces, a Adelaida le vino una arcada.

—No sé por cuánto tiempo —repuso Mayta, como si la pregunta lo hubiera tomado desprevenido—. Dependerá de cómo me vaya. Quiero cambiar de vida. Ni siquiera sé si volveré al Perú.

—¿Vas a dejar la política? —le preguntó Adelaida, sorprendida.

—En cierta forma —dijo él—. Me voy por algo que tú me machacabas tanto. He acabado por darte la razón.

—Lástima que tan tarde —dijo ella.

—Más vale tarde que nunca —sonrió Mayta: sentía sed, como si hubiera comido pescado. ¿Qué esperas para irte?

Adelaida había puesto esa expresión de disgusto que él recordaba y los aviones aparecieron tan inesperados en el cielo que la multitud no alcanzó siquiera a comprender hasta que —ruidosas, cataclísmicas— estallaron las primeras bombas. Empezaron a desplomarse techos, muros, campanarios del Cusco, a saltar cascotes, piedras, tejas, ladrillos y a acribillar a la gente que corría y se pisoteaba, causándose tantas bajas como las ráfagas de metralla de los aviones rasantes. En el crepitar de ayes, balas y rugidos, los que tenían fusiles disparaban al cielo sucio de humo.

—Usted fue la única persona de la que Mayta se despidió —le aseguro—. Ni de su tía Josefa lo hizo. ¿No le pareció rara esa visita, luego de años?

—Me dijo que se iba al extranjero, que quería saber algo de su hijo —responde Adelaida—. Pero, claro, lo entendí todo después, por los periódicos.

Afuera, hay una súbita agitación en la puerta del castillo Rospigliosi, como si, detrás de las alambradas y los sacos de arena, reforzaran la vigilancia. Allá, ni siquiera el horror del bombardeo ha podido cancelar los desmanes: las bandas enardecidas de prófugos de las Comisarías y de la cárcel saquean las tiendas del centro. Los comandantes rebeldes ordenan fusilar en el sitio a quien se sorprenda en pleno pillaje. Los gallinazos trazan círculos alrededor de los cadáveres de los fusilados, pronto indiferenciables de las víctimas del bombardeo. Huele a pólvora, carroña y chamusquina.

—Aprovecha, entonces, para que te curen —susurró Adelaida, tan bajito que apenas la oí. Pero sus palabras me hicieron el efecto de un chicotazo.

—No estoy enfermo —balbuceó Mayta—. Cuéntame del chico antes que me vaya.

—Sí, lo estás —insistió Adelaida, buscándole los ojos—. ¿Te has curado, acaso?

—No es una enfermedad, Adelaida —tartamudeé. Sentía las manos mojadas y más sed.

—En ti sí lo es —dijo ella y, pensó Mayta, algo le ha resucitado todo el rencor de entonces. Era tu culpa: qué hacías aquí, por qué no te ibas—. En otros es degeneración, pero tú no eres un vicioso. Yo lo sé, yo le consulté a ese médico. Dijo que se podía curar y tú no quisiste ponerte los electroshocks. Te ofrecí conseguir un préstamo en el Banco para el tratamiento y tú no y no y no. Ahora que han pa-

213

sado los años, dime la verdad. ¿Por qué no quisiste? ¿Por miedo?

—Los electroshocks no sirven para estas cosas —susurré—. No hablemos de eso. Convídame un vaso de agua, más bien.

¿No podía ser que el matrimonio con ella hubiera sido su «tratamiento», señora? ¿No se habría casado con ella pensando que la convivencia con una mujer joven y atractiva lo «curaría»?

—Es lo que quiso hacerme creer, cuando por fin hablamos —susurra Adelaida, manoteándose el fleco de cabellos—. Mentira, por supuesto. Si hubiera querido curarse, habría hecho el esfuerzo. Se casó para disimular. Sobre todo ante sus amigotes revolucionarios. Yo fui la pantalla para sus cochinadas.

—Si no quiere, no me contesta la pregunta —le digo—. ¿La vida sexual entre ustedes fue normal?

No parece incomodarse: como hay tantos muertos y no es posible enterrarlos, los comandantes rebeldes ordenan rociarlos de cualquier materia inflamable y prenderles fuego. Hay que evitar que los restos putrefactos desperdigados por la ciudad propaguen infecciones. El aire es tan espeso y viciado que apenas se puede respirar. Adelaida descruza las piernas, se acomoda, me escudriña; afuera, estalla una algarabía: una tanqueta ha venido a cuadrarse delante de las alambradas y los centinelas son más. Las cosas deben haber empeorado; se diría que se alistan para algo. Como si hubiera leído mi pensamiento, Adelaida susurra: «Si los atacan, nosotros somos los primeros que recibiremos las balas». La crepitación de las hogueras donde arden los cadáveres no acalla las voces irascibles, enloquecidas, de los parientes y amigos que tratan de impedir la quemazón, exigiendo sepultura cristiana para las víctimas. En medio del humo, la pestilencia, el pavor y la desolación, algunos tratan de arrebatar los cadáveres a los revolucionarios. De una cofradía, iglesia o convento sale una procesión. Avanza, fantasmal, salmodiando rezos y jaculatorias, entre la mortandad y la ruina que es el Cusco.

—Yo no sabía lo que eran relaciones normales ni anormales —murmura, apartándose el pelo con el gesto ritual—. No podía comparar. En ese tiempo, una no hablaba de eso con las amigas. Así que creí que eran normales.

Pero no lo eran. Vivían juntos y, de vez en cuando, hacían el amor. Lo que quería decir, ciertas noches, acariarse, besarse, rápidamente terminar y dormirse. Algo superficial, rutinario, higiénico, algo que —se había dado cuenta después— era incompleto, por debajo de sus necesidades y deseos. No es que no le gustara que Mayta tuviera delicadezas, como apagar siempre la luz antes. Pero ella tenía la sensación de que estaba apresurado, inquieto, con el pensamiento en otra parte, mientras la acariciaba. ¿Estaba en otra parte? Sí: preguntándose en qué instante este deseo que había despertado su sexo a fuerza de fantasías y recuerdos, comenzaría a ceder, a declinar, a hundirlo en ese pozo de zozobra del que trataba de salir balbuciendo explicaciones estúpidas que Adelaida, felizmente, parecía creer. Su pensamiento estaba en otras noches o madrugadas, en que su deseo no declinaba y más bien se embravecía si sus manos y su boca se afanaban, en vez de Adelaida, sobre uno de esos mariquitas que, con grandes vacilaciones, se atrevía a ir a buscar a veces al Porvenir o al Callao. En verdad, hacían el amor una de dos, una de tres veces, y Adelaida no sabía cómo pedirle que no acabara tan rápido. Después, cuando tuvo más confianza, se atrevió. A rogarle, a implorarle que no se apartara de ella, exhausto, justamente cuando ella empezaba a sentir un cosquilleo, un vértigo. La mayoría de las veces no ocurría siquiera eso, porque Mayta, de repente, parecía arrepentirse. Y ella era tan cacasena que hasta aquella noche se había atormentado preguntándose: ¿es mi culpa? ¿Soy fría? ¿No sé excitarlo?

—Convídame otro vaso de agua —dijo Mayta—. Y ahora sí me voy, Adelaida.

Ella se levantó y cuando regresó a la salita traía, también, un puñado de fotografías. Se las alcanzó sin decir palabra. El niño recién nacido; de pocos meses, envuelto en pañales, en brazos de Juan Zárate; en un cumpleaños junto a la torta con dos velitas; de pantalón corto y zapatos, mirando al fotógrafo en posición de firmes. Las examiné una y otra vez, examinándose a sí mismo a la vez que escudriñaba los rasgos, las posturas, los gestos, las ropas de ese hijo que no había visto nunca y que tampoco vería en el futuro: ¿recordaría estas imágenes mañana, en Jauja? ¿Las recordaría, me acompañarían, me darían ánimos en las marchas en la puna, en la selva, en los ataques, en las emboscadas? ¿Qué sentía al verlas? ¿Sentiría, cuando las recordara, que la lucha, los sacrificios, las muertes eran por él, para él? Ahora mismo ¿sentía cariño, remordimiento, angustia, amor? No: sólo curiosidad y gratitud hacia Adelaida por mostrarle las fotografías. ¿Habría sido ésa la razón que lo trajo a esta casa antes de partir a Jauja? ¿O habría sido, más que conocer al hijo, averiguar si Adelaida le seguía teniendo el mismo rencor por eso que era sin duda la espina de su vida?

—No lo sé —dice Adelaida—. Si vino por eso, se fue sabiendo que, a pesar de los años, yo no le había perdonado que me arruinara la existencia.

—Usted, pese a que lo supo, siguió un buen tiempo con él. Y hasta quedó encinta.

—Inercia —murmura ella—. Fue quedar encinta lo que me dio fuerzas para acabar con la farsa.

Lo sospechaba hacía semanas, porque jamás se le había atrasado tanto la regla. El día que le dieron el resultado del análisis se echó a llorar, emocionada. Inmediatamente la sobrecogió la idea de que algún

216

día su hijo o su hija sabría lo que ella sabía. Las últimas semanas, precisamente, habían tenido varias discusiones por el tratamiento de electroshocks.

—No fue por miedo —dijo, bajito, mirándola—. Fue porque no quería curarme, Adelaida.

De manera que, en esa última entrevista, tocaron el tema intocable, señora. Sí, e incluso Mayta se había mostrado más franco que cuando vivían juntos. La procesión fue añadiendo gente de las calles por donde pasaba, hombres y mujeres sonámbulos de espanto, niños y viejos aturdidos por los padres, hijos, hermanos, nietos, despedazados por las esquirlas o aplastados por los derrumbes y carbonizados en las hogueras profilácticas. La serpiente, llorosa y salmodiante, apretujada en las ruinosas callecitas del Cusco, pareció consolar, reconciliar, a los sobrevivientes. De pronto, en las inmediaciones de lo que había sido la placita del Rey, se dio de bruces con una decidida manifestación de activistas y combatientes con fusiles y banderas rojas que trataban de levantar los ánimos al pueblo e impedir que cundiera la desmoralización. Llovieron gritos, piedras, balas y un empavorecido ulular.

—Si no va contra tus principios, te pediría que abortaras —dijo Mayta, como si hubiera tenido la frase preparada—. Las razones sobran. La vida que llevo, que llevamos. ¿Se puede criar un niño con este tipo de vida? Lo que hago exige dedicación total. Uno no puede atarse un fardo al cuello. En fin, siempre que no vaya contra tus principios. Si no, cargaremos con él.

No lloró ni tuvieron una discusión. «No sé, ya veré, voy a pensarlo.» Y en ese mismo momento supo lo que tenía que hacer, tan claro y tan rotundo.

—Entonces, me mentiste —sonrió Adelaida, con un airecillo de triunfo—. Cuando me decías que te daba vergüenza, que te hacía sentir una basura, que era la desgracia de tu vida. Me alegro que al fin me lo reconozcas.

—Me daba y me da vergüenza, me hace sentir a veces una basura —dijo Mayta. Las mejillas me ardían y sentía la lengua casposa, pero no lamentaba hablar de eso—. Sigue siendo una desgracia en mi vida.

—¿Y entonces por qué no querías curarte? —repitió Adelaida.

—Quiero ser el que soy —tartamudeé—. Soy revolucionario, tengo pies planos. Soy también maricón. No quiero dejar de serlo. Es difícil explicártelo. En esta sociedad hay unas reglas, unos prejuicios, y todo lo que no se ajusta a ellos parece anormal, un delito o una enfermedad. Pero es que la sociedad está podrida, llena de ideas estúpidas. Por eso hace falta una revolución ¿ves?

—Y, sin embargo, él mismo me había dicho que, en la URSS, lo hubieran metido a un manicomio y en China fusilado, que eso es lo que hicieron con los maricones —me dice Adelaida—. ¿Para eso quieres hacer la revolución?

La refriega, entre la polvareda de los derrumbes, el humo de las incineraciones, los rezos de los creyentes, los aullidos de los heridos, la desesperación de los indemnes, duró apenas unos segundos, porque, de pronto, a los otros ruidos se sobrepuso una vez más el de rugientes motores. Antes de que los que se apedreaban, trompeaban y maldecían tuvieran tiempo de comprender, volvieron a caer más bombas y ráfagas de metralla sobre el Cusco.

—Para eso quiero hacer *otra* revolución —susurró Mayta, pasándose la lengua por los labios resecos: se moría de sed pero no se atrevía a pedir un tercer vaso de agua—. No una a medias, sino la verdadera, la integral. Una que suprima todas las injusticias y en la que nadie, por ninguna razón, sienta vergüenza de ser lo que es.

—¿Y esa revolución la vas a hacer tú con tus amigotes del POR? —se rió Adelaida.

—Voy a tener que hacerla yo solito —le sonrió Mayta—. Ya no estoy en el POR. Renuncié anoche.

Despertó a la mañana siguiente y la idea estaba en su cabeza, perfeccionada durante el sueño. La acarició, le dio vueltas, la revolvió mientras se vestía, esperaba el ómnibus y zangoloteaba hacia el Banco de Crédito de Lince, y mientras cuadraba un arqueo de caja en su liliputiense escritorio. A media mañana, pidió permiso para ir al Correo. Juan Zárate seguía allí, detrás de los cristales cuarteados. Se las arregló para que la viera y, cuando la saludó, respondió a su saludo con una sonrisa en tecnicolor. Juan Zárate, por supuesto, se quitó las gafas, se acomodó el corbatín y salió corriendo a estrecharle la mano. El desbarajuste es total: las calles en escombros tienen más muertos, se derrumban nuevas casas y las aún en pie son saqueadas. Pocos, entre los que gimen, lloran, roban, agonizan o buscan a sus muertos, parecen oír las órdenes que imparten por las esquinas las patrullas rebeldes: «La consigna es abandonar la ciudad, camaradas, abandonar la ciudad, abandonar la ciudad.»

—Me asombra que me atreviera —dice Adelaida, observando la foto de su luna de miel.

O sea que, en esa última entrevista, en esta salita, Mayta habló a la que había sido su mujer, de cosas íntimas e ideales: la revolución verdadera, la integral, la que suprimiría todas las injusticias sin infligir otras nuevas. O sea que, a pesar de los reveses y contrariedades de última hora, se sentía, como me aseguró Blacquer, eufórico y hasta lírico:

—Ojalá la nuestra señale el camino a las otras. Sí, Adelaida. Ojalá nuestro Perú dé el ejemplo al mundo.

—Lo mejor es la franqueza y así le voy a hablar —Adelaida no podía creer que esa seguridad y esa audacia fueran de ella, que, al tiempo que decía estas cosas, fuera capaz de sonreír, hacer poses y sacudirse el pelo de manera que el administrador de Correos de Lince la mirara extasiado—. Usted estaba loco por casarse conmigo ¿cierto, Juan?

—Tú lo has dicho, Adelaidita —Juan Zárate se adelantó sobre la mesita del cafetín de Petit Thouars donde tomaban un refresco—. Loco por ti y mucho más que eso.

—Míreme bien, Juan, y contésteme con sinceridad. ¿Todavía le gusto como hace años?

—Me gustas más —tragó saliva el administrador de Correos de Lince—. Estás todavía más linda, Adelaidita.

—Entonces, si quiere, puede casarse conmigo. —No le había fallado la voz y tampoco le falló ahora—. No quiero engañarlo, Juan. No estoy enamorada de usted. Pero trataré de quererlo, de amoldarme a sus gustos, lo respetaré y haré lo posible por ser una buena esposa.

Juan Zárate la miraba pestañeando; en su mano, el vaso de refresco se puso a temblar.

—¿Estás hablando en serio, Adelaidita? —articuló, por fin.

—Estoy hablando en serio. —Y tampoco ahora vaciló—: Sólo le pido una cosa. Que le dé su nombre al hijo que estoy esperando.

—Dame otro vasito de agua —dijo Mayta—. No se me quita esta sed, no sé qué me pasa.

—Que has pronunciado un discurso —dijo ella, levantándose. Siguió, desde la cocina—: No has cambiado nada. Estás peor, más bien. Ahora ya no sólo quieres hacer una revolución para los pobres sino también para los maricones. Te juro que me das risa, Mayta.

«Una revolución también para los maricones», pensé. «Sí, también para los pobres maricones.» No

220

sentía el menor enojo por la carcajada de Adelaida: entre el humo y la pestilencia, se insinuaban las hileras de gentes que huían de la ciudad destruida, tropezando en los escombros, tapándose bocas y narices. Entre las ruinas habían quedado los muertos, los malheridos, los muy ancianos y los muy niños. Y saqueadores que, desafiando la asfixia, el fuego, las bombas esporádicas, se metían a las casas todavía en pie en busca de dinero y comida.

—Y él aceptó —concluyo—. Tenía que quererla mucho don Juan Zárate, señora.

—Nos casamos por la iglesia, mientras salía mi divorcio de Mayta —suspira Adelaida, mirando la fotografía de Cañete—. El divorcio demoró dos años. Entonces, nos casamos también por lo civil.

¿Cómo había tomado Mayta esta historia? Sin sorpresa, seguramente con alivio. Había hecho el simulacro de decirle que le preocupaba muchísimo que se casara de ese modo, sin que interviniera el sentimiento.

—¿No fue eso lo que hiciste tú conmigo? Con una diferencia. Tú me engañaste y yo, en cambio, a Juan se lo dije todo.

—Pero te falló el cálculo —dijo Mayta. Acababa de beberse el vaso de agua y se sentía abotagado—. ¿Recuerdas que te lo advertí? Desde un comienzo te previne que...

—No vayas a pronunciar otro discurso —lo interrumpió Adelaida.

Permanece callada, tamborileando en el brazo del sillón, y puedo leer en su cara que calcula si ha pasado la hora. Pero consulto mi reloj y faltan quince minutos. En eso, se escuchan tiros: uno aislado, otros dos, una ráfaga. En un mismo movimiento, Adelaida y yo miramos por la ventanilla: los centinelas han desaparecido, están sin duda agazapados detrás de las alambradas y sacos de arena. Pero, a la izquierda, una patrulla de avioneros avanza hacia el

221

castillo Rospigliosi sin demostrar inquietud. Es verdad que los tiros sonaron bastante lejos. ¿Fusilamientos en las barriadas? ¿Han comenzado los combates en las afueras de Lima?

—¿Realmente funcionó? —retomo la conversación. Ella aparta la vista de la ventana y me mira: a la expresión de alarma que tuvo al oír los tiros ha sucedido, una vez más, esa cara agria que parece ser habitualmente la suya—. Lo del niño.

—Funcionó hasta que se enteró que Juan no era su padre —dice. Permanece con los labios separados, temblando, y sus ojos, que me miran con fijeza, empiezan a brillar.

—Bueno, eso no incumbe a la historia, no hace falta que hablemos de su hijo —me disculpo—. Volvamos a Mayta, más bien.

—No voy a pronunciar ningún otro discurso —la tranquilizó. Bebió el último sorbito del vaso: ¿y si tanta sed indicara fiebre, Mayta?—. Te voy a ser franco, Adelaida. Antes de irme, quería saber de mi hijo, pero también de ti. No me ha hecho bien venir. Esperaba encontrarte contenta, tranquila. Y, en cambio, te veo llena de rencor contra mí y contra todo el mundo.

—Si eso te consuela, te tengo menos rencor que el que me tengo yo misma. Porque yo me busqué todo lo que me ha pasado en la vida.

A lo lejos, estallan nuevamente tiros. Desde las abras, laderas, picachos y altiplanicies circundantes, la visión del Cusco es una humareda con ayes.

—No fue Juan sino yo quien se lo dijo —susurra, de manera entrecortada—. Juan no me lo perdona. Él siempre quiso a Juancito como a un hijo.

Y me cuenta la vieja historia que debe roerle los días y las noches, una historia en la que se mezclan la religión, los celos y el despecho. Juancito prefirió desde niño al padre postizo que a su madre, fue más pegado a él que a ella, quizá porque, de manera oscura, olfateaba que por culpa de Adelaida había una gran mentira en su vida.

—¿Quiere decir que tu marido lo lleva a misa cada domingo? —reflexionó en voz alta Mayta. La memoria me devolvió, en un remolino, los rezos, cánticos, comuniones y confesiones de la infancia, la colección de estampas multicolores que guardaba como objetos preciosos en el cuaderno de tareas—. Bueno, en eso al menos, tiene algo en común conmigo. A su edad, yo era de misa diaria.

—Juan es muy católico —dijo Adelaida—. Católico, apostólico, romano y beato, bromea él. Pero es la pura verdad. Y quiere que Juancito sea así, por supuesto.

—Por supuesto —asintió Mayta. Pero estaba pensando, por asociación, en esos muchachos del San José de Jauja que habían escuchado tan atentos, alelados casi, todo lo que les dijo sobre el marxismo y la revolución. Los vio: imprimían, en mimeógrafos ocultos bajo crudos y cajones, los comunicados que les hacía llegar la jefatura, repartían volantes a las entradas de las fábricas, de los colegios, en los mercados, en los cines. Los vio multiplicándose como los panes del Evangelio, reclutando cada día a decenas de muchachos tan humildes y abnegados como ellos, yendo y viniendo por riesgosos atajos y helados ventisqueros de la cordillera, sorteando las barreras y las patrullas del Ejército, deslizándose en las noches como gatos a los tejados de los edificios públicos y a las cumbres de los cerros para plantar banderas rojas con la hoz y el martillo, y los vi llegando, sudorosos, risueños, formidables, a los remotos campamentos con las medicinas, las informaciones, las ropas y los víveres que la guerrilla requería. Su hijo era uno de ellos. Eran muy jóvenes, de catorce, quince, dieciséis años. Gracias a ellos la guerrilla podía estar segura del triunfo. «Al asalto del cielo», pensé. Bajaremos al cielo del cielo, lo plantaremos en la tierra y cielo y tierra se confundían en esta hora crepuscular; las nubes cenizas de lo alto se encontraban con las nubes cenizas que exhalaban los incendios. ¿Y esos puntitos negros, volanderos, innumerables, que acudían de los cuatro puntos cardinales hacia el Cusco? No eran cenizas sino aves carniceras, voraces, hambrientas, que, aguijoneadas por el hambre, desafiando el humo y las llamas, caían en picada hacia las presas codiciables. Desde las alturas, los sobrevivientes, los parientes, los heridos, los combatientes, los internacionalistas, podían, con un mínimo de fantasía, escuchar la trituración afanosa, el picoteo enfebrecido, el aletear abyecto, y sentir el espantoso hedor.

—¿O sea que...? —la animo a continuar. Ahora se escuchan tiros a cada momento, siempre lejanos, pero ni Adelaida ni yo nos volvemos a espiar la calle.

—O sea que el tema no se tocaba nunca delante de Juancito —continúa. La escucho y me esfuerzo por interesarme en su relato, pero sigo viendo y oliendo la carnicería.

Era un asunto tabú, ahí, en el fondo de su relación matrimonial, socavándola como un ácido lento. Juan Zárate quería al muchacho, pero a ella no le había perdonado ese pacto, el precio que le hizo pagar por hacerla su esposa. La historia tomó rumbos inesperados el día que Juancito —había terminado el Colegio y entrado a Farmacia— descubrió que su padre tenía una amante. ¿Don Juan Zárate una amante? Sí, y con casa puesta. A Adelaida no le había producido celos sino hilaridad pensar que semejante vejete, arrastrando los pies, la vista en ruinas, pudiera tener una amante. La hacía morirse de risa. Una mujer tiene celos cuando quiere y ella a Juan Zárate nunca lo había querido, más bien soportado con estoicismo. Sólo la irritó que, con la mugre que ganaba, mantuviera dos casas...

—Pero, en cambio, a mi hijo lo voló, lo enloqueció —añade, en estado de hipnosis—. Empezó a amargarse, a consumirse. Que su padre tuviera una querida le pareció el fin del mundo. ¿Era por lo que había sido educado tan beato? En un niño yo hubiera entendido esa reacción. Pero, en un hombrecito de veinte años, que sabe ya las cosas de la vida ¿cómo se puede entender?

—Era por usted que el muchacho sufría —le digo.

—Era por la religión —insiste Adelaida—. Juan lo educó así, beato de golpes en el pecho. Se volvió loco. No aceptaba que su padre, habiéndole enseñado a ser un católico a carta cabal, fuera un hipócrita. Decía esas cosas y tenía ya veinte años.

Calla porque esta vez los tiros suenan más cerca. Observo la ventana: no debe ser nada alarmante cuando los centinelas se muestran tranquilos, en lo alto de las alambradas. Miran hacia el Sur, como si el tiroteo viniera de San Isidro o Miraflores.

—Tal vez lo heredó de Mayta —le digo—. De chico, era así: un creyente a machamartillo, convencido de que se debía actuar rectilíneamente en todo momento. No aceptaba compromisos. Nada lo irritaba tanto como que alguien creyera una cosa e hiciera otra. ¿No le contó lo de la huelga de hambre para parecerse a los pobres? La gente así no suele ser feliz en la vida, señora.

—Lo vi sufrir tanto que se me ocurrió que lo ayudaría diciéndole la verdad —murmura Adelaida, con la cara desencajada—. Yo también me volví loca ¿no?

—Sí, me voy, pero un último favor —dijo Mayta y, apenas estuvo de pie, lamentó no haber partido antes—. No digas a nadie que me has visto. Por ningún motivo.

A ella, esos secretos, precauciones, desconfianzas, temores, nunca habían acabado de convencerla, nunca había podido tomarlos en serio, pese a que, mientras estuvo con él, vio muchas veces llegar a la policía a su casa. Siempre le había hecho el efecto de un juego de viejos que se hacen los niños, un delirio de persecución que envenena la existencia. ¿Cómo se puede aprovechar la vida con el temor constante de una conjura universal contra uno de los soplones, el Ejército, el Apra, los capitalistas, los estalinistas, de los imperialistas, etcétera, etcétera? Las palabras de Mayta le recordaron la pesadilla que había sido oír cuidado, no lo repitas, no lo digas, no se debe saber, nadie puede..., varias veces al día. Pero no discutió: muy bien, no lo diría. Mayta asintió y, con media sonrisa, haciéndole adiós, se alejó apresurado, con esa caminadita suya de hombre que tiene ampollas en las plantas de los pies.

—No lloró, no hubo ningún drama —añade Adelaida, mirando el vacío—. Me hizo pocas preguntas, como por simple curiosidad. ¿Cómo era Mayta? ¿Por qué nos divorciamos? Y nada más. Pareció quedarse tranquilo, tanto que pensé: «No servirá de gran cosa habérselo contado.»

Pero, al día siguiente, el muchacho desapareció. Han pasado diez años y Adelaida no lo ha vuelto a ver. Se le corta la voz y la veo estrujarse las manos como si quisiera despellejárselas.

—¿Es de católicos eso? —murmura—. Cortar para siempre con su madre por lo que, en el peor de los casos, sólo pudo ser un error. Todo lo que hice ¿no fue por él, acaso?

Lo habían buscado hasta con la policía, aunque el muchacho ya estaba rozando la mayoría de edad. Me apena ver lo atormentada que está y comprendo que ha cargado también este episodio en la cuenta de agravios de Mayta, pero, al mismo tiempo, me siento desasido de su dolor, cerca de Mayta, siguiéndolo por las calles de Lince hacia la Avenida Arequipa, en busca del colectivo. ¿Iba con el pecho encogido por la acidez de la visita a su ex-mujer y la frustración de no haber visto a ese hijo al que seguramente no vería ya nunca? ¿Estaba desmoralizado, dolido? Estaba eufórico, cargado de energía, impaciente, distribuyendo mentalmente las horas que le quedaban en Lima. Sabía sobreponerse a los reveses mediante un salto emotivo, sacar de ellos fuerzas para la tarea que tenía delante. Antes, esa ocupación simple, precisa, cotidiana, artesanal, que lo sacaba del abatimiento y la autocompasión era pintar paredes, la imprenta de Cocharcas, repartir volantes en la Avenida Argentina y la Plaza Dos de Mayo, corregir pruebas, traducir para *Voz Obrera* un artículo del francés. Ahora, era la revolución, en carne y hueso y con todas sus letras, la real, la verdadera, la que comenzaría de un momento a otro. Pensó: «La que tú vas a comenzar». ¿Iba a perder el tiempo torturándose por enredos domésticos? Revisó sus bolsillos, sacó la lista, releyó las cosas por comprar. ¿Tendría su liquidación lista en la France Presse?

—Los primeros días, pensé que se había matado —dice Adelaida, frotándose las manos con furia—. Que tendría que matarme yo también para pagar su muerte.

No supieron nada de él semanas, meses, hasta que un día Juan Zárate recibió una carta. Serena, medida, bien pensada. Le agradecía lo que había hecho por él, le decía que ojalá pudiera retribuirle su generosidad. Se disculpaba por haber partido de esa manera brusca, pero, era mejor evitar una explicación difícil para ambos. No debía inquietarse por él. ¿Está en lo alto de la serranía que empieza a borrar la noche? ¿Es uno de los hombres que salta, va, viene, vuelve, entre los sobrevivientes —la metralleta al hombro, el revólver en la cintura— tratando de poner orden en el caos?

—La carta venía de Pucallpa —dice Adelaida—. A mí no me nombraba siquiera.

Sí, ahí estaba su liquidación, en billetes y no en cheque: cuarenta y tres mil soles. Le creció el corazón. Había calculado treinta y cinco mil soles a lo más. Era la primera cosa buena que le pasaba en estos días: ocho mil soles extras. Agotaría la lista y aún le sobraría. Naturalmente que no se despidió de los redactores de France Presse. Cuando el director le preguntó si podía hacer un reemplazo el domingo, le respondió que se iba a Chiclayo. Salió animado, apresurado, hacia la Avenida Abancay. Nunca había tenido paciencia para ir de compras, pero esta vez recorrió varias tiendas en busca del mejor pantalón vaquero color caqui, resistente al clima duro, el terreno áspero y la acción enérgica. Compró dos, en comercios distintos, y, luego, a un ambulante de la vereda, un par de zapatillas. El vendedor le prestó su banquito, apoyado contra los muros de la Biblioteca Nacional, para probárselas. Entró a una farmacia del Jirón Lampa. Estuvo a punto de sacar la lista y entregársela al boticario, pero se contuvo, repitiéndose, como miles de veces en su vida: «las precauciones nunca bastan». Decidió comprar en varias farmacias las vendas, los desinfectantes, los coagulantes para heridas, las sulfas y el resto de artículos de primeros auxilios que le había dictado Vallejos.

—¿Y desde entonces no lo han visto?

—No lo he visto yo —dice Adelaida.

Juan Zárate sí. De vez en cuando venía a Lima, desde Pucallpa o Yurimaguas, donde estuvo trabajando en unos aserraderos, y almorzaban juntos. Pero desde que comenzó todo eso —los atentados, los secuestros, las bombas, la guerra— dejó de escribir y de venir: o había muerto o era uno de ellos. Ha caído la noche y los sobrevivientes se han tendido unos sobre otros, para resistir el frío en las tinieblas cusqueñas. La muchedumbre, en sueños, delira, escuchando aviones y bombas espectrales, que multiplican los del día. Pero el hijo de Mayta no duerme: en la pequeña gruta de la jefatura, discute, trata de que prevalezca su punto de vista. La gente debe volver al Cusco apenas se disipen los miasmas de los incendios y empezar la reconstrucción. Hay comandantes de otro parecer: allá serán blancos demasiado fáciles de nuevos bombardeos y mantazas como la de hoy desmovilizan a las masas. Es preferible que la gente permanezca en el campo, diseminada en distritos, anejos y campamentos menos vulnerables a los ataques por aire. El hijo de Mayta replica, argumenta, alza la voz y, en el resplandor de la pequeña fogata, su cara luce curtida, con cicatrices, grave. No se ha despojado de la metralleta del hombro ni del revólver de la cintura. El cigarrillo entre sus dedos se ha apagado y no lo sabe. Su voz es la de un hombre que ha vencido todas las penurias —el frío, el hambre, la fatiga, la fuga, el terror, el crimen— y está seguro de la victoria inevitable e inminente. Hasta ahora no se ha equivocado y todo le confirma que en el futuro tampoco se equivocará.

—Las raras veces que venía, buscaba a Juan y salían juntos —repite Adelaida—. A mí nunca me buscó, ni me llamó ni permitió que Juan le tocara siquiera la posibilidad de verme. ¿Usted puede entender un rencor así, un odio así? Al principio le escribí muchas cartas. Después, acabé por resignarme.

—Ya se ha pasado la hora —le recuerdo.

Recibió el paquete, entregó el recibo y salió. Con las sulfas y el mercurocromo de la última farmacia había agotado la lista. Los paquetes eran grandes, pesados, y al llegar a su cuartito del Jirón Zepita le dolían los brazos. Tenía la maleta lista: las chompas, las camisas y, en medio, cuidadosamente abrigada, la metralleta que le regaló Vallejos. Acomodó las medicinas y echó un vistazo a los libros alborotados. ¿Vendría Blacquer a llevárselos? Salió, escondió la llave entre las dos tablas sueltas del rellano. Si no venía, el dueño los remataría para pagarse el alquiler. ¿Qué podía importar todo eso, ahora? Tomó un taxi, hasta el Parque Universitario. ¿Qué podían importar su cuarto, sus libros, Adelaida, su hijo, sus ex-camaradas, ahora? ¿Qué podía importar Lima, ahora? Sentía su pecho agitado mientras el chofer colocaba la maleta en la parrilla. El colectivo partiría a Jauja dentro de unos minutos. Pensó: «Éste es un viaje sin regreso, Mayta».

Me levanto, le entrego el dinero, le agradezco y ella me acompaña hasta la puerta y la cierra apenas traspongo el umbral. Me resulta extraño ver, en la tarde que declina, la fachada impostora del castillo Rospigliosi. Una vez más debo someterme al registro de los avioneros. Me dejan pasar. Mientras avanzo, entre casas cerradas a piedra y lodo, adelante y atrás, a izquierda y derecha, los ruidos ya no son sólo tiros. También explosiones de granadas, cañonazos.

VIII

PARECE un personaje del Arcimboldo: su nariz es una sarmentosa zanahoria, sus cachetes dos membrillos, su mentón una protuberante patata llena de ojos y su cuello un racimo de uvas a medio despellejar. Su fealdad resulta simpática de tan impúdica; se diría que Don Ezequiel la engalana con esos pelos grasientos que le cuelgan en flecos por los hombros. Su cuerpo parece aún más fofo embutido en el pantalón bolsudo y la chompa con remiendos. Sólo uno de sus zapatos lleva pasador; el otro amenaza salirse a cada paso. Y, sin embargo, no es un mendigo sino el dueño de la Tieńda de Muebles y Artículos para el Hogar, en la Plaza de Armas de Jauja, junto al Colegio del Carmen y la Iglesia de las Madres Franciscanas. Las lenguas jaujinas dicen que, ahí donde uno lo ve, es el comerciante más rico de la ciudad. ¿Por qué no ha huido, como otros? Los insurrectos lo raptaron hace unos meses y es *vox populi* que pagó un alto rescate; desde entonces no lo molestan porque, dicen, paga el «cupo revolucionario».

—Ya sé quién lo mandó acá, ya sé que fue el

hijo de puta del Chato Ubilluz —me para en seco, apenas me ve asomar por su tienda—. Vino por gusto, no sé nada ni vi nada ni estuve comprometido en esa cojudez de mierda. No tenemos nada que hablar. Ya sé que está escribiendo sobre Vallejos. No me meta en esto o aténgase a las consecuencias. Se lo digo sin enojarme, para que le entre clarito en la tutuma.

En realidad, me lo dice con los ojos hirviendo de indignación. Grita de tal modo que una de las patrullas que recorren la Plaza se aproxima a preguntar si ocurre algo. No, nada. Cuando se van, hago el número de costumbre: no hay motivo para alarmarse, Don Ezequiel, no pienso nombrarlo ni una sola vez. Tampoco figurará en mi historia el Subteniente Vallejos ni Mayta ni ninguno de los protagonistas y nadie podrá identificar en ella lo que realmente ocurrió.

—¿Y entonces para qué mierda ha venido a Jauja? —me replica, gesticulando con unos dedos como garfios—. ¿Para qué mierda está haciendo preguntas por calles y plazas sobre lo que pasó? ¿Para qué toda esa chismografía de mierda?

—Para mentir con conocimiento de causa —digo, por centésima vez en el año—. Déjeme por lo menos explicárselo, Don Ezequiel. No le quitaré ni dos minutos. ¿Me permite? ¿Puedo entrar?

La luz que baña el aire de Jauja es de amanecer: primeriza, balbuciente, negruzca, y, en ella, el perfil de la Catedral, los balcones del contorno, el jardincillo enrejado y con árboles del centro de la Plaza, se hacen y deshacen. El vientecillo cortante pone la piel de gallina. ¿Eran los nervios? ¿Era el miedo? No estaba nervioso ni asustado, apenas ligeramente ansioso, y no por lo que iba a ocurrir sino por la maldita altura que, a cada instante, le recordaba su corazón. Había dormido unas horas, pese al frío que se colaba por los vidrios rotos, y pese a que los sillones de la peluquería no eran la cama ideal. Lo había despertado a las cinco un quiquiriquí y lo primero que pensó, antes de abrir los ojos, fue: «Ya es hoy». Se levantó, se desperezó en la oscuridad, y, chocando con las cosas, fue hasta la palangana llena de agua. El líquido glacial lo despertó del todo. Había dormido vestido y sólo tuvo que calzarse las botas, cerrar su maletín y esperar. Se sentó en una de las sillas donde Ezequiel rapaba a sus clientes y, cerrando los ojos, recordó las instrucciones. Estaba confiado, sereno, y, si no hubiera sido por ese ahogo, se hubiera sentido feliz. Momentos después oyó abrirse la puerta. En el resplandor de una linterna, vio a Ezequiel. Le traía café caliente, en un tazón de lata.

—¿Dormiste muy incómodo?

—Dormí muy bien —dijo Mayta—. ¿Ya son las cinco y media?

—Falta poco —susurró Ezequiel—. Sal por atrás y no hagas ruido.

—Gracias por la hospitalidad —se despidió Mayta—. Buena suerte.

—Mala suerte, más bien. Toda mi culpa fue ser buena gente, un gran cojudo. —Su nariz se hincha y destacan innumerables venitas vinosas; sus ojos bullen, frenéticos—. Mi culpa fue compadecerme de un foráneo que no conocía y dejarlo dormir una sola noche en mi peluquería. ¿Y quién me metió el dedo a la boca con el cuentanazo de que el pobre no tenía techo y si no me importaría alojarlo? ¡Quién si no el hijo de puta del Chato Ubilluz!

—Han pasado veinticinco años, Don Ezequiel —trato de apaciguarlo—. Es historia vieja, ya nadie se acuerda. No se enoje así.

—Me enojo porque, no contento de hacerme lo que me hizo, ahora ese perro anda diciendo que me he vendido a los terroristas. A ver si el Ejército me fusila y se libra así de mi existencia —bufa Don

233

Ezequiel—. Me enojo porque al cerebro de la cojudez no le pasó nada. Y a mí, que no sabía nada ni entendía nada ni vi nada, me encerraron en la cárcel, me rompieron las costillas y me tuvieron orinando sangre por las patadas que me dieron en los riñones y en los huevos.

—Pero usted salió de la cárcel y volvió a empezar y ahora es un hombre que Jauja envidia, Don Ezequiel. No se ponga así, no se sulfure. Olvídese.

—No puedo olvidarme si usted viene a fregarme la paciencia para que le cuente cosas que no sé —ruge él, accionando como si fuera a arañarme—. ¿No es lo más cojonudo? El que menos sabía lo que pasaba fue el único que se jodió.

Recorrió el pasadizo, se aseguró de que no hubiera nadie en la calle, abrió, salió y cerró tras él la puertecita falsa de la peluquería. En la Plaza no había un alma y la tímida luz apenas le permitía ver dónde pisaba. Fue hasta la banca. Los de Ricrán no habían llegado. Se sentó, puso el maletín entre sus pies, se protegió la boca con el cuello de su chompa y hundió sus manos en los bolsillos. Tenía que ser una máquina. Era algo que recordaba de las clases de Instrucción Pre-Militar: un autómata lúcido, que no se atrasa ni adelanta, y, sobre todo, que nunca duda, un combatiente que aplica lo programado con la precisión de una mezcladora o un torno. Si todos actuaban así, la prueba más difícil, la de hoy, sería franqueada. La segunda resultaría más fácil, y, salvando una y otra, la victoria estaría un día a la vista. Oía gallos invisibles; detrás, entre las hierbas del jardincillo, croaba un sapo. ¿Se atrasaban? El camión de Ricrán estacionaría en la Plaza de Santa Isabel, donde confluían los vehículos que traían productos para el Mercado. Desde allí, repartidos en grupos, ganarían sus emplazamientos. Ni siquiera sabía los nombres de los dos camaradas que vendrían a reunirse con él para ir a la cárcel, y, luego, a la Compañía de Teléfonos. «¿Qué santo es hoy?» «San Edmundo Dantés». Bajo la chompa que le cubría media cara, sonrió: la contraseña se le había ocurrido acordándose de *El conde de Montecristo*. En eso llegó el josefino, puntual. Se llamaba Felicio Tapia y estaba con su uniforme —pantalón y camisa caqui, cristina del mismo color, una chompa gris— y libros bajo el brazo. «Van a ayudarnos a empezar la revolución y se meterán al colegio», pensó. «Tenemos que apurarnos para que no se pierdan la primera clase.» Cada uno de los grupos tenía adscrito a un josefino como mensajero, por si necesitaba comunicar algún imprevisto. Una vez que cada grupo iniciara la retirada, el josefino debía reanudar su vida normal.

—Los de Ricrán se están atrasando —dijo Mayta—. ¿No se habrá cerrado la cordillera?

El chiquillo observó las nubes:

—No, no ha llovido.

Era improbable que una lluvia o un huayco cerrara el tránsito en esta época. Si así ocurría, estaba previsto que la gente de Ricrán se fuera por las sierras a Quero. El josefino miraba a Mayta con envidia. Era muy jovencito, con dientes de conejo y un comienzo de bozo.

—¿Tus compañeros son tan puntuales como tú?

—Roberto ya está en la esquina del Orfelinato y a Melquíades lo vi yéndose a Santa Isabel.

Aclaraba rápidamente y Mayta lamentó no haber revisado una última vez la metralleta. La tenía en el maletín y no dejaba de pensar en ella. La había engrasado la víspera, en la peluquería, y, antes de echarse a dormir, abrió y cerró el seguro, verificando la carga. ¿Qué falta hacía una nueva revisión? La Plaza estaba ahora algo movida. Pasaban mujeres con mantas sobre la cabeza, en dirección a la Catedral, y, de cuando en cuando, una camioneta o un camión cargados de fardos o barriles. Eran las seis menos cinco. Se puso de pie y cogió el maletín.

—Corre a Santa Isabel y, si ha llegado el camión, dices a los de mi grupo que vayan de frente a la cárcel. A las seis y media les abriré la puerta. ¿Entendido?

—Yo no tengo pelos en la lengua y lo digo tal cual: el responsable de todo no fue Vallejos ni el foráneo sino Ubilluz. —Don Ezequiel se rasca los pellejos bulbosos del pescuezo con sus uñas negras y resopla—: De lo que pasó y de lo que no pasó esa mañana. Pierde el tiempo chismeando con unos y otros. Basta con él. Esa basura es el único que sabe con pelos y detalles toda la mierda de historia.

Apaga su voz una radio a todo volumen, que transmite en inglés. Es la estación destinada a los «marines» y aviadores norteamericanos, para los que se ha requisado la Unidad Escolar San José.

—¡Ya está la maldita radio de los gringos conchas de su madre! —ruge Don Ezequiel, tapándose los oídos.

Le digo que me ha sorprendido no ver hasta ahora a «marines» por las calles, que todas las patrullas que cruzan las esquinas sean de guardias y soldados peruanos.

—Deben estar durmiendo la mona o descansando después de tanto cachar —brama, hecho una fiera—. Han corrompido a todo Jauja, han convertido en prostitutas hasta las monjas. ¿Cómo no iba a ser así si aquí todos nos morimos de hambre y ellos tienen dólares? Dicen que hasta el agua se la traen en aviones. No es verdad que con su plata ayuden al comercio local. Ni uno solo ha entrado a comprarme nada, por ejemplo. Sólo gastan en cocaína, eso sí a cualquier precio. Mentira que vinieran a pelear con los comunistas. Han venido a coquearse y a tirarse a las jaujinas. Hasta hay negros entre ellos, qué tal concha.

Aunque estoy atento a la rabieta de Don Ezequiel, ni un instante descuido a Mayta, en esa madrugada de hace un cuarto de siglo, en esa Jauja sin revolucionarios ni «marines», caminando por la matutina calle de Alfonso Ugarte, con el maletín de la metralleta. ¿Iba preocupado por la tardanza del camión? Seguramente. Por más que se hubiera previsto la posibilidad de una tardanza, debía producirle cierta inquietud esa primera contrariedad, aun antes de que empezara a materializarse el plan. Plan que, en medio de la telaraña de tergiversaciones y fabulaciones, creo identificar bastante bien hasta el momento en que los revolucionarios, a eso de media mañana, debían salir de Jauja en dirección al puente de Molinos. A partir de ahí me pierdo en las contradictorias versiones. Tengo cada vez más la seguridad de que sólo un núcleo ínfimo —acaso sólo Vallejos y Ubilluz, acaso sólo ellos y Mayta, acaso sólo el Subteniente— sabía exactamente *todo* lo que harían: esta decisión de dejar en ignorancia al resto los perjudicó terriblemente. ¿En qué pensaba Mayta en la última cuadra de Alfonso Ugarte, cuando veía ya, a mano izquierda, los muros de adobe y los aleros de tejas de la cárcel? Que, a su derecha, detrás de los visillos de la casa de Ubilluz, el Chato y los camaradas de La Oroya, Casapalca y Morococha, acantonados ahí desde la víspera o desde horas atrás, acaso lo estarían viendo pasar. ¿Debía avisarles que el camión no llegó? No, no debía alterar por ningún motivo las instrucciones. Por lo demás, al verlo solo habrían comprendido que el camión se había atrasado. Si llegaba en la siguiente media hora, los de Ricrán alcanzarían las acciones. Y, si no, se reunirían con ellos en Quero, adonde debían acudir los demorados. Llegó hasta la fachada de piedra de la cárcel, y, como había dicho el Alférez, no había centinela. La puerta aherrumbrada se abrió y apareció Vallejos. Con un dedo en los labios, tomó de un brazo a Mayta y lo hizo entrar cerrando el portón luego de comprobar que no lo acompañaba nadie. Con un ademán le indicó que ingresara a la Alcaidía y desapareció. Mayta observó el zaguán abierto, con columnas, en el cuarto del frente decía Prevención, y el patiecito con guindos de hojas largas y finas, cargadas de racimos. En la habitación donde estaba había un escudo, un pizarrón, un escritorio, una silla y una ventanita por cuyos cristales turbios se adivinaba la calle. Seguía con el maletín en las manos, sin saber qué hacer, cuando volvió Vallejos.

—Quería ver si nadie te sintió —dijo éste en voz baja—. ¿No llegó el camión?

—Por lo visto, no. Mandé a Felicio a esperarlo y a decir a mi grupo que se presentara aquí a las seis y media. ¿Nos harán falta los de Ricrán?

—No hay problema —dijo Vallejos—. Escóndete ahí y espera, sin hacer ruido.

A Mayta lo fortaleció la calma y seguridad del Subteniente. Estaba con pantalón y botas de fajina y una chompa negra de cuello en vez de la camisa comando. Entró a la Alcaidía y el cuarto le pareció un gran closet, de paredes blancas. Ese mueble debía ser una armería, en esos nichos debían colocar los fusiles. Al cerrar la puerta quedó en la penumbra. Forcejeó para abrir su maletín, porque el seguro se había atrancado. Sacó la metralleta y se metió en los bolsillos las cajas de municiones. Tan bruscamente como había estallado, la radio se apagó. ¿Qué había sido del camión de Ricrán?

—Había llegado tempranito, a Santa Isabel, donde tenía que llegar —Don Ezequiel se echa a reír y es como si surtiera veneno de sus ojos, boca y orejas—. Y cuando empezó lo de la cárcel, ya se había ido. Pero no a Quero, donde se suponía que debía ir, sino a Lima. Y no llevándose a los comunistas ni las armas robadas. Nada de eso. ¿Qué se llevaba el camión? ¡Habas! Sí, carajo, como suena. El camión

238

de la revolución, en el instante que la revolución comenzaba, partió a Lima con un cargamento de habas. ¿No me pregunta de quién era ese cargamento de habas?

—No se lo pregunto porque me va usted a decir que era del Chato Ubilluz —le digo.

Don Ezequiel lanza otra risotada monstruosa:

—¿No me pregunta quién lo manejaba? —Alza sus manos sucias y, como dando puñetes, señala la Plaza—: Yo lo vi pasar, yo lo reconocí a ese traidor. Yo lo vi, prendido del volante, con una gorrita azul de maricón. Yo vi los costales de habas. ¿Qué carajo pasa? ¡Qué iba a pasar! Que ese maldito cabrón acababa de meternos el dedo, a Vallejos, al foráneo y a mí.

—Dígame una sola cosa más y lo dejo en paz, Don Ezequiel. ¿Por qué no se fue usted también esa mañana? ¿Por qué se quedó tan tranquilo en su peluquería? ¿Por qué, al menos, no se escondió?

La cara frutal me considera horriblemente varios segundos, con furia morosa. Lo veo hurgarse la nariz, encarnizarse con los pellejos del pescuezo. Cuando me contesta, todavía se siente obligado a mentir:

—¿Por qué mierda iba a esconderme si no estaba comprometido en nada? ¿Por qué mierda?

—Don Ezequiel, Don Ezequiel —lo amonesto—. Han pasado veinticinco años, el Perú se acaba, la gente sólo piensa en salvarse de una guerra que ya ni siquiera es entre nosotros, usted y yo podemos quedar muertos en el próximo atentado o tiroteo, ¿a quién le importa ya lo que pasó ese día? Cuénteme la verdad, ayúdeme a terminar mi historia antes de que a usted y a mí nos devore también este caos homicida en que se ha convertido nuestro país. Usted tenía que ayudar a cortar los teléfonos y contratar unos taxis, pretextando una pachamanca en Molinos. ¿Recuerda a qué hora debía estar en la Compañía de Teléfonos? Cinco minutos después de que abrieran. Los taxis iban a esperar en la esquina de Alfonso Ugarte y La Mar, donde los capturaría el grupo de Mayta. Pero usted ni contrató los taxis ni fue a la Compañía de Teléfonos y al josefino que llegó hasta aquí a preguntarle qué pasaba, le respondió: «No pasa nada, todo se jodió, corre al colegio y olvídate que me conoces.» Ese josefino es Telésforo Salinas, el Director de Educación Física de la Provincia, Don Ezequiel.

—¡Sarta de mentiras! ¡Infamias de Ubilluz! —ruge él, granate de disgusto—. Yo no supe nada y no tenía por qué esconderme ni escapar. Váyase, lárguese, desaparezca. ¡Calumniador de porquería! ¡Chismoso de mierda!

En el nicho en penumbra en el que estaba, la metralleta en las manos, Mayta no oía ningún ruido. Tampoco veía nada, salvo dos rayitos de luz, por las junturas de la puerta. Pero no tenía dificultad en adivinar, con precisión, que en ese instante Vallejos entraba a la cuadra de los catorce guardias y los despertaba con voz de trueno: «¡Atenciooooón!» «¡Limpieza de Máuseres!» Pues el comandante armero de Huancayo acababa de avisarle que vendría a pasar revista temprano por la mañana. «Tengan cuidado, sean maniáticos con el exterior y con el alma de los fusiles, cuidadito que alguno esté anillado y no me lo noten.» Pues el Subteniente Vallejos no quería recibir más resondrones del comandante armero. Los fusiles útiles y la munición de cada guardia republicano —noventa cartuchos— serían llevados a la Prevención. «¡A formar en el patio!» Entonces vendría su turno. Ya estaba la maquinaria en marcha, las piezas en funcionamiento, esto es la acción, esto era. ¿Habrían llegado los de Ricrán? Espiaba por las rendijas, esperando las siluetas de los guardias llevando sus Máuseres y municiones al cuartito del frente, uno detrás de otro, y, entre ellos, Antolín Torres.

Es un guardia republicano jubilado que vive en

240

la calle Manco Cápac, a medio camino entre la cárcel y la tienda de Don Ezequiel. Para evitar que el expeluquero me descerrajara un puñete o le diera una apoplejía he tenido que marcharme. Sentado en una banca de la majestuosa Plaza de Jauja —afeada ahora por los caballetes con alambres de las esquinas de la Municipalidad y la Subprefectura— pienso en Antolín Torres. He conversado con él esta mañana. Es un hombre feliz desde que los «marines» lo contrataron de guía y traductor (habla el castellano tan bien como el quechua). Antes tenía una chacrita, pero la guerra la destruyó y se estaba muriendo de hambre hasta que llegaron los gringos. Su trabajo consiste en acompañar a las patrullas que salen a recorrer las inmediaciones. Sabe que este trabajo le puede costar el pescuezo; muchos jaujinos le vuelven la espalda y la fachada de su casa está llena de inscripciones de «Traidor» y «Condenado a muerte por la justicia revolucionaria». Por lo que me ha dicho Antolín y las palabrotas de Don Ezequiel, las relaciones entre los «marines» y los jaujinos son malas o pésimas. Incluso la gente hostil a los insurrectos alienta un resentimiento contra estos extranjeros a los que no entienden y, sobre todo, que comen, fuman y no padecen ninguna privación en un pueblo donde hasta los antiguos ricos pasan penurias. Sesentón de cuello de toro y gran barriga, ayacuchano de Cangallo que se ha pasado la vida en Jauja, Antolín Torres tiene un castellano sabroso, brotado de quechuismos. «Que me maten, pues, los comunistas, me ha dicho. Pero, eso sí, me matarán bien comido, bien bebido y fumando rubios.» Es un narrador que sabe graduar los efectos con pausas y exclamaciones. Aquel día, hace veinticinco años, le tocaba entrar de servicio a las ocho, reemplazar como centinela en la puerta al guardia Huáscar Toledo. Pero Huáscar no estaba en la garita sino adentro, con los demás, terminando de engrasar el Máuser para la visita del comandante armero. El Subteniente Vallejos los apuraba y Antolín Torres malició algo.

—Pero ¿por qué, señor Torres? ¿Qué tenía de raro una revisión de armamento?

—Lo raro era que el Subteniente se paseara con la metralleta al hombro. ¿Para qué, pues, estaba armado? ¿Y para qué, pues, teníamos que dejar el Máuser en la Prevención? Esto es rarísimo, mi Sargento. ¿De cuándo acá, pues, la moda de que un guardia se separe de su Máuser para la revista? No pienses tanto, Antolín, es malísimo para el ascenso, me dijo el Sargento. Obedecí, limpié mi Máuser y lo dejé en la Prevención, con mis noventa cartuchos. Y me fui a formar al patio. Pero oliéndome algo raro. No lo que pasaría, pues. Algo de los presos, más bien. Había como cincuenta en los calabozos. Un intento de fuga, no sé, algo.

«Ahora.» Mayta empujó la puerta. De tanto estar inmóvil se le habían acalambrado las piernas. Su corazón era un tambor batiente y lo dominaba una sensación de algo definitivo, irreversible, cuando emergió con su metralleta llena de grasa en el patiecito, ante los guardias formados, y se plantó delante de la Prevención. Dijo lo que tenía que decir:

—Espero que nadie me obligue a disparar, porque no quisiera matar a nadie.

Vallejos encaraba también con la metralleta a sus subordinados. Los ojos legañosos de los catorce guardias pendularon de él al Alférez, del Alférez a él, sin entender: ¿estamos despiertos o soñando? ¿Esto es verdad o pesadilla?

—Y, entonces, el Subteniente les habló ¿no es cierto, señor Torres? ¿Recuerda usted lo que les dijo?

—No quiero comprometerlos, yo me vuelvo rebelde, revolucionario socialista —mima y acciona Antolín Torres y la nuez sube y baja por su cuello, desbocada—. Si alguno quiere seguirme por su propia voluntad, que venga. Hago esto por los pobres, por el pueblo sufrido y porque los jefes nos han fallado. Y, usted, Sargento pagador, de mi quincena compre cerveza el domingo para todo el personal. Mientras el Subteniente discurseaba, el otro enemigo, el que vino de Lima, nos tenía cuadrados con su metralleta, cerrándonos el paso a los Máuseres. Caímos como cholitos, pues. La superioridad, luego, nos dio dos semanas de rigor.

Mayta lo había oído sin seguir lo que Vallejos les decía, por la excitación que lo colmaba. «Como una máquina, como un soldado.» El Subteniente arreó a los guardias hacia la cuadra y ellos obedecieron dócilmente, todavía sin entender. Vio que el Subteniente, después de encerrarlos, echaba cadena a la cuadra. Luego, con movimientos rápidos, precisos, la metralleta en la mano izquierda, corrió con una gran llave en la otra mano a abrir una puerta enrejada. ¿Estaban allí los de Uchubamba? Tenían que haber visto y oído lo que acababa de pasar. En cambio, los otros presos, en las celdas de la espalda del patio de los guindos, se hallaban demasiado lejos. Desde su puesto, junto a la Prevención, vio emerger a dos hombres detrás de Vallejos. Ahí estaban, sí, los camaradas que hasta ahora sólo conocía de nombre. ¿Cuál sería Condori y cuál Zenón Gonzales? Antes de que lo supiera, estalló una discusión entre Vallejos y el más joven, un blanconcito de pelos largos. Aunque a Mayta le habían dicho que los campesinos de la zona oriental solían tener piel y cabellos claros, se desconcertó: los agitadores indios que dirigieron la toma de la Hacienda Aína parecían dos gringuitos. Uno llevaba ojotas.

—¿Te vas a echar atrás, so carajo? —oyó decir a Vallejos, acercando la cara a uno de ellos—. Ahora que comenzó, ahora que estamos en la candela ¿te vas a echar atrás?

—No me echo atrás —masculló éste, retrocediendo—. Es que... es que...

—Es que eres un amarillo, Zenón —gritó Vallejos—. Peor para ti. Vuelve a tu celda. Que te juzguen, que te enchironen, púdrete en el Frontón. No sé cómo no te pego un tiro, carajo.

—Espera, alto, vamos a hablar sin pelea —dijo Condori, interponiéndose. Era el de las ojotas y a Mayta lo alegró descubrir, allí, a alguien que podía ser de su edad—. No te calientes, Vallejos. Déjame solo un rato con Zenón.

El Subteniente, de tres trancos, vino al lado de Mayta.

—Mariconeó —dijo, ya sin la furia de hacía un momento, sólo con decepción—. Anoche estaba de acuerdo. Ahora viene con que tiene dudas, que mejor se queda acá y que después ya verá. Eso se llama miedo, no dudas.

¿Qué dudas movieron al joven dirigente de Uchubamba a provocar ese incidente? ¿Pensó, en el umbral de la rebelión, que eran demasiado pocos? ¿Dudó que él y Condori pudieran arrastrar al resto de la comunidad a la insurrección? ¿Tuvo una intuición de la derrota? ¿O, simplemente, vaciló ante la perspectiva de tener que matar y de que lo mataran?

El diálogo de Condori y Gonzales era en voz baja. Mayta oía palabras sueltas y, a ratos, los veía gesticular. En un momento, Condori cogió a su compañero del brazo. Debía tener cierta autoridad sobre éste, quien, aunque alegaba, mantenía una actitud respetuosa. Un momento después, ambos se acercaron.

—Ya está, Vallejos —dijo Condori—. Ya está. Todo bien. No ha pasado nada.

—Está bien, Zenón —le estiró la mano Vallejos—. Discúlpame por haberme calentado. ¿Sin rencores?

244

El joven asintió. Al estrecharle la mano, Vallejos repitió: «Sin rencores y que todo sea por el Perú, Zenón.» Por su cara, Gonzales parecía más resignado que convencido. Vallejos se volvió hacia Mayta:

—Carguen las armas en los taxis. Voy a ver a los presos.

Se alejó hacia los guindos y Mayta corrió a la entrada. Por la ventanita de vigilancia del portón observó la calle. En vez de los taxis, de Ubilluz y los mineros de La Oroya, vio a un grupito de escolares josefinos, encabezados por Cordero Espinoza, el brigadier.

—¿Qué hacen aquí? —los interpeló—. ¿Por qué no están en sus puestos?

—Porque no había nadie en sus puestos, porque todos habían desaparecido —dice Cordero Espinoza, con un bostezo que entibia su sonrisa—. Porque nos habíamos cansado de esperar. No había a quien servir de chasquis. A mí me tocaba la Comisaría. Estuve allí tempranito y nada. Al rato, Hernando Huasasquiche vino a decirme que el Profe Ubilluz no estaba en su casa ni en ninguna parte. Y que lo habían visto manejando su camión, por la carretera. Poco después supimos que los de Ricrán se habían hecho humo, que los de La Oroya no habían venido o se habían regresado. ¡La espantada general! Nos reunimos en la Plaza. Estábamos con las caras largas, haciendo tiempo para ir a clases. Nos habían hecho una mala pasada, nos habían tenido jugando a la serial. En eso se apareció Felicio Tapia. Nos dijo que el limeño sí había ido a la cárcel, después de esperar en vano a los de Ricrán. Así que nos fuimos a la cárcel a ver qué pasaba. Vallejos y Mayta habían encerrado a los guardias, capturado los fusiles y libertado a Condori y Gonzales. ¿Se imagina usted una situación más ridícula?

Al Doctor Cordero Espinoza no le falta razón. ¿Cómo no llamarla ridícula? Han tomado la cárcel, tienen catorce fusiles y mil doscientas balas. Pero se han quedado sin revolucionarios porque ni uno solo de los treinta o cuarenta conjurados ha comparecido. ¿Fue lo que pensó Mayta al espiar por la ventanita y encontrarse sólo con siete niños uniformados?

—¿No ha venido nadie? ¿Ninguno? ¿Nadie?

—Hemos venido nosotros —dijo el chiquillo de cabeza semirrapada y, en su aturdimiento, Mayta recordó lo que Ubilluz dijo de él al presentárselo: «Cordero Espinoza, brigadier de año, primero de su clase, un cráneo»—. Pero los demás parece que se han corrido.

¿Pasmo, rabia, una intuición de catástrofe lo abrumaron? ¿O, más bien, la quieta confirmación de algo que, sin identificar del todo, íntimamente temía desde esa madrugada, al no llegar a la Plaza los hombres de Ricrán, o, acaso, desde que en Lima sus camaradas del POR(T) decidieron apartarse, o desde que comprendió que su gestión con Blacquer para asociar al Partido Comunista al alzamiento era inútil? ¿Desde alguno de esos momentos, sin decírselo claramente, aguardaba sin embargo este tiro de gracia? ¿La revolución ni siquiera empezaría? Pero si ya ha empezado, Mayta, no te das cuenta acaso, ya ha empezado.

—Para eso estamos aquí, para eso hemos venido —exclamó Cordero Espinoza—. ¿Acaso no podemos reemplazarlos nosotros?

Mayta vio que los josefinos se habían arremolinado en torno al brigadier y movían las cabezas, asintiendo y apoyando. Lo único que atinó a pensar fue que a algún transeúnte, a algún vecino, podía llamarle la atención ese grupito de colegiales en la puerta de la cárcel.

—Se me ocurrió ofrecernos como voluntarios en ese momento, ahí mismo, sin haberlo consultado con mis compañeros —recuerda el Doctor Cordero Espinoza—. Se me ocurrió de repente, al ver la cara que puso el pobre Mayta al saber que los otros no habían venido.

Estamos en su despacho de la calle Junín, una calle en la que proliferan los bufetes. La abogacía sigue siendo la profesión jaujina por excelencia, aunque, en estos últimos tiempos, la guerra y las catástrofes hayan mermado la actividad jurídica local. Hasta hace poco, en toda familia jaujina uno o dos vástagos venían al mundo con su expediente de leguleyos bajo el brazo. Meter pleitos es un deporte multiclasista en la provincia, tan popular como el fútbol y los carnavales. En la turbamulta de abogados jaujinos, el antiguo brigadier y alumno ejemplar del Colegio San José —donde dictaba el curso de Economía Política un par de veces por semana, hasta que por la guerra se suspendieron las clases— sigue siendo la estrella. Se trata de un hombre desenvuelto y ameno. Su despacho rutila con diplomas de congresos a que ha asistido, distinciones que se ganó como Concejal, Presidente del Club de Leones de Jauja, Presidente de la Junta Pro-carretera al Oriente y varias funciones cívicas más. Es, entre todas las personas con las que he conversado, la que evoca con más distancia, precisión, desenfado y —me parece— objetividad, aquellos sucesos. La pulcritud de su oficina contrasta con el pasillo de la entrada, en el que hay un hueco en el suelo y media pared en escombros. Al hacerme pasar, me dijo señalándolos: «Fue un petardo de los terrucos. Lo he dejado así, para recordar las precauciones que debo tomar cada día si quiero conservar la cabeza en su sitio.» Con el mismo espíritu liviano me contó, luego, que en el atentado a su hogar los terrucos fueron más eficientes: la casa ardió toda, con las dos cargas de dinamita. «Mataron a mi cocinera, una viejita de sesenta años. Mi mujer y mis hijos, felizmente, se hallaban ya fuera de Jauja.» Viven en Lima y están a punto de partir al extranjero. Es lo que hará él, apenas liquide sus asuntos. Porque, dice, tal como van las cosas ¿qué sentido tiene seguir arriesgando el pellejo? ¿No ha mejorado la seguridad en Jauja con la llegada de los «marines»? Ha empeorado, más bien. Porque el rencor que provoca en la gente la presencia de tropas extranjeras, hace que muchos ayuden, por acción o por omisión —escondiéndolos, facilitándoles coartadas, callando—, a los terrucos. «Dicen que algo parecido pasa entre los guerrilleros peruanos y los internacionalistas cubanos y bolivianos. Que hay enfrentamientos entre ellos. El nacionalismo es más fuerte que cualquier otra ideología, ya se sabe.» No puedo dejar de sentir simpatía por el antiguo brigadier: dice todas esas cosas con naturalidad, sin pizca de sensiblería ni arrogancia, e, incluso, hasta con cierto humor.

—Apenas me oyeron proponerlos como voluntarios, todos se entusiasmaron —prosigue—. La verdad, éramos uña y carne los siete. ¿Qué juego de niños comparado con lo de ahora, no?

—Sí, sí, los reemplazamos.

—Ábrenos la puerta, déjanos entrar, sí podemos.

—¡Sí podemos, Mayta, sí podemos!

—Nosotros somos revolucionarios y los reemplazamos.

Mayta los veía, los escuchaba, y su cabeza era una crepitación, un desorden.

—¿Qué edades tenían ustedes?

—Yo y Huasasquiche diecisiete —dice Cordero Espinoza—. Los otros quince o dieciséis. Una suerte. No pudieron juzgarnos, no teníamos responsabilidad legal. Nos mandaron al Juez de Menores, donde la cosa no fue tan seria. ¿No es paradójico que yo, pionero de la lucha armada en el Perú, sea ahora un objetivo militar de los terrucos?

Se encoge de hombros.

—Supongo que, a esas alturas, para Mayta y Vallejos ya no había marcha atrás posible —le digo.

—Sí la había. Vallejos hubiera podido sacar a los guardias de la cuadra donde los había encerrado y echarlos de carajos: «Han demostrado ustedes ser una nulidad, unas verdaderas madres, en caso de un asalto a la cárcel por subversivos. Ninguno ha pasado la prueba a que los he sometido, so huevones.» —El Doctor Cordero Espinoza me ofrece un cigarrillo y, antes de encender el suyo, lo coloca en una boquilla—. Se hubieran tragado el cuento, estoy seguro. También hubieran podido mandarnos al colegio, devolver al calabozo a Gonzales y a Condori, y escapar. Hubieran podido todavía, a esas alturas. Pero claro que no hicieron ninguna de las dos cosas. Ni Mayta ni Vallejos eran gentes que dieran su brazo a torcer. En ese sentido, aunque uno cuarentón y el otro veinteañero, resultaban más chiquillos que nosotros.

O sea que fue Mayta quien primero aceptó esa propuesta romántica y descabellada. Su vacilación, su perplejidad, duraron unos segundos. Se decidió de golpe. Abrió el portón, dijo «rápido, rápido» a los josefinos y mientras ellos invadían el patio, ojeó la calle: estaba vacía de autos y de gentes, las casas cerradas. Le volvieron las fuerzas, la sangre circulaba por sus venas, no había razón para desesperarse. Tras el último muchacho, cerró el portón. Allí estaban: siete caritas ansiosas y exaltadas. Condori y Gonzales tenían ahora cada uno un Máuser en las manos y miraban a los chiquillos, intrigados. Vallejos apareció, detrás de los guindos, terminada su inspección a los presos. Mayta le salió al encuentro:

—Ubilluz y los otros no han venido. Pero tenemos voluntarios para ocupar sus puestos.

¿Vallejos se detuvo en seco? ¿Vio Mayta que su cara se descomponía en un rictus? ¿Vio que el joven

Subteniente porfiaba por mostrar serenidad? ¿Lo oyó decir a media voz, rozándole la cara, «¿Ubilluz no ha venido? ¿Ezequiel tampoco? ¿El Lorito tampoco?»?

—No podemos dar marcha atrás, camarada —lo sacudió Mayta del brazo—. Te lo enseñé, te advertí que pasaría: la acción selecciona. A estas alturas, no hay marcha atrás. No podemos. Acepta a los muchachos. Se han fogueado, viniendo aquí. Son revolucionarios, qué más prueba quieres. ¿Vamos a echarnos atrás, hermano?

Se iba convenciendo mientras hablaba y, como una segunda voz, se repetía el conjuro contra la lucidez: «Como una máquina, como un soldado.» Vallejos, mudo, lo escrutaba ¿dudando?, ¿tratando de confirmar si lo que decía era lo que pensaba? Pero cuando Mayta calló, el Alférez era otra vez el manojo de nervios controlados y decisiones instantáneas. Se acercó a los josefinos que habían escuchado el diálogo.

—Me alegro de que haya pasado esto —les dijo, metiéndose entre ellos—. Me alegro porque gracias a esto sé que hay valientes como ustedes. Bienvenidos a la lucha, muchachos. Quiero darles la mano a cada uno.

En realidad, comenzó a abrazarlos, a apretarlos contra su pecho. Mayta se descubrió en medio del grupo, dando y recibiendo abrazos, y, entre nubes, veía también a Zenón Gonzales y a Condori en el entrevero. Una emoción profunda lo embargó. Tenía un nudo en la garganta. Varios muchachos lloraban y las lágrimas corrían por sus caras jubilosas mientras abrazaban al Subteniente, a Mayta, a Gonzales, a Condori, o se abrazaban entre ellos. «Viva la Revolución», gritó uno, y otro «Viva el socialismo». Vallejos los hizo callar.

—Es probable que nunca me haya sentido tan feliz como en ese momento —dice el Doctor Cordero

Espinoza—. Era hermoso, tanta ingenuidad, tanto idealismo. Nos sentíamos como si nos hubiera crecido el bigote, la barba, y nos hubiéramos vuelto más altos y más fuertes. ¿Sabe que probablemente ninguno de nosotros había pisado siquiera el burdel? Yo, por lo menos, era virgen. Y me parecía estar perdiendo la virginidad.

—¿Sabía alguno de ustedes manejar un arma?

—En la Instrucción Pre-Militar nos dieron algunas clases de tiro. Tal vez alguien había disparado una escopeta. Pero remediamos la deficiencia ahí mismo. Fue lo primero que se le ocurrió a Vallejos, después de los abrazos: enseñarnos lo que era un Máuser.

Mientras el Subteniente daba a los josefinos una clase de manejo del fusil, Mayta explicó a Condori y Zenón Gonzales lo ocurrido. No protestaron al saber que, por lo visto, no contaban con nadie más; no se indignaron al saber que los revolucionarios podían ser sólo ellos y ese grupito de imberbes. Lo escucharon serios, sin hacer una pregunta. Vallejos ordenó a dos muchachos conseguir taxis. Felicio Tapia y Huasasquiche partieron a la carrera. Entonces, Vallejos reunió a Mayta y los campesinos. Había reestructurado el plan de acción. Divididos en dos grupos, tomarían la Comisaría y el Puesto de la Guardia Civil. Mayta escuchaba y, con el rabillo del ojo, seguía las reacciones de los comuneros. ¿Diría Gonzales: «Ya ves que tenía razón de dudar»? No, no dijo nada; con el fusil en la mano, escuchaba al Subteniente, inescrutable.

—¡Ahí vienen los taxis! —gritó Perico Temoche, desde el portón.

—No fui nunca taxista de verdad —me asegura el señor Onaka, mostrando con gesto melancólico los vacíos anaqueles de su tienda, que solían estar repletos de comestibles y artículos domésticos—. Yo fui siempre administrador y dueño de este almacén. Aunque no lo crea, era el mejor surtido de Junín.

La amargura tuerce su cara amarilla. El señor Onaka ha sido una víctima predilecta de los rebeldes, que han asaltado un sinfín de veces su tienda. «Ocho, me precisa. La última, hace tres semanas, con los "marines" ya aquí. O sea que, gringos o no gringos, es la misma vaina de siempre. Se presentaron a las seis, enmascarados, cerraron la puerta y dijeron: ¿Dónde tienes escondidos los víveres, perro? ¿Escondidos? Busquen y llévense lo que encuentren. Si por culpa de ustedes yo soy un calato. No encontraron nada, por supuesto. ¿No quieren llevarse a mi mujer, más bien? Si es lo único que me han dejado. Ya les perdí el miedo ¿ve? Se los dije, la última vez: ¿Por qué no me matan? Dense gusto, acaben con este hombre al que han envenenado la vida. No gastamos pólvora en gallinazos, me dijo uno de ellos. Y todo eso a las seis de la tarde, con policías, soldados y "marines" por las calles de Jauja. ¿No es ésa la prueba de que son, todos, la misma camada de ladrones?» Resopla, toma aire y echa una mirada a su esposa, que, reclinada sobre el mostrador, trata de leer el periódico, pegando las páginas a los ojos. Los dos son muy viejitos.

—Como ella bastaba para atender a los clientes, yo me hacía con el Ford unas carreritas de taxi —sigue el señor Onaka—. Ésa fue la mala suerte que me enredó en lo de Vallejos. Por eso malogré el carro y tuve que gastar fortunas en la compostura. Por eso me gané un coscorrón que me abrió esta ceja y estuve preso, mientras hacían las averiguaciones y descubrían que yo no era cómplice sino víctima.

Estamos en un rincón de su decaída bodega, de pie, cada uno a un lado del mostrador. Al otro extremo, la señora Onaka aparta la vista de su periódico cada vez que entra un cliente a comprar velas o cigarrillos, lo único que parece abundar en la tienda. Los Onaka son de origen japonés —nieto y nieta de inmigrantes— pero en Jauja les dicen «los chinos», confusión que al señor Onaka no le importa. A diferencia del Doctor Cordero Espinoza, él no toma sus desgracias con humor y filosofía. Se lo nota desmoralizado, rencoroso con el mundo. Él y Cordero Espinoza son las únicas personas, entre las decenas con las que he conversado en Jauja, que hablan abiertamente contra los «terrucos». Los demás, aun aquellos que han sido víctimas de atentados, guardan mutismo total sobre los revolucionarios.

—Acababa de abrir la bodega y en eso se me apareció el hijito de los Tapia, los de la calle Villarreal. Una carrera urgente, señor Onaka. Hay que llevar al hospital a una señora enferma. Prendí el carro, el chiquito Tapia se sentó a mi lado y el teatrero iba diciéndome: «Apúrese, que la señora se muere». Frente a la cárcel había otro taxi, cargando unos fusiles. Me cuadré detrás. Le pregunté al Subteniente Vallejos: ¿Quién es la del desmayo? Ni me contestó. En eso, el otro, el de Lima, ¿Mayta, no?, me plantó su metralleta en el pecho: Obedezca si no quiere que le pase nada. Sentí que se me salía la caca, con perdón de la expresión. Ahí sí que tuve miedo. Bueno, eran los primeros que veía. Qué bruto fui. Entonces tenía bastante platita. Hubiera podido irme con mi mujer. Estaríamos pasando una vejez tranquila.

Condori, Mayta, Felicio Tapia, Cordero Espinoza y Teófilo Puertas subieron al auto luego de cargar la mitad de las municiones y de los fusiles. Mayta ordenó a Onaka partir: «Al menor intento de llamar la atención, disparo». Iba en el asiento de atrás y tenía la boca totalmente reseca. Pero sus manos sudaban. Apretados a su lado, el brigadier y Puertas se habían sentado sobre los fusiles. Adelante, con Felicio Tapia, iba Condori.

—No sé cómo no choqué, cómo no atropellé a

253

alguien —musita la boca sin dientes del señor Onaka—. Creía que eran ladrones, asesinos, escapados de la cárcel. ¿Pero cómo podía estar el Subteniente con ellos? ¿Qué podían hacer entre asesinos el hijito de los Tapia y el hijito de ese caballerazo, el Doctor Cordero? Me dijeron que la revolución y que no sé qué. ¿Qué es eso? ¿Cómo se come eso? Me hicieron llevarlos hasta el Puesto de la Guardia Civil, en el Jirón Manco Cápac. Ahí se bajaron el de Lima, Condori y el chiquito Tapia. Dejaron a los otros dos cuidándome y Mayta les dijo: Si trata de escapar, mátenlo. Después, los chicos juraron que era teatro, que jamás me hubieran disparado. Pero ahora sabemos que los niños también matan con hachas, piedras y cuchillos ¿no? En fin, ahora sabemos muchas cosas que en ese tiempo nadie sabía. Tranquilos, muchachos, no se les vaya a disparar, ustedes me conocen, yo no mato una mosca, yo a ustedes les he fiado muchas veces. ¿Por qué me hacen esto? Y, además, ¿qué va a pasar ahí adentro? ¿Qué han ido a hacer ésos en el Puesto? La revolución socialista, señor Onaka, me dijo Corderito, ese al que le quemaron la casa y que por poco le dinamitan el bufete. ¡La revolución socialista! ¿Qué? ¿Qué cosa? Creo que es la primera vez que oí la palabrita. Ahí me enteré que cuatro viejos y siete josefinos habían escogido mi pobre Ford para hacer una revolución socialista. ¡Ay, carajo!

En la puerta del Puesto no había centinelas y Mayta hizo una señal a Condori y a Felicio Tapia: entraría primero, que lo cubrieran. Condori parecía tranquilo pero Tapia estaba muy pálido y Mayta vio sus manos amoratadas por la fuerza con que apretaba el fusil. Entró a la habitación doblado y con la metralleta sin seguro, gritando:

—¡Arriba las manos o disparo!

En el cuarto medio a oscuras había un hombre en calzoncillos y camiseta a quien su aparición sor-

254

prendió en un bostezo que se le congeló en expresión estúpida. Se lo quedó mirando y sólo cuando vio aparecer, detrás de Mayta, a Condori y a Felicio Tapia, apuntándolo con sus fusiles, alzó los brazos.

—Cuídenlo —dijo Mayta y corrió al fondo. Atravesó un pasillo angosto, que daba a un patio de tierra: dos guardias, con el pantalón y los botines del uniforme pero sin camisa, se estaban lavando las caras y los brazos en una batea de agua jabonosa. Uno le sonrió, como tomándolo por un colega.

—¡Arriba las manos o disparo! —dijo Mayta, esta vez sin gritar—. ¡Arriba las manos, carajo!

Los dos obedecieron y uno de ellos, por la brusquedad del movimiento, echó la batea al suelo. El agua oscureció la tierra. «Mucha bulla, mierda», protestó una voz soñolienta. ¿Cuántos habría ahí adentro? Condori estaba a su lado y Mayta le susurró «Llévate a éstos», sin apartar la mirada del cuarto de donde había salido la protesta. Cruzó el patiecillo a la carrera, encogido, pasó bajo una enredadera trepadora, y, en el umbral de la pieza, se detuvo en seco, conteniendo el ¡arriba las manos! que iba a dar. Era el dormitorio. Había dos filas de camas camarote, pegadas a la pared, y, en tres de ellas, tipos echados, dos durmiendo y el tercero fumando boca arriba. De una radio de pilas, a su lado, salía un huaynito. Al ver a Mayta, el hombre se atoró y se incorporó de un salto, mirando fijo la metralleta.

—Creí que era broma —balbuceó, soltando el cigarro y llevándose las manos a la cabeza.

—Despierta a ésos —dijo Mayta, señalando a los dormidos—. No me obligues a disparar que no quiero matarte.

Sin darle la espalda ni quitar los ojos del arma, el guardia se fue moviendo de costado, como un cangrejo, hasta sus compañeros. Los sacudió a manazos:

—Despierten, despierten, no sé qué está pasando.

—Yo esperaba tiros, un gran ruido. Ver a Mayta,

Condori y el hijito de los Tapia, ensangrentados, y que en la pelotera los guardias me dispararan creyéndome asaltante —dice el señor Onaka—. Pero no hubo un solo tiro. Antes de saber qué sucedía adentro, llegó el taxi con Vallejos. Ya había capturado la Comisaría del Jirón Bolívar y metido en un calabozo al Teniente Dongo y a tres guardias. Les preguntó a los mocosos: ¿Todo va bien? No sabemos. Yo le rogué: Déjeme ir, Subteniente, tengo a mi esposa muy enferma. No se asuste, señor Onaka, lo necesitamos porque ninguno de nosotros sabe manejar. Mire usted el tamaño de la cojudez: iban a hacer la revolución y ni siquiera sabían manejar un auto.

Cuando Vallejos y Zenón Gonzales entraron al Puesto, Mayta, Condori y Tapia acababan de encerrar en el dormitorio a los guardias, atados a los catres. Los fusiles y las pistolas estaban alineados a la entrada.

—No hubo ningún problema —dijo Mayta, aliviado, al verlos llegar—. ¿Y en la Comisaría?

—Ninguno —contestó Vallejos—. Muy bien, los felicito. Tenemos diez fusiles más, pues.

—Van a faltar brazos para tantos —dijo Mayta.

—No van a faltar —repuso el Subteniente, mientras revisaba los nuevos Máuseres—. En Uchubamba sobran ¿no, Condori?

Parecía mentira que todo estuviera saliendo tan fácil, Mayta.

—Cargaron un montón de fusiles más en mi Ford —suspira el señor Onaka—. Me ordenaron a la Oficina de Teléfonos y qué me quedaba sino ir.

—Al llegar a mi trabajo, había un par de autos y reconocí en uno al chino de la bodega, ese Onaka, ese carero —dice la señora Adriana Tello, viejecita arrugada y menuda, de voz firme y manos nudosas—. Tenía tal cara que pensé se ha levantado con el pie izquierdo o es un chino neurótico. Apenas me vieron, se bajaron unos tipos y se metieron conmigo a la oficina. ¿Por qué me iba a llamar la atención? En esos tiempos ni siquiera había robos en Jauja, mucho menos revoluciones, ¿por qué me iba? Esperen, todavía no es hora. Pero, como si oyeran llover, se saltaron el mostrador y uno volcó la mesa de Asuntita Asís, que en paz descanse. ¿Qué es esto? ¿Qué hacen? ¿Qué quieren? Inutilizar el teléfono y el telégrafo. Fuera caray, ya me quedé sin trabajo. Jajá, le juro que eso fue lo que pensé. No sé cómo me queda humor todavía con las cosas que pasan. ¿Ha visto la desvergüenza de estos gringos que han venido dizque para ayudarnos? Ni saben hablar cristiano y se pasean con sus fusiles y se meten a las casas, qué prepotencia. Como si fuéramos su colonia. Ya no quedan patriotas en nuestro Perú cuando aguantamos esta humillación.

Al ver que Mayta y Vallejos abrían a puntapiés la caseta de la telefonista y comenzaban a destrozar el tablero con las cachas de sus metralletas y a arrancar los cordones, la señora Adriana Tello trató de salir a la calle. Pero Condori y Zenón Gonzales la sujetaron mientras el Subteniente y Mayta acababan la demolición.

—Ahora estamos tranquilos —dijo Vallejos—. Con los guardias prisioneros y el teléfono cortado, no hay peligro inmediato. No es necesario separarse.

—¿Estará en Quero la gente con los caballos? —pensó Mayta en voz alta.

Vallejos se encogió de hombros: de quién se podía fiar uno ahora.

—De los campesinos —murmuró Mayta, señalando a Condori y a Zenón Gonzales, quienes, a una indicación del Alférez, habían soltado a la mujer, que salió despavorida a la calle—. Si llegamos a Uchubamba, estoy seguro que no nos fallarán.

—Claro que llegaremos —sonrió Vallejos—. Claro que no nos fallarán.

Irían a pie a la Plaza, camarada. Vallejos ordenó

257

a Gualberto Bravo y Perico Temoche que llevaran los taxis a la esquina de la Plaza de Armas y Bolognesi. Ése sería el punto de reunión. Se puso a la cabeza de los restantes y dio una orden que a Mayta le escarapeló el cuerpo: «De frente ¡marchen!». Debían formar un grupo extraño, impredecible, inadivinable, desconcertante, esos cuatro adultos y cinco escolares armados, marchando por las calles adoquinadas hacia la Plaza de Armas. Atraerían las miradas, inmovilizarían a la gente en las veredas, la harían salir a las ventanas y a las puertas. ¿Qué pensaban los jaujinos que los veían pasar?

—Estaba afeitándome, porque entonces me levantaba tardecito —dice Don Joaquín Zamudio, ex-sombrerero, ex-comerciante y ahora vendedor de lotería en los portales de Jauja—. Desde mi cuarto los vi y pensé que ensayaban para Fiestas Patrias. ¿Desde ahora? Saqué la cabeza y pregunté: ¿Qué desfile es éste? El Alférez, en vez de contestarme, chilló: «Viva la Revolución». Todos corearon: «Viva, viva». ¿Qué revolución es ésta?, les pregunté, creyendo que estábamos jugando a algo. Y Corderito me respondió: «La que estamos haciendo, la socialista». Después supe que, así como los vi, marchando y vivando, se iban a robar dos Bancos.

Desembocaron en la Plaza de Armas y Mayta vio pocos transeúntes. Se volvían a observarlos, con indiferencia. Un grupo de indios con ponchos y atados, sentados en una banca, movieron las cabezas, siguiéndolos. No había gente para una manifestación todavía. Era ridículo estar marchando, no de revolucionarios sino de boy scouts. Pero Vallejos había dado el ejemplo y los josefinos y Condori y Gonzales lo hacían, de modo que no tuvo más remedio que ponerse al paso. Tenía una sensación ambigua, exaltación y ansiedad, porque, aunque los policías estuvieran encerrados, las armas en su poder y el teléfono y el telégrafo cortados ¿no era tan vulnerable el grupito que formaban? ¿Se podía empezar una revolución así? Apretó los dientes. Se podía. Tenía que poderse.

—Entraron por la puerta principal, poco menos que cantando —dice Don Ernesto Durán Huarcaya, ex-Administrador del Banco Internacional y hoy inválido con cáncer generalizado, en su camita del Sanatorio Olavegoya—. Los vi desde la ventana y pensé ni siquiera igualan los pasos, marchan pésimo. Después, como se dirigían derechito al Internacional, dije ya se viene otro sablazo con el cuento de la kermesse, el desfile o la representación. Salí de la curiosidad ahí mismo porque nada más entrar nos apuntaron y Vallejos gritó: «Venimos a llevarnos la plata que pertenece al pueblo y no a los imperialistas». Ah, esto yo no lo aguanto. Ah, yo me les enfrento a éstos.

—Se metió a cuatro patas bajo su escritorio —dice Adelita Campos, jubilada del Banco y vendedora de cocimientos de hierbas—. Muy machito para resondrarnos por una tardanza o para alargar la mano cuando una pasaba junto a él. Pero cuando vio los fusiles, zas, a cuatro patas bajo su escritorio, sin ninguna vergüenza. Si el Administrador hacía eso ¿qué nos tocaba a los empleaditos? Estábamos asustados, por supuesto. Más de los chicos que de los viejos. Porque andaban gritando como verracos «Viva el Perú», «Viva la Revolución» y de puro excitados se les podía escapar un tiro. Quien tuvo la gran idea fue el recibidor, el viejito Rojas. Qué será de él. Supongo que ya se murió, o, diré, que lo mataron, porque, tal como anda la vida en Jauja, la gente aquí no se muere, a la gente la matan. Y nunca se sabe quién.

—Cuando los vi acercarse a mi ventanilla, abrí el cajón de la izquierda —dice el viejito Rojas, ex-cajero del Internacional, en su cubil de agonizante del Asilo de Ancianos de Jauja—. Allí tenía los depósitos de la mañana y el sencillo para los vueltos y los cambios, poca cosa. Levanté los brazos y recé: «Que caigan en la trampa, Madre Santa.» Cayeron. Se fueron derechito al cajón abierto y sacaron lo que había: cincuenta mil soles y pico. Ahora es nada, en ese tiempo bastante, pero una migaja de lo que había en el cajón de la derecha: cerca de un millón de soles que no había pasado aún a la caja fuerte. Eran aprendices, no como los que vinieron después. Shht, shht, no repita lo que he dicho, caballero.

—¿Eso es todo?

—Sí, sí, todo —tembló el cajero—. Es temprano, no hay movimiento todavía.

—Esta plata no es para nosotros sino para la revolución —lo interrumpió Mayta. Se dirigió a las caras incrédulas de los empleados—: Para el pueblo, para los que la han sudado. Esto no es robo, es expropiación. Ustedes no tienen por qué asustarse. Los enemigos del pueblo son los banqueros, los oligarcas, los imperialistas. Ustedes también son explotados por ellos.

—Sí, por supuesto —tembló el cajero—. Es verdad lo que usted dice, caballero.

Al salir a la Plaza, los muchachos siguieron dando vítores. Mayta, que llevaba la bolsa con el dinero, se acercó a Vallejos: vamos primero al Regional, no hay todavía gente para el mitin. Veía ralos paseantes que los miraban con curiosidad, sin acercarse.

—Pero al paso ligero —asintió Vallejos—, antes que nos tranquen la puerta.

Echó a correr y todos lo siguieron, alineándose en el mismo orden en que habían venido. A los pocos segundos, la carrera anuló en Mayta la capacidad de pensar. El ahogo, la presión en las sienes, el malestar volvieron, pese a que no iban de prisa, sino como calentando antes del partido. Cuando, dos cuadras más allá, se detuvieron en las puertas del Banco Regional, estrellitas silentes flotaban alrededor de su cabeza y tenía la boca de par en par. No te puedes desmayar ahora, Mayta. Entró con el grupo y, como en sueños, apoyado en el mostrador, viendo el espanto en la cara de la mujer que tenía al frente, oyó a Vallejos explicar «Ésta es una acción revolucionaria, venimos a recuperar la plata robada al pueblo» y que alguien protestaba. El Subteniente empujó a un hombre y lo abofeteó. Debía ayudar, moverse, pero no lo hizo porque sabía que, si dejaba este apoyo, se desplomaría. Con los dos codos en el mostrador, apuntando con su metralleta al grupo de empleados —algunos gritaban y otros parecían a punto de ir a defender al que había protestado— vio a Condori y a Zenón Gonzales sujetar de los brazos al hombre del escritorio grande al que Vallejos le había pegado. El Subteniente le acercaba la metralleta en actitud amenazadora. El hombre consintió por fin en abrir la caja fuerte que tenía junto a su escritorio. Cuando Condori acabó de pasar el dinero a la bolsa, Mayta empezaba a respirar mejor. Hubieras tenido que venir hace una semana, ir acostumbrando el cuerpo a la altura, no sabes hacer las cosas.

—¿Te sientes mal? —le preguntó Vallejos, al salir.

—Un poco de soroche, por la carrera. Hagamos el mitin con los que haya. Hay que hacerlo.

—Viva la Revolución —gritó, eufórico, un chiquillo.

—¡Viva! —rugieron los demás josefinos. Uno de ellos apuntó su Máuser al cielo y tronó un disparo. El primero del día. Los otros cuatro lo imitaron. Invadieron la Plaza dando vivas a la Revolución, lanzando tiros al aire y gritando a la gente que se acercara.

—Todo el mundo le ha dicho que no hubo mitin, porque nadie quiso oírlo. Ellos llamaban a la gente que andaba por la glorieta, por el atrio, por los portales y nadie iba —dice Anthero Huillmo, ex-fotógrafo ambulante y ahora ciego que vende novenas, estampas y rosarios de ocho de la mañana a ocho de la noche en la puerta de la Catedral—. Hasta a los camioneros les rogaban «Paren», «Bájense», «Vengan». Ellos aceleraban, desconfiando. Pero sí hubo mitin. Estuve ahí, lo vi y lo oí. Ese tiempo era antes de la granada lacrimógena que por voluntad del Señor me quemó la cara. Ahora no hubiera podido pero entonces sí lo vi. La verdad, fue un mitin para mí solito.

¿Era el primer indicio de que los cálculos no sólo habían errado respecto a los propios conjurados sino, también, sobre el pueblo jaujino? La función del mitin, en su cabeza, era clarísima: aleccionar al hombre de la calle sobre las acciones de la mañana, explicarle su sentido histórico y social de lucha clasista, mostrarle la decisión con que se alzaban, acaso repartir parte del dinero entre los más pobres. Pero allí, frente a la glorieta donde Mayta se había trepado, no había sino un fotógrafo ambulante, el grupito de indios petrificados en una banca que evitaban mirarlos y los cinco josefinos. En vano llamaban con las manos y a gritos a los grupos de curiosos de las esquinas de la Catedral y del Colegio del Carmen. Si los josefinos hacían la tentativa de ir hacia ellos, corrían. ¿Los habían asustado los disparos? ¿Ya se habría extendido la noticia y temerían verse comprometidos o que, en cualquier momento, apareciera la policía? ¿Tenía sentido seguir esperando? Haciendo bocina con sus manos, Mayta gritó:

—¡Nos hemos alzado contra el orden burgués, para que el pueblo rompa sus cadenas! ¡Para acabar con la explotación de las masas! ¡Para repartir la tierra a quien la trabaja! ¡Para poner fin al saqueo imperialista de nuestro país!

—No te rajes la garganta, están muy lejos y no

te oyen —dijo Vallejos, saltando del muro de la glorieta—. Estamos perdiendo el tiempo.

Mayta obedeció y echó a andar a su lado, hacia la esquina de Bolognesi, donde esperaban los taxis vigilados por Gualberto Bravo y Perico Temoche. Bueno, no hubo mitin, pero, por lo menos, se le había quitado el soroche. ¿Llegarían a Quero? ¿Estarían allá los que debían esperarlos con caballos y mulas? Como si hubiera habido telepatía entre ambos, oyó decir a Vallejos:

—Si los de Ricrán no aparecen por Quero, tampoco hay problema. Allá hay animales de sobra. Es comunidad ganadera.

—Se los compraremos, entonces —dijo Mayta, tocando la bolsa que cargaba en la mano derecha. Se volvió a Condori, que iba detrás de él—. ¿Cómo es el camino hasta Uchubamba?

—Cuando no hay lluvias, fácil —repuso Condori—. Lo he hecho mil veces. Es bravo sólo en la noche, por el frío. Pero, desde que se llega a la selva, pan comido.

Gualberto Bravo y Perico Temoche, que estaban sentados junto a los choferes de los taxis, se bajaron a recibirlos. Envidiosos de no haberlos acompañado a los Bancos, decían: «Cuenten, cuenten». Pero Vallejos ordenó partir de inmediato.

—No separarse por ningún motivo —dijo el Subteniente, acercándose a Mayta, quien con Condori y los tres josefinos ya estaba en el taxi del señor Onaka—. No hay necesidad de correr mucho. Hasta Molinos, pues.

Se alejó hacia el otro taxi y Mayta pensó: «Llegaremos a Quero, cargaremos los Máuseres en acémilas, cruzaremos la Cordillera, bajaremos a la selva y en Uchubamba los comuneros nos recibirán con los brazos abiertos. Los armaremos y será nuestra primera base.» Tenía que ser optimista. Aunque hubiera habido deserciones, aunque tampoco aparecie-

263

ran los de Ricrán en Quero, no podía dudar. ¿No había salido todo tan bien esta mañana?

—Eso creíamos —dice el Coronel Felicio Tapia, médico asimilado al Ejército, casado y con cuatro hijos, uno minusválido y otro, militar, herido en acto de servicio en la región de Azángaro; está en Jauja de paso, pues visita continuamente las postas sanitarias de todo Junín—. Que los guardias y el Teniente que dejamos encerrados se demorarían en salir y que, como las comunicaciones estaban cortadas, tendrían que ir a Huancayo a buscar refuerzos. Cinco o seis horas, lo menos. Para entonces, ya estaríamos bajando hacia la selva. ¿Quién nos iba a encontrar? La zona estuvo muy bien escogida por Vallejitos. Es la región donde nos ha sido más difícil operar. Ideal para emboscadas. Los rojos están ahí, en sus guaridas, y la única manera es bombardear a ciegas, arrasar, o ir a sacarlos a la bayoneta, sacrificando mucho personal. Si supiera cuántos hombres hemos perdido sólo en esa zona, la gente se quedaría boquiabierta. Bueno, supongo que ya nadie se queda boquiabierto en el Perú por nada. ¿Dónde estábamos? Sí, eso creíamos. Pero el Teniente Dongo salió de su calabozo ahí mismo. Fue a Telégrafos y vio todo destrozado. Corrió a la estación y, ahí, el telégrafo estaba sanito y salvo. Telegrafió y el ómnibus con los policías partió de Huancayo cuando apenas salíamos de Jauja. En lugar de cinco, les sacamos a lo más un par de horitas. ¡Qué estupidez! Porque inutilizar el telégrafo del ferrocarril era cuestión de un segundo.

—¿Por qué no lo hicieron, entonces?

Se encoge de hombros y humea por la boca y la nariz. Es un hombre envejecido, de bigotitos manchados por la nicotina, acezante. Hablamos en la Enfermería del Cuartel de Jauja, y, de rato en rato, el Coronel Tapia echa una ojeada a la sala atestada de enfermos y heridos entre los que circulan enfermeras.

—¿Sabe que no lo sé? Subdesarrollo, supongo. En el plan original, en el que iban a participar unos cuarenta, creo, sin contarnos a los josefinos, un grupo debía tomar la estación. Creo recordar, al menos. Luego, en el zafarrancho del cambio de planes, a Vallejitos se le pasaría. O a lo mejor nadie se acordó que había un telégrafo en el ferrocarril. El hecho es que partimos muy tranquilos creyendo que teníamos todo el tiempo del mundo por delante.

En realidad, no muy tranquilos. Cuando el señor Onaka (gimoteando que no podía ir hasta Molinos teniendo a su esposa enferma, que al motor le faltaba gasolina para llegar allá) acababa de arrancar, se produjo el incidente del relojero. Mayta lo vio surgir, súbitamente, bufando como un toro bravo, en la puertecita encristalada de letras góticas: «Relojería y Joyería de Pedro Bautista Lozada». Era un hombre mayor, delgado, con anteojos, la cara roja de indignación y una escopeta en la mano. Alistó su metralleta, pero tuvo suficiente sangre fría para no disparar, pues el hombre, aunque rugía como un energúmeno, ni siquiera los apuntaba. Movía la escopeta como un bastón:

—Comunistas de mierda, a mí no me asustáis —trastabilleaba a la orilla de la vereda, los anteojos zangoloteando en su nariz—. ¡Comunistas de mierda! ¡Apeaos si tenéis cojones, coño!

—Siga, no pare —ordenó Mayta al chofer, dándole un golpe en el hombro. Menos mal que nadie le clavó un tiro a este cascarrabias. «Es el español», se rió Felicio Tapia. «¿Qué querrá decir Apeaos?»

—Todo Jauja dice que era usted el ser más pacífico del mundo, Don Pedro, una persona que no se metía con nadie. ¿Qué le dio esa mañana por salir a insultar a los revolucionarios?

—No sé qué me dio —ganguea, con su boca babosa, sin dientes, bajo la manta de vicuña, en su sillón de la relojería donde ha pasado más de cuarenta años, desde que llegó a Jauja, Don Pedro Bautista Lozada—. O, mejor dicho, me dio rabia. Los vi meterse al Internacional y llevarse la plata en un bolsón. Eso no me importó. Luego los oí dar vítores comunistas y disparar. Sin pensar que las balas perdidas podían causar desgracias. ¿Qué era esa majadería? Así que cogí mi escopeta, esta que tengo entre las piernas para las malas visitas. Después, descubrí que ni siquiera la había cebado.

El polvo, los cachivaches, el desorden y la increíble vejez del personaje, me recuerdan una película que vi de niño: *El Mágico Prodigioso*. La cara de Don Pedro es una pasa y tiene las cejas crespas y enormes. Me ha contado que vive solo y que él mismo se prepara la comida, pues sus principios le impiden tener sirvientes.

—Dígame algo más, Don Pedro. Cuando llegaron los policías de Huancayo y el Teniente Dongo empezó a buscar guías para ir tras de los rebeldes, usted se negó. ¿Acaso no estaba tan furioso contra ellos? ¿O es que no conocía las sierras de Jauja?

—Las conocía mejor que nadie, como buen cazador de venados que fui —babea y ganguea, limpiándose la aguadija que le brota de los ojos—. Pero, aunque no me gustan los comunistas, tampoco me gustan los policías. Hablo en pasado, porque, a mis años, ya ni los gustos están claros, amigo. Sólo me quedan unos cuantos relojes y estas babas que se me salen por la falta de dientes. Soy ácrata y moriré en mi ley. Si alguien cruza esta puerta con malas intenciones, sea terruco o soplón, esta escopeta dispara. Abajo el comunismo, coño. Muera la policía.

Los taxis, pegados uno a otro, pasaron por la Plaza Santa Isabel, donde debían haber transbordado al camión de Ricrán las armas capturadas en la cárcel, la Comisaría y el Puesto de la Guardia Civil. Pero

nadie lamentaba el cambio, alrededor de Mayta, en
el apretado automóvil en el que apenas podían moverse. Los josefinos no cesaban de abrazarse y de
dar vivas. Condori los observaba, en actitud reserva-
da, sin participar del entusiasmo. Mayta permanecía
callado. Pero esta alegría y excitación lo conmovían.
En el otro taxi había, sin duda, una escena idéntica.
A la vez, estaba atento al nerviosismo del chofer,
preocupado por la torpeza con que manejaba. El
auto daba botes y barquinazos, el señor Onaka se
metía a todos los huecos, embestía todas las piedras
y parecía decidido a atropellar a todos los perros,
burros, caballos o personas que se cruzaban. ¿Era
miedo o una táctica? ¿Los preparaba para lo que
vino? Cuando el auto, apenas a unos centenares de
metros de Jauja, de pronto se salió de la trocha y
se estrelló contra una barda de piedras pegada a la
cuneta, aplastando el guardabarros y disparando a
los pasajeros unos contra otros y contra puertas y
vidrios, los cinco creyeron que el señor Onaka lo había hecho a propósito. Lo zarandearon, insultaron,
y Condori le lanzó un puñete que le rompió la ceja.
Onaka lloriqueaba que había chocado sin querer. Al
salir del auto, Mayta sintió un perfume de eucaliptos. Lo traía una brisa fría, desde las montañas vecinas. El taxi de Vallejos se acercaba en retroceso,
levantando una nube de polvo rojizo.

—La broma nos hizo perder un cuarto de hora,
quizá más —dice Juan Rosas, subcontratista, camio-
nero y dueño de una chacrita de habas y ollucos, que
convalece de una operación de hernia en casa de su
yerno, en el centro de Jauja—. Esperando otro carro
para reemplazar al del chino. No pasaba ni un burro. Pura mala suerte, pues por esa ruta siempre había camiones yendo a Molinos, Quero o Buena Vista. Ese día, ñada. Mayta le dijo a Vallejos: «Adelán-
tate con tu grupo —en el que iba yo— y vas consi-
guiendo los caballos.» Porque ya ninguno creía que

en Quero nos estarían esperando los de Ricrán. Vallejos no quiso. Así que nos quedamos. Por fin apareció una camioneta. Bastante nueva, el tanque lleno, llantas reencauchadas. Menos mal. La hicimos parar, hubo una discusión, el chofer no quería, tuvimos que asustarlo. Finalmente, la capturamos. El Alférez, Condori y Gonzales se sentaron adelante. Mayta se trepó atrás, con la plebe, es decir nosotros, y todos los Máuseres. La espera nos había preocupado, pero, apenas arrancamos, otra vez nos pusimos a cantar.

La camioneta brincaba en la trocha llena de baches y los josefinos, pelos alborotados, puños en alto, daban vivas al Perú y a la Revolución Socialista. Mayta iba sentado en el filo de la caseta, mirándolos. Y, de pronto, se le ocurrió:

—¿Por qué no la *Internacional*, camaradas?

Las caritas, blancas por el polvo del camino, asintieron y varias dijeron: «Sí, sí, cantémosla.» Al instante, comprendió: ninguno sabía la letra ni había oído jamás la *Internacional*. Ahí estaban, bajo el limpísimo cielo serrano, con sus uniformes arrugados, mirándolo y mirándose, esperando cada uno que los otros empezaran a cantar. Sintió un arrebato de ternura por los siete chiquillos. Les faltaban años para ser hombres pero ya se habían graduado de revolucionarios. Lo estaban arriesgando todo con esa maravillosa inconsciencia de sus quince, dieciséis o diecisiete años, aunque carecían de experiencia política y de toda formación ideológica. ¿No valían acaso más que los fogueados revolucionarios del POR(T) que se habían quedado allá en Lima, o que el sabihondo Doctor Ubilluz y sus huestes obrero-campesinas volatilizadas esa misma mañana? Sí, pues habían optado por la acción. Tuvo ganas de abrazarlos.

—Yo les enseño la letra —dijo, incorporándose en la sacudida camioneta—. Cantemos, canten conmigo. Arriba los pobres del mundo...

Así, chillones, desafinados, exaltados, muertos de risa por las equivocaciones y los gallos, saludando con el puño izquierdo en alto, vitoreando a la Revolución, al Socialismo y al Perú, los vieron pasar los arrieros y labradores de la periferia jaujina, y los escasos viajeros que descendían hacia la ciudad entre cascadas y frondosos chaguales, por esa garganta rocosa y húmeda que baja de Quero hacia la capital de la provincia. Intentaron cantar la *Internacional* un buen rato, pero, debido al mal oído de Mayta, no podían pescar la música. Por fin, desistieron. Terminaron entonando el Himno Nacional y el Himno del Colegio Nacional San José de Jauja. Así llegaron al puente de Molinos. La camioneta no frenó. Mayta la hizo detenerse, golpeando el techo de la caseta.

—¿Qué hay? —dijo Vallejos, asomando la cabeza por la puerta entreabierta.

—¿No íbamos a volar ese puente?

El Alférez hizo un gesto cómico:

—¿Con las manos? La dinamita se quedó donde Ubilluz.

Mayta recordaba que, en todas las conversaciones, Vallejos había insistido en la voladura del puente; cortado éste, los policías tendrían que subir a Quero a pie o a caballo, lo que les daría a ellos una ventaja más.

—No te preocupes —lo tranquilizó Vallejos—. Vamos sobrados. Sigan cantando, eso alegra el viaje.

La camioneta volvió a arrancar y los siete josefinos retomaron sus himnos y chistes. Pero Mayta ya no intervino. Se sentó en el techo de la caseta, y, mientras veía desfilar el paisaje de grandes árboles, oía el rumor de las cascadas y el trino de los jilgueros y sentía el aire puro oxigenándole los pulmones. La altura no lo incomodaba. Arrullado por la alegría de esos adolescentes, empezó a fantasear. ¿Cómo sería el Perú dentro de algunos años? Una laboriosa colmena, cuya atmósfera reflejaría, a escala nacional, la de esta camioneta conmocionada por el idealismo de estos muchachos. Así, igual que ellos, se sentirían los campesinos, dueños ya de sus tierras, y los obreros, dueños ya de sus fábricas, y los funcionarios, conscientes de que ahora servían a toda la comunidad y no al imperialismo ni a millonarios ni a caciques o partidos locales. Abolidas las discriminaciones y la explotación, echadas las bases de la igualdad con la abolición de la herencia, el reemplazo del Ejército clasista por las milicias populares, la nacionalización de los colegios privados y la expropiación de todas las empresas, Bancos, comercios y predios urbanos, millones de peruanos sentirían que, ahora sí, progresaban, y los más pobres primero. Ejercerían los cargos principales los más esforzados, talentosos y revolucionarios y no los más ricos y mejor relacionados, y cada día se cerrarían un poquito más los abismos que habían separado a proletarios y burgueses, a blancos y a indios y a negros y a asiáticos, a costeños y a serranos y a selváticos, a hispanohablantes y a quechuahablantes, y todos, salvo el ínfimo grupito que habría fugado a Estados Unidos o habría muerto defendiendo sus privilegios, participarían en el gran esfuerzo productivo para desarrollar el país y acabar con el analfabetismo y el centralismo asfixiante. Las brumas de la religión se irían disipando con el auge sistemático de la ciencia. Los concejos obreros y campesinos impedirían, a nivel de las fábricas, de las granjas colectivas y de los ministerios, el crecimiento desmesurado y la consiguiente cristalización de una burocracia que congelara la Revolución y empezara a confiscarla en su provecho. ¿Qué haría él en esa nueva sociedad si aún estaba vivo? No aceptaría ningún puesto importante, ni ministerio, ni jefatura militar, ni cargo diplomático. A lo más una responsabilidad política, en la base, tal vez en el campo, una granja colectiva de los Andes o algún proyecto de colonización en la Amazonía. Los prejuicios sociales, morales, sexuales, poco a poco comenzarían a ceder, y a nadie, en ese crisol de trabajo y de fe en el futuro que sería el Perú, le importaría que él viviera con Anatolio —pues se habrían reconciliado— y que fuera más o menos evidente que, a solas, libres de miradas, con la discreción debida, se amaran y gozaran uno del otro. Disimuladamente, se tocó la bragueta con el puño del arma. ¿Hermoso, no, Mayta? Mucho. Pero qué lejos parecía...

IX

LA COMUNIDAD de Quero es una de las más antiguas de Junín y, como hace veinticinco años, como hace siglos, siembra papas, ollucos, habas y coca y pastorea sus ganados en unas cumbres a las que se trepa desde Jauja por una trocha abrupta. Si las lluvias no empantanan el camino, el viaje dura un par de horas. Los baches vuelven a la camioneta una mula chúcara, pero están compensados por el paisaje: una angosta quebrada, ceñida por montañas mellizas, paralela a un río espumoso y saltarín que se llama primero Molinos y, ya cerca del pueblo, Quero. Quinguales de copas frondosas y hojas que la humedad del día torna aún más verdes pespuntean la ruta hacia el alargado pueblecito al que entramos a media mañana.

En Jauja he escuchado contradictorias versiones sobre lo que encontraría en Quero. Se halla en una zona directamente afectada por la guerra en la que, en estos años, ha habido continuos atentados, ejecuciones y operaciones de envergadura tanto por parte de los rebeldes como de la contrainsurgencia. Según algunos, Quero estaba en poder de los revolucionarios, que habían fortificado la plaza. Según otros, el Ejército tenía instalada aquí una compañía de artilleros, e, incluso, un campo de entrenamiento con aseso-

273

res norteamericanos. Alguien me aseguró que nunca me permitirían entrar a Quero, pues el lugar sirve al Ejército de campo de concentración y centro de torturas. «Ahí llevan a los prisioneros de todo el valle del Mantaro para hacerlos hablar aplicándoles los métodos más refinados y de allí parten los helicópteros que, luego de haberlos exprimido, los sueltan vivos en la selva, para escarmiento de los rojos que, calculan, están abajo mirando.» Fabulaciones. No hay en Quero rastro de insurgentes o soldados. Tampoco me sorprende este nuevo desmentido de la realidad a los rumores: la información, en el país, ha dejado de ser algo objetivo y se ha vuelto fantasía, tanto en los diarios, la radio y la televisión como en la boca de las personas. «Informar» es ahora, entre nosotros, interpretar la realidad de acuerdo a los deseos, temores o conveniencias, algo que aspira a sustituir un desconocimiento sobre lo que pasa, que, en nuestro fuero íntimo, aceptamos como irremediable y definitivo. Puesto que es imposible saber lo que de veras sucede, los peruanos mienten, inventan, sueñan, se refugian en la ilusión. Por el camino más inesperado, la vida del Perú, en el que tan poca gente lee, se ha vuelto literaria. El Quero real, este que ahora piso, no coincide con el de las ficciones que he oído. Ni la guerra ni los combatientes de uno u otro bando se divisan por ninguna parte. ¿Por qué está el pueblo desierto? Suponía que todos los hombres en edad de combatir habían sido levados por el Ejército o por la guerrilla, pero ni siquiera ancianos y niños se ven. Deben hallarse en las faenas del campo o en sus casas; sin duda, todo forastero que llega los asusta. Mientras recorro la iglesita construida en 1946, con su torre de piedra y su techo de tejas, y la redonda glorieta de la plaza encuadrada por cipreses y eucaliptos, tengo la sensación de que es un pueblo fantasma. ¿Sería ésa la imagen de Quero la mañana en que llegaron los revolucionarios?

274

—Había un sol radiante y la placita estaba llena de gente debido al trabajo comunal —me asegura Don Eugenio Fernández Cristóbal, señalando con su bastón el cielo cargado de nubes cenicientas—. Yo estaba aquí, en esta glorieta. Aparecieron por esa esquina. A esta hora, más o menos.

Don Eugenio era Juez de Paz de Quero en ese tiempo. Ahora está jubilado. Lo extraordinario es que, después de los acontecimientos en los que estuvo comprometido hasta el pescuezo —por lo menos, desde que Vallejos, Mayta, Condori, Zenón Gonzales y su cortejo de siete infantes llegaron aquí—, retomó sus funciones judiciales y vivió varios años más en Quero, hasta la edad del retiro. Habita ahora en los alrededores de Jauja. A pesar de los rumores apocalípticos sobre la región, no se ha hecho de rogar para acompañarme. «Siempre me gustaron las aventuras», me ha dicho. Tampoco se hace de rogar para referir sus recuerdos de aquel día, el más importante de su larga vida. Responde a mis preguntas rápido y con seguridad total, aun para detalles insignificantes. Nunca duda, se contradice ni deja cabos sueltos que pudieran despertar sospechas sobre su memoria. No es poca proeza para un octogenario que, además, no tengo la menor duda, me oculta y tergiversa muchos hechos. ¿Cuál fue su participación exacta en la aventura? Nadie lo sabe a ciencia cierta. ¿Lo sabe él mismo o la versión que fraguó ha acabado por convencerlo a él también?

—No me llamó la atención, porque no era raro que llegaran a Quero camionetas con gente de Jauja. Se cuadraron allacito, junto a la casa de Tadeo Canchis. Preguntaron dónde podían comer. Venían muy hambrientos.

—¿Y no le llamó la atención que estuvieran armados, Don Eugenio? ¿Que, además de tener cada uno un fusil, trajeran en la camioneta tantas armas?

—Les pregunté si se iban de cacería —me respon-

de Don Eugenio—. Porque ésta no es buena época
para salir a cazar venados, Alférez.

—Nos vamos a hacer prácticas de tiro, doctorcito —dice que le dijo Vallejos—. Allá arriba, en la
pampa.

—¿No era de lo más normal que unos muchachos
del San José vinieran a hacer maniobras? —se pregunta Don Eugenio—. ¿Acaso no tenían sus clases
de Instrucción Pre-Militar? ¿Acaso no era el Alférez
un militar? La explicación me pareció más que satis-
factoria.

—¿Quieres que te diga una cosa? Hasta aquí, no
había perdido las esperanzas.

—¿De que los de Ricrán estuvieran esperándonos
con los caballos? —sonrió Vallejos.

—Y también el Chato Ubilluz y los mineros —confesó Mayta—. Sí, no las había perdido.

Escudriñaba una y otra vez la verde placita de
Quero, como queriendo, a fuerza de voluntad, mate-
rializar a los ausentes. Tenía fruncido el ceño y le
temblaba la boca. Un poco más allá, Condori y Zenón
Gonzales conversaban con un grupo de comuneros.
Los josefinos permanecían junto a la camioneta, cuidando los Máuseres.

—Nos clavaron la puñalada, pues —añadió, con
voz apenas audible.

—A no ser que algún contratiempo los demorara
en el camino —dijo, a su lado, el Juez de Paz.

—No hubo ningún contratiempo, no están aquí
porque no quisieron —dijo Mayta—. No había que
esperar otra cosa, tampoco. Para qué perder tiempo, lamentándonos. No vinieron y ya está, qué importa.

—Así me gusta —le dio una palmada Vallejos—.
Mejor solos que mal acompañados, carajo.

Mayta hizo un esfuerzo. Había que sobreponerse
a ese desánimo. Manos a la obra, conseguir las bestias, comprar provisiones, continuar. Sólo una idea

276

en la cabeza, Mayta: cruzar la Cordillera y llegar a Uchubamba. Allá, ya seguros, podrían reforzar sus cuadros, revisar con calma la estrategia. En el trayecto, mientras permanecía inmóvil en la camioneta, el soroche se había esfumado. Pero ahora, en Quero, al empezar a moverse, volvió a sentir la presión en las sienes, el corazón acelerado, la inestabilidad y el vértigo. Procuró disimularlo mientras, flanqueado por Vallejos y el Juez de Paz, recorrían las casitas de Quero averiguando quién podía alquilar unas acémilas. Condori y Zenón Gonzales, que tenían conocidos en la comunidad, fueron a encargar algo de comer y a comprar provisiones. Al contado, por supuesto.

Debía haberse celebrado un mitin aquí, para explicar a los campesinos la acción insurreccional. Pero, sin necesidad de intercambiar una palabra con Vallejos, desechó la idea. Después del fracaso de esta mañana, no pensó en recordarle al Alférez el asunto. ¿Por qué ese desánimo? No había cómo sacárselo de encima. La euforia del camino lo libró de recapacitar. Ahora volvía, una y otra vez, sobre su situación: cuatro adultos y siete adolescentes entercados en llevar adelante unos planes que se desmoronaban a cada paso. Esto es derrotismo, Mayta, el camino del fracaso. Como una máquina, acuérdate. Sonrió y puso cara de comprender lo que el Juez de Paz y la dueña de la casita ante la que se habían detenido se decían en quechua. Hubieras tenido que aprender quechua antes que francés.

—Se fregaron por quedarse aquí tanto tiempo. —Don Eugenio da una última chupadita al pucho pigmeo de su cigarrillo—. ¿Cuánto? Lo menos dos horas. Llegarían a eso de las diez y partieron después del mediodía.

Debería decir «partimos». ¿Acaso no se fue con ellos? Pero Don Eugenio, con sus ochenta y pico de años, no comete jamás el menor lapsus que pueda siquiera sugerir que fue cómplice de los rebeldes. Estamos bajo la glorieta, cercados por una impertinente lluvia que desaguan sobre el pueblo las nubes plomizas y jorobadas. Un chaparrón intenso y veloz, seguido de un hermosísimo arco iris. Cuando el cielo se despeja queda, siempre, una lluvia menuda, invisible, una especie de garúa limeña que abrillanta las hierbas de la placita de Quero. Poco a poco resucitan los comuneros que aún viven en el lugar. Asoman de las casas, como figuras irreales, indias perdidas bajo tantas polleras, criaturas con sombreros, campesinos antiquísimos que calzan ojotas. Se acercan a saludar a Don Eugenio, lo abrazan. Algunos se alejan después de cambiar unas cuantas palabras con él, otros se quedan con nosotros. Lo escuchan rememorar aquel lejano episodio, asintiendo a veces imperceptiblemente; a veces, intercalan breves comentarios. Pero cuando trato de averiguar algo sobre la situación actual, todos se encierran en un mutismo irreductible. O mienten: no han visto soldados ni guerrilleros, no saben nada de la guerra. Como yo suponía, no hay entre ellos ningún hombre ni mujer en edad de pelear. Con su chaleco bien apretado, su sombrerito de paño embutido hasta los ojos y las hombreras de su saco brilloso demasiado anchas, el antiguo Juez de Paz de Quero parece un personaje de cuento, un gnomo segregado por estos picachos andinos. Su voz tiene resonancias metálicas, como si subiera de un socavón.

—¿Por qué se quedaron tanto en Quero? —se pregunta, sus dos pulgares metidos en los ojales del chaleco y observando el cielo como si la respuesta estuviera en las nubes—. Porque no les fue fácil conseguir las acémilas. La gente de aquí no puede desprenderse así nomás de su instrumento de trabajo. Nadie quería alquilárselas, aunque ofrecían buenos solcitos. Por fin convencieron a Doña Teofrasia Soto viuda de Almaraz. A propósito ¿qué ha sido de Doña

Teofrasia? —Se oye un rumor y frases en quechua, una de las mujeres se persigna—. Ah, murió. ¿En el bombardeo? Entonces, los guerrilleros estuvieron acá, pues, mamacha. ¿Ya se habían ido? ¿Murieron muchos? ¿Y por qué ajusticio la milicia al hijo de Doña Teofrasia?

Gracias a las apostillas en español de Don Eugenio en su diálogo en quechua con los comuneros voy adivinando el episodio que, al sesgo, reintroduce la actualidad en la historia de Mayta. Los guerrilleros estaban en Quero y habían «ajusticiado» a varias personas, entre ellas a ese hijo de Doña Teofrasia. Pero ya se habían marchado cuando un avión sobrevoló el pueblo, disparando ráfagas de metralla. Entre las víctimas, cayó Doña Teofrasia, quien al oír el avión había salido a ver. Murió en la puerta de la iglesia.

—O sea que terminó mal la pobre —comenta Don Eugenio—. Vivía por esa callecita. Jorobada y un poco bruja, según las bolas. Bueno, ella fue la que aceptó alquilárselas, después de hacerse de rogar. Pero sus animales estaban en el campo y mientras fue a traerlos se pasó más de una hora. Por otra parte, los demoró la comida. Ya se lo dije, estaban hambrientos y se mandaron preparar un almuerzo donde Gertrudis Sapollacu, que tenía su fondita y daba pensión.

—Estaban muy confiados, entonces.

—Faltó poquito para que los policías les cayeran encima mientras despachaban el caldo de gallina —asiente Don Eugenio.

Esa composición de tiempo está muy clara. Todos coinciden: antes de una hora de los sucesos, estaba llegando a Jauja el autobús de Huancayo con una compañía de guardias civiles al mando de un Teniente apellidado Silva y un Cabo de nombre Lituma. Hicieron un alto brevísimo en la ciudad, para conseguir un guía y para que el Teniente Dongo y los guardias a sus órdenes se les agregaran. La persecución comenzó de inmediato.

—¿Y cómo es que usted se fue con ellos, doctorcito? —le pregunto a boca de jarro, a ver si pestañea.

El Alférez intentó que se quedara en Quero. Mayta le dio las razones: necesitaban que alguien hiciera de puente entre el campo y la ciudad, sobre todo después de lo que había pasado; necesitaban montar redes de ayuda, reclutar gente, conseguir información. Él era la persona para dirigir la tarea. Fue inútil. Las órdenes de Vallejos y los argumentos de Mayta se hicieron trizas frente a la decisión del pequeño letrado: no, señores, ni tonto, él no se quedaba aquí a recibir a la policía y pagar los platos rotos. Él se iba con ellos de todas maneras. Lo que comenzó como un intercambio de opiniones se volvió discusión. Las voces de Vallejos y del Juez de Paz se elevaban y, en el sombrío recinto saturado de olor a grasa y ajo, Mayta advirtió que Condori, Zenón Gonzales y los josefinos habían dejado de comer para escuchar. No era bueno que la discusión se envenenara. Ya tenían bastantes problemas y eran demasiado pocos para pelearse entre ellos.

—No vale la pena seguir discutiendo, camaradas. Si el doctorcito se empeña tanto, que venga.

Temió que el Alférez lo contradijera, pero Vallejos optó por concentrarse en su plato. Lo mismo hizo el Juez y al poco rato la atmósfera se distendió. Vallejos había colocado al brigadier Cordero Espinoza sobre una elevación, vigilando la ruta, mientras comían. La pascana de Quero se estaba prolongando, y, mientras mordisqueaba los tiznados pedazos de gallina, Mayta se dijo que era una temeridad demorarse de este modo.

—Tendríamos que partir de una vez.

Vallejos asintió, echando una ojeada a su reloj, pero siguió comiendo, sin apresurarse. Íntimamente le dio la razón. Sí, qué pesado ponerse de pie, estirar las piernas , desentumecer los músculos, lanzarse a los cerros, caminar ¿cuántas horas? ¿Y si por el soroche se desmayaba? Lo subirían a una acémila, como un costal. Era ridículo estar aquejado de mal de altura. Sentía como si el soroche fuera un lujo inaceptable en un revolucionario. Sin embargo, el malestar físico era muy real: escalofríos, dolor de cabeza, un desasimiento generalizado. Y, sobre todo, ese corazón tronante en el pecho. Vio, con alivio, que Vallejos y el Juez de Paz conversaban animadamente. ¿Cómo explicar la espantada de la gente de Ricrán? ¿Habían decidido no venir en una reunión celebrada ayer mismo? ¿Habían recibido una contraorden del Chato Ubilluz? Sería extraordinaria una coincidencia, que Ubilluz, los mineros, los de Ricrán, hubieran decidido, cada cual por su lado, sin comunicárselo a los otros, echarse atrás. ¿Tenía importancia eso ahora, Mayta? Ninguna. Más tarde sí, cuando la historia tomara cuentas y estableciera la verdad. (Pero yo, que en este caso soy la historia, sé que no es tan sencillo, pues no siempre el tiempo decanta la verdad; sobre este asunto, las inasistencias de último minuto, no hay manera de saber con total certidumbre si los ausentes desertaron o los protagonistas se adelantaron a lo acordado o si todo se debió a una descoordinación de días y horas. Y no hay manera de saberlo porque ni siquiera los propios actores lo saben.) Tragó el último bocado y se limpió las manos con su pañuelo. La penumbra de la habitación le había ocultado al principio las moscas, pero ahora las veía: constelaban las paredes y el techo y se paseaban con impudicia sobre los platos de comida y los dedos de los comensales. Así serían todas las casitas de Quero: ni luz, ni agua corriente, ni desagües, ni baños. Las moscas y los piojos y mil bichos serían parte del ínfimo mobiliario, amos y señores de porongos y pellejos, de los rústicos camastros arrinconados contra las paredes de adobe y caña, de las descoloridas imágenes de vírgenes y santos clavadas contra las puertas. Si les venían ganas de orinar, en la noche, no tendrían ánimos para levantarse e ir afuera. Orinarían aquí mismo, junto a la cama donde duermen y el fogón en el que cocinan. Total, el piso es de tierra y la tierra se bebe los orines y no queda huella. Y el olor tampoco importa mucho porque desaparece, mezclado, espesando los múltiples olores a basura y suciedad que constituyen la atmósfera de la casa. ¿Y si a medianoche tienen ganas de hacer caca? ¿Tendrían ánimos para salir a la oscuridad y al frío, al viento y a la lluvia? Cagarían aquí también, entre el fogón y la cama. Al entrar ellos, la señora de la casa, una india vieja, con arrugas y legañas, y dos largas trenzas que le batían la espalda al andar, había arrinconado detrás del baúl a unos cuyes que se paseaban por el cuarto. ¿Dormirían con ella esos animalitos, acurrucados contra su viejo cuerpo en busca de calor? ¿Cuántos meses, cuántos años que esa señora no se mudaba las polleras que llevaba puestas y que sin duda habían envejecido con ella, sobre ella? ¿Cuánto que no había hecho un aseo completo de su cuerpo, con jabón? ¿Meses, años? ¿Lo habría hecho alguna vez en su vida? El malestar del soroche desapareció, desplazado por la tristeza. Sí, Mayta, en esta mugre, en este desamparo, vivían millones de peruanos, entre orines y excrementos, sin luz ni agua, llevando la misma vida vegetativa, la misma rutina embrutecedora, la actividad primaria y casi animal de esta mujer con la que, pese a sus esfuerzos, no había podido cambiar sino unas pocas palabras, pues su castellano era incipiente. ¿No bastaba abrir un poco los ojos para justificar lo que habían hecho, lo que iban a hacer? Cuando los peruanos que vivían como esta mujer comprendieran que tenían la fuerza, que sólo les bastaba tomar conciencia de ella y usarla, toda la pirámide de explotación, servidumbre y horror que era el Perú se desfondaría como un techo apolillado. Cuando comprendieran que rebelándose comenzaría por fin la humanidad para sus vidas inhumanas, la revolución sería arrolladora.

—Listo, nos fuimos —dijo Vallejos, poniéndose de pie—. Carguemos las armas.

Todos se apresuraron a salir a la calle. Mayta se sintió animoso de nuevo, al pasar de la oscuridad a la luz. Fue a ayudar a los josefinos que sacaban los fusiles de la camioneta y los iban sujetando sobre las mulas. En la placita de Quero, los indios seguían comerciando, desinteresados de ellos.

—Me convencieron de la manera más sencilla —dice Don Eugenio, con expresión cariacontecida, apiadado de su credulidad—. El Subteniente Vallejos me explicó que, además de ejercitar a los muchachos, iba a hacer entrega de la Hacienda Aína a la comunidad de Uchubamba. De la cual, recuerde, era Presidente Condori y Vice-Presidente Zenón Gonzales. ¿Por qué no le iba a creer? Hacía meses que había líos en Aína. Los comuneros de Uchubamba habían ocupado tierras de la hacienda y las reclamaban alegando títulos coloniales. ¿No era el Alférez una autoridad militar en la provincia? Tenía que cumplir con mi deber, para algo era Juez, señor. Así que, por más que la caminata no era broma —yo ya raspaba los sesenta— los acompañé de buena gana. ¿No era lo más normal del mundo?

Se diría, por la naturalidad con que lo cuenta. Ha salido el sol. La cara de Don Eugenio resplandece.

—Qué sorpresa se llevaría usted, entonces, cuando empezaron los tiros.

—De padre y señor mío —responde sin vacilar—. Comenzaron no mucho después de nuestra partida, al entrar a la quebradita de Huayjaco.

Frunce un poco los ojos —sus párpados se arrugan, se le encrespan las cejas— y su mirada se vuelve líquida. Debe ser el efecto de la resolana; no puedo creer que al ex-Juez de Paz de Quero se le salgan las lágrimas de nostalgia por lo sucedido aquella tarde. Aunque, acaso, a su edad, todo lo anterior, aun lo más doloroso, despierte añoranza.

—Estaban tan apurados que ni siquiera hice una maletita con lo indispensable —murmura—. Salí tal como me ve ahora, con corbata, chaleco y sombrero. Echamos a andar y a la hora u horita y media empezó la fiesta.

Suelta una risita y, de inmediato, las personas que nos rodean ríen también. Son seis, cuatro hombres y dos mujeres, todos entrados en años. Hay, además, en la baranda mohosa de la glorieta, varios niños. Pregunto a los adultos si estaban aquí cuando llegaron los policías. Ellos, luego de miraditas de soslayo al Juez, como pidiéndole permiso, asienten. Insisto, encarando al más viejo de los campesinos: cómo fue, qué pasó luego de que partieron los revolucionarios. Él señala la esquina de la plaza donde muere el camino: se apareció ahí, roncando, humeando, el ómnibus con los policías. ¿Cuántos eran? Muchos. ¿Cuántos, muchos? Unos cincuenta, tal vez. Animados por su ejemplo, los otros comienzan también a hablar, y al rato todos confrontan sus recuerdos a la vez. Me cuesta seguir el hilo, en ese laberinto en el que el quechua se mezcla con el español y en el que el episodio de hace veinticinco años se confunde de pronto con el bombardeo de hace días o semanas —tampoco está claro— y con los «ajusticiamientos» de la guerrilla. En las mentes de estos campesinos se produce, naturalmente, una asociación que a mí me ha costado trabajo establecer y que muy pocos de mis compatriotas ven. Lo que saco por fin en claro es que los cincuenta o sesenta policías los creían en Quero, escondidos, pues se pasaron cerca de media hora rebuscando el pueblo, entrando y saliendo de las casitas, preguntando a unos y a otros dónde se habían metido. ¿Preguntaban por los revolucionarios? ¿Por los comunistas? No, no empleaban esas expresiones. Decían: los rateros, los abigeos, los bandidos. ¿Están seguros?

—Claro que están seguros —los personifica Don Eugenio—. Usted tiene que darse cuenta, eran otros tiempos, a quién se le iba a ocurrir que eso era una revolución. Acuérdese, además, que asaltaron dos Bancos antes de salir de Jauja...

Se ríe y todos vuelven a reírse. ¿Hubo, en esa media hora que permanecieron aquí, algún incidente entre policías y comuneros? No, ninguno, los guardias se convencieron ahí mismo que los «abigeos» se habían ido y que la gente de Quero no tenía nada que ver con ellos ni sabía lo ocurrido en Jauja. Otros tiempos, no hay duda: los policías no consideraban todavía que cualquier hombre con poncho y ojotas era —mientras no demostrara lo contrario— un cómplice de los subversivos. El mundo andino no se había polarizado al extremo actual en que sus habitantes sólo pueden ser cómplices de los rebeldes o cómplices de sus represores.

—Y, mientras —dice el Juez de Paz, la mirada de nuevo acuosa—, nosotros nos estábamos empapando de lo lindo.

La lluvia se desató al cuarto de hora de partir de Quero. Una lluvia fuerte, de gotas gruesas, que por momentos parecía granizada. Pensaron buscar refugio hasta que amainara, pero no había dónde guarecerse. «Cómo ha cambiado el paisaje», se decía Mayta. Era tal vez el único al que el aguacero no mortificaba. El agua corría por su piel, impregnaba sus pelos, se le escurría entre los labios y resultaba un bálsamo. A partir de los sembríos de Quero, el terreno era una continua pendiente. Como si hubieran cambiado una vez más de región, de país, este paisaje no tenía nada que ver con el que separaba de Jauja a Quero. Habían desaparecido los tupidos quinguales, las matas de hierbas, los pájaros, el rumor de la cascada, las florecillas silvestres y las cañas balanceándose junto al camino. En esta ladera pelada, sin rastro de trocha, la única vegetación eran, de cuando en cuando, unos cactos gigantes, de gruesos brazos erizados de espinos, en forma de candelabros. La tierra se había ennegrecido y gibado con pedrones y rocas de aire siniestro. Avanzaban divididos en tres grupos. Las acémilas y las armas adelante, con Condori y tres josefinos. Luego, el resto de los muchachos, a un centenar de metros, con Zenón Gonzales como jefe de grupo. Y, cerrando la marcha. cubriendo a los demás, el Alférez, Mayta y el Juez de Paz, quien también conocía el camino hacia Aína, por si perdían contacto con los otros. Pero hasta ahora Mayta había estado viendo a los dos grupos, allí adelante, más arriba, en las faldas de los cerros, dos manchitas que aparecían y desaparecían según los altibajos del terreno y la densidad de la lluvia. Debía ser media tarde, aunque el cielo grisáceo sugería el anochecer. «¿Qué hora es?», le preguntó a Vallejos. «Las dos y media.» Al oírlo, recordó un chiste que hacían los alumnos del Salesiano cuando les preguntaban la hora. «Lo tengo parado, míralo», y se señalaban la bragueta. Se sonrió y, por esa distracción, casi se cae. «El arma boca abajo, que no le entre tanta agua», le dijo Vallejos. La lluvia había puesto el suelo fangoso y Mayta procuraba pisar las piedras, pero éstas, sueltas por el aguacero, cedían y constantemente resbalaba. En cambio, a su derecha, el letrado de Quero —chiquito, reconcentrado, su sombrero hecho una sopa, tapándose la nariz y la boca con un pañuelo de colores, sus centenarios botines que parecían enfangados— caminaba por la serranía como por una lisa vereda. También Vallejos progresaba con desenvoltura, algo adelantado, la metralleta en el hombro y la cabeza inclinada para ver dónde pisaba. Todo el tiempo les sacaba ventaja y

Mayta y Don Eugenio tenían que dar pequeñas carreritas para alcanzarlo. Desde que salieron de Quero, casi no habían cambiado palabra. El propósito era llegar a la quebrada llamada Viena, ya en la vertiente oriental, de clima más benigno. Condori y Zenón Gonzales creían que era posible llegar allí antes de anochecer, si se apuraban. No era aconsejable pernoctar en plena puna, con peligro de nevada y tempestad. Aunque cansado y, a ratos, agitado por la altura, Mayta se sentía bien. ¿Lo aceptaban los Andes, por fin, después de tanto hostilizarlo? ¿Había pasado el bautizo? Sin embargo, un rato después, cuando Vallejos indicó que podían hacer un alto, se dejó caer en la tierra barrosa, exhausto. Había dejado de llover, el cielo estaba aclarando y ya no veía a los otros dos grupos. Se hallaban en una honda depresión, flanqueados por paredes de roca en las que brotaban penachos húmedos de ichu. Vallejos vino a sentarse a su lado y le pidió la metralleta, a la que examinó con cuidado, abriendo y cerrando el seguro. Se la devolvió sin decir nada y prendió un cigarrillo. La cara del joven estaba llena de gotitas y, detrás de la bocanada de humo, Mayta la vio tensa por la preocupación.

—Tú eras el que nunca perdía el optimismo —le dijo.

—No lo he perdido —repuso Vallejos, chupando el cigarrillo y arrojando el humo por la nariz y por la boca—. Sólo que...

—Sólo que no te cabe en la cabeza lo de esta mañana —dijo Mayta—. Has perdido la virginidad política, ahora sí. La revolución es más enredada que los cuentos de hadas, mi hermano.

—No quiero hablar de lo de esta mañana —lo cortó Vallejos—. Hay cosas más importantes, ahora.

Oyeron un ronquido. El juez de Paz se había tumbado de espaldas en el suelo, con el sombrero sobre la cara, y, por lo visto, dormía.

Vallejos consultó su reloj.

—Si mis cálculos son buenos, deberían estar llegando recién a Jauja. Les llevamos unas cuatro horas. Y, en este páramo, somos una aguja en el pajar. Estamos fuera de peligro, creo. Bueno, despertemos al doctorcito y sigamos.

Apenas oyó las últimas palabras de Vallejos, Don Eugenio se incorporó. Se caló al instante el empapado sombrero.

—Siempre listo, mi Alférez —dijo, haciendo un saludo militar—. Yo soy una lechuza, duermo con un ojo, nomás.

—Me asombra que esté con nosotros, doctorcito —dijo Mayta—. Con sus años y su trabajo, usted sí que tenía razones para cuidarse.

—Bueno, francamente, si alguien me hubiera pasado la voz, lo más seguro es que yo también me habría esfumado —confesó, sin el menor embarazo, el Juez de Paz—. Pero ni se acordaron de mí, me basurearon. Qué me quedaba, pues. ¿Esperar allá a la policía para ser el chivo expiatorio? Ni cojudo, señores.

Mayta se echó a reír. Habían reanudado la marcha y trepaban la hondonada, resbalando, cuando vio que Vallejos se quedaba quieto, agazapado. Miraba a un lado y a otro, escuchando.

—Tiros —lo oyó decir, en voz muy baja.

—Truenos, hombre —dijo Mayta—. ¿Seguro que son tiros?

—Voy a ver de dónde vienen —dijo Vallejos, alejándose—. Quietos, aquí.

—¿Y la policía le creyó todo eso, Don Eugenio?

—Por supuesto que me creyó. ¿No era la verdad? Pero, antes, me hicieron pasar un mal rato.

Con los pulgares en el chaleco y la ajada carita vuelta hacia el cielo me cuenta —en la glorieta de Quero hay ahora una veintena de viejos y niños haciéndonos rueda— que lo tuvieron tres días en la Comisaría de Jauja y luego un par de semanas en la

Comandancia de la Guardia Civil de Huancayo, exigiéndole que confesara ser cómplice de los revolucionarios. Pero él, por supuesto, terco, incansable, repitió que se fue con ellos engañado, creyéndoles que necesitaban un Juez para entregar la Hacienda Aína a los comuneros de Uchubamba y que las armas eran para maniobras premilitares de los josefinos. Tuvieron que aceptar su versión, sí señor: a las tres semanas estaba otra vez en Quero, ejerciendo de Juez de Paz, limpio de polvo y paja y con una buena anécdota para los amigos. Se ríe y en su risa percibo un rastro de burla. Ahora el aire está seco y en las viviendas del pueblo, en las tierras y los cerros vecinos, contrastan el ocre, el pizarra, el dorado y tonos de verde. «Qué tristeza ver estas tierras medio muertas», se lamenta Don Eugenio. «Todo esto eran sembríos macanudos. ¡Qué guerra maldita! Está matando a Quero, no es justo. Y pensar que hace veinticinco años el pueblo parecía tan pobre. Pero siempre se puede estar peor, no hay fondo para la desgracia.» Yo no lo dejo distraerse en la actualidad y lo regreso al pasado y a la ficción. ¿Qué había hecho durante el tiroteo? ¿Cuánto había durado el tiroteo? ¿Llegaron a salir de la quebrada de Huayjaco? Desde que comenzó, hasta que terminó y sin omitir detalle, Don Eugenio.

Tiros, no cabía duda. Mayta estaba con una rodilla en tierra, empuñando la metralleta y observando en todas direcciones. Pero, en la hondonada, su campo de visión era mínimo: el horizonte dentado de unas cumbres. Una sombra pasó aleteando. ¿Un cóndor? No recordaba haber visto a ninguno vivo, sólo en fotos. Advirtió que el Juez de Paz se persignaba y que, con los ojos cerrados y las manos juntas, se ponía a rezar. Volvió a escuchar una ráfaga, en la misma dirección que la anterior. ¿A qué hora volvería Vallejos? Como respondiendo a su deseo, el Alférez asomó por el borde de la elevación. Y, detrás de él, la cara de un josefino del grupo intermedio: Perico Temoche. Se deslizaron por la ladera hasta ellos. La cara de Temoche estaba lívida y sus manos y la culata de su Máuser manchadas de barro, como si se hubiera caído.

—Están tirándole a la vanguardia —dijo Vallejos—. Pero andan lejos, el segundo grupo no los ha visto.

—¿Qué hacemos? —dijo Mayta.

—Avanzar —repuso Vallejos, con energía—. El primer grupo es el importante, hay que salvar esas armas. Trataremos de distraerlos, hasta que la vanguardia se aleje. Vamos, de una vez. Sepárense bastante uno de otro.

Mientras trepaban el muro de la hondonada, Mayta se preguntó por qué a nadie se le había ocurrido darle un fusil a Don Eugenio ni a él pedirlo. Si había que pelear, el Juez iba a vérselas negras. No se sentía agitado, no tenía miedo. Se había adueñado de él una gran serenidad. No sentía sorpresa por los tiros. Estaba esperándolos desde que salieron de Jauja, nunca había creído que les llevaran tanta ventaja como decía el Alférez. Qué estupidez demorarse así en Quero.

En lo alto de la hondonada, se agazaparon para mirar. No se veía a nadie: sólo la tierra parda y sinuosa, subiendo siempre, con ocasionales breñas y riscos, donde, pensó, podían protegerse si los perseguidores se aparecían a la vuelta de una cumbre.

—Vayan cubriéndose en las rocas —dijo Vallejos. Llevaba su metralleta en la mano izquierda y con la derecha les indicaba que se separaran más. Corría casi, inclinado, mirando en torno. Detrás de él iba el letrado, y, al poco rato, Mayta y Perico Temoche quedaron rezagados. No había vuelto a oír tiros. El cielo se despejaba: había menos nubes y ya no plomizas, preñadas de tormenta, sino blancas y esponjosas. «Mala suerte, ahora convendría que lloviera», pensó. Avanzaba atento a su corazón, temeroso de que sobrevinieran el ahogo, la arritmia, la fatiga. Pero no, se sentía bien, aunque con algo de frío. Forzando la vista, trató de divisar a los grupos delanteros. Era imposible por lo entrecortado del terreno y la abundancia de ángulos muertos. En un momento, entre dos pequeñas elevaciones, le pareció distinguir los puntos movedizos. Llamó con la mano a Perico Temoche:

—¿Son ésos los de tu grupo?

El muchacho asintió varias veces, sin hablar. Parecía más niño, así, con la cara desencajada. Apretaba su fusil como si quisieran arrebatárselo y parecía haber perdido la voz.

—No se han vuelto a oír —trató de animarlo—. A lo mejor era falsa alarma.

—No, no era falsa alarma —balbuceó Perico Temoche—. Eran de verdad.

Y, muy bajito, haciendo esfuerzos para sobreponerse, le contó que, al sonar los primeros disparos, todo su grupo había alcanzado a ver que, adelante, la vanguardia se dispersaba en tanto que alguien, seguramente Condori, levantaba su fusil para contestar el ataque. Zenón Gonzales gritó: «Al suelo, al suelo». Permanecieron tendidos hasta que se apareció Vallejos y les ordenó seguir. Se lo había traído a él para que hiciera de correo.

—Ya sé por qué —le sonrió Mayta—. Porque eres el más rápido. ¿Y también el de más agallas?

El josefino sonrió apenas, sin abrir la boca. Seguían caminando juntos, mirando a un lado y a otro. Vallejos y el Juez de Paz les habían sacado unos veinte metros de ventaja. Minutos después oyeron otra salva.

—La anécdota divertida es que en pleno tiroteo me resfrié —dice Don Eugenio—. Había habido una fuerte lluvia y yo estaba empapado ¿ve usted?

Sí, el hombrecillo pequeño, enchalecado y ensom-

291

brerado, en medio de los guerrilleros, bajo las balas de los guardias que los tiroteaban desde las cumbres, comienza a estornudar. Tratando de ponerlo en apuros, le pregunto en qué momento comprendió que aquellos hombres eran unos insurrectos y puro cuento lo de las maniobras y la entrega de Aína. No se incomoda:

—Cuando empezó la balacera —dice, con convencimiento absoluto— todo se explicó solito. Caracho, imagínese mi situación. Sin saber cómo, encontrarme ahí, entre balas que zumbaban.

Hace una pausa, sus ojitos se aguan otra vez y a mí me vuelve el recuerdo de aquella tarde, en París, dos o tres días después de la tarde que evocamos. Era a la hora en que religiosamente dejaba de escribir y salía a comprar *Le Monde* y a leerlo tomando un *express* en el bistrot Le Tournon, de la esquina de mi casa. El nombre estaba mal escrito, habían cambiado la y por una i, pero no tuve la menor duda: era mi condiscípulo del Salesiano. Aparecía en una noticia sobre el Perú, casi invisible de pequeña, apenas seis o siete líneas, no más de cien palabras. «Frustrado intento insurreccional», algo así, y no estaba claro si el movimiento tenía ramificaciones, pero sí que los cabecillas habían sido muertos o capturados. ¿Estaba Mayta preso o muerto? Fue lo primero que pensé, mientras se me caía de la boca el Gauloise y leía y releía la noticia sin acabar de aceptar que en mi lejanísimo país hubiera ocurrido una cosa así y que mi compañero de lectura de *El conde de Montecristo* fuera el protagonista. Pero que el Mayta sin y griega de *Le Monde* era él fue una certeza desde el primer instante.

—¿A qué hora empezaron a llegar aquí los prisioneros? —repite mi pregunta Don Eugenio, como si lo hubiera interrogado a él. En realidad se lo he preguntado a los ancianos de Quero, pero es bueno que sea el Juez de Paz, hombre de confianza de los

vecinos, quien se muestre interesado en saberlo—.
Sería ya de noche ¿no es cierto?

Hay una onda de noes, cabezas que niegan, voces que se disputan la palabra. No había anochecido, era la tardecita. Los guardias volvieron en dos grupos; el primero, traía tendido, en una de las acémilas de Doña Teofrasia, al Presidente de la Comunidad de Uchubamba. ¿Venía muerto ya Condori? Agonizando. Le habían caído dos balazos, en la espalda y en el cuello, y estaba manchado de sangre. También traían a varios josefinos, con las manos amarradas. En ese tiempo se tomaban prisioneros. Ahora, mejor morir peleando porque al que agarran, después de sacarle lo que sabe, de todas maneras lo matan ¿no, señor? En fin, a los muchachos les habían quitado los cordones de los zapatos para que no intentaran escaparse. Caminaban como pisando huevos, y, pese a arrastrar los pies, algunos perdían los chuzos. Llevaron a Condori a casa del teniente-gobernador y le hicieron una curación, pero por gusto, pues se les murió al ratito. A eso de la media hora llegaron los otros. Vallejos les hacía señas de que se apuraran.

—Más rápido, más rápido —lo oyó gritar.

Mayta trató pero no pudo. Ahora también Perico Temoche le había sacado varios metros. Se oían tiros aislados y no podía localizar de dónde provenían ni si estaban más cerca o más lejos que antes. Temblaba, pero no de soroche sino de frío. Y en eso vio a Vallejos alzar su metralleta: el disparo estalló en sus tímpanos. Miró la cumbre a la que el Alférez había disparado y sólo vio rocas, tierra, matas de ichu, picos quebrados, cielo azul, nubecillas blancas. Él también apuntaba hacia allá, el dedo en el gatillo.

—Por qué se paran, carajo —los urgió Vallejos, de nuevo—. Sigan, sigan.

Mayta le obedeció y, durante un buen rato, caminó muy de prisa, con el cuerpo inclinado, saltando sobre los pedruscos, corriendo a veces, tropezando, sintiendo que el frío calaba sus huesos y que su corazón enloquecía. Oyó nuevos disparos y en un momento estuvo seguro que un tiro había desportillado unas piedras, a poca distancia. Pero, por más que miraba las cimas, no divisaba a un atacante. Era por fin una máquina que no piensa, que no duda, que no recuerda, un cuerpo concentrado en la tarea de seguir corriendo para no quedarse atrás. De pronto se le doblaron las rodillas y se detuvo, jadeante. Tambaleándose, dio unos pasos y se encogió detrás de unas piedras musgosas. El Juez de Paz, Vallejos y Perico Temoche seguían avanzando, muy rápido. Ya no podrás alcanzarlos, Mayta. El Alférez se volvió y Mayta le hizo señas de que siguiera. Y, mientras hacía esos gestos, percibió, esta vez sin sombra de duda, que un tiro se estrellaba a pocos pasos: había abierto un pequeño orificio en el suelo y levantado un humito. Se encogió lo más que pudo, miró, buscó, y, colgada del parapeto de rocas a su derecha, vio clarito la cabeza de un guardia y un fusil que le apuntaba. Se estaba cubriendo por el lado equivocado. Circundó las piedras a gatas, se tumbó en el suelo y sintió tiros sobre su cabeza. Cuando, por fin, pudo apuntar y disparó, tratando de aplicar las instrucciones de Vallejos —el blanco debe coincidir con el alza— el guardia ya no estaba en el parapeto. La ráfaga lo hizo remecerse y lo aturdió. Vio que sus tiros descascaraban la roca, un metro por debajo de donde había asomado el guardia.

—Corre, corre, yo te cubro —oyó gritar a Vallejos. El Alférez apuntaba hacia el parapeto.

Mayta se reincorporó y corrió. El frío lo entumecía, sus huesos parecían crujir bajo su piel. Era un frío helado y ardiente que lo hacía sudar, igualito que la fiebre. Cuando llegó junto a Vallejos se arrodilló y apuntó también hacia las rocas.

—Hay unos tres o cuatro ahí —dijo el Alférez, señalando—. Vamos a progresar por saltos, en escalón. No quedarse quietos porque nos rodearían. Que no nos corten de los otros. Cúbreme.

Y, sin esperar su respuesta, se incorporó y echó a correr. Mayta siguió vigilando los riscos de la derecha, el dedo en el gatillo de la metralleta, pero no asomó ninguna figura. Por fin, buscó a Vallejos y lo divisó, lejísimos, haciéndole señas de que avanzara, él lo cubriría. Echó a correr y a los pocos pasos volvió a oír tiros, pero no se detuvo y siguió corriendo y al poco rato descubrió que era el Subteniente quien disparaba. Cuando lo alcanzó estaban junto a él Perico Temoche y el Juez de Paz. El chiquillo cargaba su Máuser con una cacerina de cinco balas que sacó de un bolsón colgado en la cintura. Había estado disparando, pues.

—¿Y los otros grupos? —preguntó Mayta. Tenían delante un roquedal que les cortaba la visión.

—Los hemos perdido, pero saben que no pueden pararse —dijo Vallejos, con vehemencia, sin apartar la mirada del contorno. Y, luego de una pausa—: Si nos cercan, nos jodimos. Hay que avanzar hasta que oscurezca. De noche no habrá peligro. De noche no hay persecución que valga.

«Hasta que anochezca», pensó Mayta. ¿Cuánto faltaba? ¿Tres, cinco, seis horas? No le preguntó a Vallejos la hora. Más bien, metió la mano en su sacón y una vez más —lo había hecho docenas de veces en el día— comprobó que tenía muchas cacerinas de repuesto.

—Progresión de dos en dos —ordenó Vallejos—. Yo y el doctor, tú y Perico. Cubriéndonos. Atención, no se descuiden, correr agachados. Vamos, doctorcito.

Salió corriendo y Mayta vio que ahora el Juez de Paz tenía un revólver en la mano. ¿De dónde lo había sacado? Debía ser el del Alférez, por eso llevaba la cartuchera abierta. Y en eso vio surgir dos siluetas humanas encima de su cabeza, entre los cañones de los fusiles. Una gritó: «Ríndanse, carajo». Él y Perico dispararon al mismo tiempo.

—No los pescaron a todos ese mismo día —dice Don Eugenio—. Dos josefinos se les escaparon: Teófilo Puertas y Felicio Tapia.

Conozco la historia por boca de los protagonistas, pero no lo interrumpo, para ver las coincidencias y discrepancias. Detalles más, detalles menos, la versión del antiguo Juez de Paz de Quero es muy semejante a la que he oído. Puertas y Felicio estaban en la vanguardia, bajo el mando de Condori, el primer grupo en ser detectado por una de las patrullas en que se habían dividido los guardias para batir la zona. De acuerdo a las instrucciones de Vallejos, Condori trató de seguir avanzando, a la vez que repelía el ataque, pero al poco rato fue herido. Esto provocó la espantada. Los muchachos echaron a correr, dejando abandonadas las acémilas con las armas. Puertas y Tapia se ocultaron en una cueva de vizcachas. Permanecieron allí toda la noche, medio helados de frío. Al día siguiente, hambrientos, confusos, resfriados, deshicieron el camino y llegaron a Jauja sin ser descubiertos. Ambos se presentaron a la Comisaría acompañados de sus padres.

—Felicio estaba hinchado —asegura el Juez de Paz—. De la tremenda tunda que recibió en su casa por dárselas de revolucionario.

Del grupo de vecinos de Quero que nos acompañaban sólo quedan ahora, bajo la glorieta, una pareja de viejos. Los dos recuerdan la entrada de Zenón Gonzales, amarrado de un caballo, descalzo, con la camisa rota, como si hubiera forcejeado con los guardias, y, detrás de él, el resto de los josefinos, también amarrados y con los zapatos sin pasadores. Uno de ellos —nadie sabe cuál— lloraba. Uno morochito, dicen, uno de los menorcitos. ¿Lloraba porque le habían pegado? ¿Porque estaba herido, asustado? Quién sabe. Tal vez por la mala suerte del pobre Alférez.

Y así, trepando, trepando siempre, de dos en dos, estuvieron un tiempo que a Mayta le pareció horas, pero no debía serlo porque la luz no cedía lo más mínimo. Por parejas que eran Vallejos y el letrado y Mayta y Perico Temoche, o Vallejos y el josefino y Mayta y el letrado, dos corrían y dos los cubrían, estaban juntos lo suficiente para darse ánimos y recobrar el aliento y continuaban. Veían las caras de los guardias a cada momento y cambiaban tiros que nunca parecían dar en el blanco. No eran tres o cuatro, como suponía Vallejos, sino bastantes más, de otro modo hubieran tenido que ser ubicuos para aparecer en sitios tan diferentes. Asomaban en las partes altas, ahora por los dos lados, aunque el peligroso era la derecha, donde la balaustrada de rocas se hallaba muy próxima del terreno por el que corrían. Los estaban siguiendo por el filo de la cumbre y, aunque a ratos Mayta creía que los habían dejado atrás, siempre reaparecían. Había cambiado un par de veces la cacerina. No se sentía mal; con frío, sí, pero su cuerpo estaba respondiendo al tremendo esfuerzo, a esas carreras a semejante altura. ¿Cómo no hay nadie herido?, pensaba. Porque les habían disparado ya muchas balas. Es que los guardias se cuidaban, asomaban apenas la cabeza y tiraban a la loca, por cumplir, sin demorarse en apuntar, temerosos de resultar un blanco fácil para los rebeldes. Tenía la impresión de un juego, de una ceremonia ruidosa pero inofensiva. ¿Iba a durar hasta que oscureciera? ¿Podrían escabullirse de los guardias? Parecía imposible que la noche fuera a caer alguna vez, a oscurecerse este cielo tan lúcido. No se sentía abatido. Sin arrogancia, sin patetismo, pensó: «Mal que mal estás siendo lo que querías, Mayta».

—Listo, Don Eugenio. Corramos. Nos están cubriendo.

—Váyase usted, nomás, a mí no me dan las piernas —le repuso el Juez de Paz, muy despacio—. Yo me quedo. Llévese esto, también.

En lugar de entregárselo, le arrojó el revólver, que Mayta tuvo que agacharse a recoger. Don Eugenio se había sentado, con las piernas abiertas. Sudaba copiosamente y tenía la boca torcida en una mueca ansiosa, como si se hubiera quedado sin aire. Su postura y su expresión eran las de un hombre que ha llegado al límite de la resistencia y al que el agotamiento ha vuelto indiferente. Comprendió que no tenía objeto discutir con él.

—Buena suerte, Don Eugenio —dijo, echando a correr. Cruzó muy rápido los treinta o cuarenta metros que lo separaban de Vallejos y de Perico Temoche, sin oír tiros; cuando llegó donde ellos, ambos, rodilla en tierra, disparaban. Trató de explicarles lo del Juez de Paz, pero jadeaba en tal forma que no le salió la voz. Desde el suelo, intentó disparar y no pudo; su metralleta estaba encasquillada. Disparó con el revólver, los tres últimos tiros, con la sensación de que lo hacía por gusto. El parapeto estaba muy cerca y había una ringlera de fusiles apuntándoles: los quepis aparecían y desaparecían. Oía gritar amenazas que el viento traía hacia ellos muy claras: «Ríndanse, carajo», «Ríndanse, conchas de su madre», «Sus cómplices ya se rindieron», «Recen, perros». Se le ocurrió: «Tienen orden de capturarnos vivos». Por eso no había nadie herido. Disparaban sólo para asustarlos. ¿Sería cierto que la vanguardia se había entregado? Estaba más tranquilo e intentó hablar a Vallejos de Don Eugenio, pero el Alférez lo cortó con un ademán enérgico:

—Corran, yo los cubro —Mayta advirtió, por su voz y por su cara, que esta vez sí estaba muy alarmado—. Rápido, éste es mal sitio, nos están cerrando. Corran, corran.

Y le dio una palmada en el brazo. Perico Temoche

echó a correr. Se incorporó y corrió también, oyendo que, al instante, silbaban las balas a su alrededor. Pero no se detuvo y, ahogándose, sintiendo que el hielo traspasaba sus músculos, sus huesos, su sangre, siguió corriendo, y, aunque se tropezó y cayó dos veces y en una de ellas perdió el revólver que llevaba en la mano izquierda, en ambas se levantó y siguió, haciendo un esfuerzo sobrehumano. Hasta que se le doblaron las piernas y cayó de rodillas. Se encogió en el suelo.

—Les hemos sacado ventaja —oyó decir a Perico Temoche. Y, un instante después—: ¿Dónde está Vallejos? ¿Tú lo ves? —Hubo una pausa larga, con jadeos—. Mayta, Mayta, creo que estos conchas de su madre le han dado.

Entre el sudor que le nublaba la vista advirtió que, allá abajo, donde se había quedado el Alférez cubriéndolos —habían corrido unos doscientos metros— se movían unas siluetas verdosas.

—Corramos, corramos —acezó, tratando de incorporarse. Pero no le respondieron los brazos ni las piernas y entonces rugió—: Corre, Perico. Yo te cubro. Corre, corre.

—A Vallejos lo trajeron de noche, yo mismo lo vi, ¿ustedes no lo vieron? —dice el Juez de Paz. Los dos viejos de la glorieta lo confirman, moviendo sus cabezas. Don Eugenio señala de nuevo la casita con el escudo, sede de la Gobernación—. Lo vi desde ahí. En ese cuarto del balcón nos tenían a los prisioneros. Lo trajeron en un caballo, tapado con una manta que les costó desprender porque se había pegado con la sangre de los balazos. Él sí estaba requetemuerto al entrar a Quero.

Lo escuchó divagar sobre cómo y quién mató a Vallejos. Es un tema que he oído referir tanto y por tantos, en Jauja y en Lima, que sé de sobra que nadie me dará ya ningún dato que no sepa. El ex-Juez de Paz de Quero no me ayudará a aclarar cuál es la cierta entre todas las hipótesis. Que si murió en el tiroteo entre insurrectos y guardias civiles. Que si sólo fue herido y lo remató el Teniente Dongo, en venganza por la humillación que le hizo pasar al capturar su Comisaría y encerrarlo en su propio calabozo. Que si lo capturaron ileso y lo fusilaron, por orden superior, allá, en la puna de Huayjaco, para escarmiento de oficiales con veleidades revoltosas. El Juez de Paz las menciona todas, en su monólogo reminiscente, y, aunque con cierta prudencia, me da a entender que se inclina por la tesis de que el joven Alférez fue ejecutado por el Teniente Dongo. La venganza personal, el enfrentamiento del idealista y el conformista, el rebelde y la autoridad: son imágenes que corresponden a las apetencias románticas de nuestro pueblo. Lo cual no quiere decir, claro está, que no puedan ser ciertas. Lo seguro es que este punto de la historia —en qué circunstancias murió Vallejos— tampoco se aclarará. Ni cuántas balas recibió: no se hizo autopsia y el parte de defunción no lo menciona. Los testigos dan sobre esto las versiones más antojadizas: desde una bala en la nuca hasta un cuerpo como un colador. Lo único definitivo es que lo trajeron a Quero ya cadáver, en un caballo, y que de aquí lo trasladaron a Jauja donde la familia retiró el cuerpo al día siguiente, para llevárselo a Lima. Fue enterrado en el viejo camposanto de Surco. Es un cementerio que está ahora en desuso, con viejas lápidas en ruinas y caminillos invadidos por la maleza. En torno a la tumba del Alférez, en la que sólo hay su nombre y la fecha de su muerte, ha crecido un matorral de hierba salvaje.

—¿Y también vio a Mayta cuando lo trajeron, Don Eugenio?

A Mayta, que no quitaba los ojos de los guardias aglomerados allá abajo, donde se había quedado Vallejos, le iba volviendo la respiración, la vida. Seguía en el suelo, apuntando al vacío con su metralleta atascada. Procuraba no pensar en Vallejos, en lo que podía haberle ocurrido, sino en recobrar las fuerzas, incorporarse y alcanzar a Perico Temoche. Tomando aire, se enderezó, y casi doblado en dos corrió, sin saber si le disparaban, sin saber dónde pisaba, hasta que tuvo que detenerse. Se tiró al suelo, con los ojos cerrados, esperando que las balas se incrustaran en su cuerpo. Vas a morir, Mayta, esto es estar muerto.

—¿Qué hacemos, qué hacemos? —balbuceó a su lado el josefino.

—Yo te cubro —jadeó, tratando de empuñar la metralleta y de apuntar.

—Estamos rodeados —gimió el muchacho—. Nos van a matar.

A través del sudor que le chorreaba de la frente, vio guardias en todo el derredor, algunos echados, otros acuclillados. Sus fusiles los encañonaban. Movían las bocas y alcanzaba a oír unos ruidos ininteligibles. Pero no necesitaba entender para saber que les gritaban: «¡Ríndanse! ¡Tiren las armas!» ¿Rendirse? De todas maneras los matarían; o los someterían a torturas. Con todas sus fuerzas apretó el gatillo, pero la metralleta seguía encasquillada. Forcejeó en vano unos segundos, oyendo a Perico Temoche gimotear.

—¡Tiren las armas! ¡Manos a la cabeza! —rugió una voz, muy cerca—. O están muertos.

—No llores, no les des ese gusto —dijo Mayta al josefino—. Anda, Perico, tira el fusil.

Lanzó lejos la metralleta e, imitado por Perico Temoche, se puso de pie con las manos en la cabeza.

—¡Cabo Lituma! —La voz parecía salir de un parlante—. Regístrelos. Al primer movimiento, me los quema.

—Sí, mi Teniente.

Figuras uniformadas y con fusiles se aproximaban corriendo de todos lados. Esperó, inmóvil —el cansancio y el frío crecían por segundos— que llegaran hasta él, convencido de que lo golpearían. Pero sólo sintió empujones mientras lo registraban de pies a cabeza. Le arrancaron el bolsón de la cintura, y, llamándolo «abigeo» y «ratero», le ordenaron que se quitara los cordones de las zapatillas. Con una soga le amarraron las manos a la espalda. Hacían lo mismo con Perico Temoche y oyó que el Cabo Lituma sermoneaba al muchacho, preguntándole si no le daba vergüenza convertirse en «abigeo» siendo apenas «un churre». ¿Abigeos? ¿Los creían ladrones de ganado? Le vinieron ganas de reírse de la estupidez de sus captores. En eso le dieron un culatazo en la espalda a la vez que le ordenaban moverse. Lo hizo, arrastrando los pies que bailoteaban dentro de sus zapatillas flojas. Estaba dejando de ser la máquina que había sido; volvía a pensar, a dudar, a recordar, a interrogarse. Sintió que temblaba. ¿No era preferible estar muerto que pasar los tragos amargos que tenía por delante? No, Mayta, no.

—La demora en regresar a Jauja no fue por los dos muertos —dice el Juez de Paz—. Fue por la plata. ¿Dónde estaba? Se volvían locos buscándola y no aparecía. Mayta, Zenón Gonzales y los josefinos juraban que iba en las acémilas, salvo los solcitos que le dieron a la señora Teofrasia Soto viuda de Almaraz por los animales y a Gertrudis Sapollacu por el almuerzo. Los guardias que capturaron al grupo de Condori juraban que en las acémilas no encontraron un cobre, sólo Máuseres, balas y unas ollas de comida. Se pasó mucho rato en los interrogatorios, tratando de averiguar qué era de la plata. Por eso llegamos a Jauja al amanecer.

Nosotros vamos a llegar también más tarde de lo previsto. Se nos han escurrido las horas en la glorieta de Quero y anochece rápidamente. La camioneta enciende los faros: del frondoso paisaje sólo diviso troncos pardos fugitivos y las piedras y piedrecillas brillosas por las que zangoloteamos. Vagamente pienso en el riesgo de una emboscada en una revuelta de la trocha, en el estallido de una mina, en llegar a Jauja después del toque de queda y ser apresados.

—¿Qué pasaría, pues, con el dinero del asalto? —se pregunta Don Eugenio, imparable ya en su evocación de aquellos hechos—. ¿Se lo repartirían los guardias?

Es otro de los enigmas que ha quedado flotando. En este caso, al menos, tengo una pista sólida. La abundancia de mentiras enturbia el asunto. ¿A cuánto ascendía lo que los insurrectos se llevaron de Jauja? Mi impresión es que los empleados de los Bancos abultaron las cifras y que los revolucionarios no supieron cuánto se estaban llevando, pues ni tuvieron tiempo de contar el botín. El dinero iba en unas bolsas, en las mulas. ¿Sabía alguien cuánto había en ellas? Probablemente, nadie. Probablemente, también, algunos de los captores vaciaron parte del dinero en sus bolsillos, por lo que la suma devuelta a los Bancos fue apenas de quince mil soles, mucho menos de lo que los rebeldes «expropiaron» y menos aún de lo que los bancos dijeron que les habían sustraído.

—Quizá es lo más triste del asunto —pienso en voz alta—. Que lo que había comenzado como una revolución, todo lo descabellada que se quiera, pero revolución al fin y al cabo, terminara en una disputa sobre cuánto se robaron y quién se quedó con lo robado.

—Cosas que tiene la vida —filosofa Don Eugenio.

Imaginó lo que dirían los periódicos de Lima, mañana, pasado y traspasado, lo que dirían los camaradas del POR y los del POR(T) y los adversarios del PC cuando leyeran las versiones exageradas, fantasiosas, sensacionalistas, amarillas, que darían los periódicos de lo ocurrido. Imaginó la sesión que el POR(T) dedicaría a sacar las enseñanzas revolucionarias del episodio y casi pudo oír, con las inflexiones y tonos de cada uno, a sus antiguos camaradas afirmando que la realidad había confirmado el análisis científico, marxista, trotskista, hecho por el Partido y justificado plenamente su desconfianza y su rechazo a participar en una aventura pequeño-burguesa abocada al fracaso. ¿Insinuaría alguno que esa desconfianza y ese rechazo habían contribuido al desastre? Ni se les pasaría por la cabeza. ¿Habría tenido otro resultado la rebelión si todos los cuadros del POR(T) participaban en ella de manera resuelta? Sí, pensó. Ellos habrían arrastrado a los mineros, al profesor Ubilluz, a la gente de Ricrán, todo hubiera estado mejor planeado y ejecutado y ahora mismo estarían rumbo a Aína, seguros. ¿Estabas siendo honesto, Mayta? ¿Tratabas de pensar con lucidez? No. Era muy pronto, todo estaba demasiado cerca. Con calma, cuando esto hubiera pasado, habría que analizar lo sucedido desde el principio, determinar con la cabeza fría si, concebida de otra manera, con la participación de los comprometidos y del POR(T), la rebelión habría tenido más suerte o si ello sólo hubiera servido para demorar la derrota y hacerla más sangrienta. Sintió tristeza y deseos de tener apoyada la cabeza de Anatolio contra su pecho, oír esa respiración pausada, armoniosa, casi musical, cuando, agotado, se dormía sobre su cuerpo. Se le escapó un suspiro y se dio cuenta que le castañeteaban los dientes. Sintió un culatazo en la espalda: «Apúrate». Cada vez que la imagen de Vallejos surgía en su conciencia, el frío se hacía irresistible y se esforzaba por expulsarla. No quería pensar en él, preguntarse si estaba prisionero, herido, muerto, si estarían golpeándolo o rematándolo, porque sabía que el abatimiento lo dejaría sin fuerzas para lo que se venía. Iba a necesitar valor, más del que era preciso para sobreponerse al viento crujiente que le azotaba la cara. ¿Dónde se habían llevado a Perico Temoche?

¿Dónde estaban los otros? ¿Habrían conseguido escapar algunos? Iba solo, en medio de una doble columna de guardias civiles. Lo miraban a veces de reojo, como a un bicho raro, y, olvidados de lo que acababa de ocurrir, se entretenían conversando, fumando, con las manos en los bolsillos, como quien regresa de un paseo. «Ya nunca más tendré soroche», pensó. Trató de reconocer el lugar, por el que habían tenido que venir de subida, pero ahora no llovía y el paisaje parecía otro: colores más contrastados, aristas menos filudas. El suelo estaba enfangado y perdía continuamente las zapatillas. Tenía que detenerse a calzárselas y, cada vez, el guardia que iba detrás, lo empujaba. ¿Te arrepentías, Mayta? ¿Habías actuado con precipitación? ¿Habías sido un irresponsable? No, no, no. Al contrario. A pesar del fracaso, los errores, las imprudencias, se enorgullecía. Por primera vez tenía la sensación de haber hecho algo que valía la pena, de haber empujado, aunque de manera infinitesimal, la revolución. No lo aplastaba, como otras veces al caer preso, la sensación del desperdicio. Habían fracasado, pero estaba hecha la prueba: cuatro hombres decididos y un puñado de escolares habían ocupado una ciudad, desarmado a las fuerzas del orden, expropiado dos Bancos, huido a las montañas. Era posible, lo habían demostrado. En adelante, la izquierda tendría que tener en cuenta el precedente: alguien, en el país, no se contentó con predicar la revolución sino intentó hacerla. «Ya sabes lo que es», pensó, a la vez que perdía una zapatilla. Mientras se la calzaba recibió un nuevo culatazo.

Despierto a Don Eugenio, que se ha quedado dormido a media ruta, y lo dejo en su casita de las afueras de Jauja, agradeciéndole su compañía y sus recuerdos. Voy luego al Albergue de Paca. Todavía está abierta la cocina y podría comer algo, pero me basta una cerveza. Salgo a tomarla a la pequeña terraza sobre la laguna. Se ven las aguas tersas y los matorrales de las orillas iluminados por la luna, que luce redonda y blanca en un cielo atestado de estrellas. En la noche se oyen en Paca toda clase de ruidos, el silbido del viento, el croar de las ranas, cantos de pájaros nocturnos. No hoy. Esta noche los animales callan. Los únicos clientes en el Albergue son dos agentes viajeros, vendedores de cerveza, a los que oigo conversar al otro lado de los cristales, en el comedor.

Éste es el fin del episodio central de aquella historia, su nudo dramático. No duró doce horas. Empezó al amanecer, con la toma de la cárcel y terminó antes del crepúsculo, con la muerte de Vallejos y Condori y la captura del resto. Los trajeron a la Comisaría de Jauja, donde los tuvieron una semana y luego los trasladaron a la cárcel de Huancayo, donde permanecieron un mes. Allí comenzaron a soltar discretamente a los josefinos, por disposición del Juez de Menores, quien los confiaba al cuidado de las familias, en una especie de residencia vigilada. El Juez de Paz de Quero retornó a su cargo, «limpio de polvo y paja», en efecto, a las tres semanas. Mayta y Zenón Gonzales fueron llevados a Lima, encerrados en el Sexto, luego en el Frontón y luego regresados al Sexto. Ambos fueron amnistiados —nunca llegó a realizarse el juicio—, años más tarde, al tomar posesión un nuevo Presidente del Perú. Zenón Gonzales dirige todavía la Cooperativa de Uchubamba, propietaria de la Hacienda Aína desde la Reforma Agraria de 1971, y pertenece al Partido Acción Popular del que ha sido dirigente en toda la zona.

Los primeros días, los periódicos se ocuparon mucho de los sucesos y dedicaron primeras planas, grandes titulares, editoriales y artículos, a lo que fue considerado un intento de insurrección comunista, debido al historial de Mayta. En *La Prensa* apareció una foto de él, irreconocible, detrás de los barrotes de un calabozo. Pero prácticamente a la semana dejó de hablarse del tema. Más tarde, cuando, inspirados por la Revolución Cubana, hubo en 1963, 1964, 1965 y 1966, brotes guerrilleros en la sierra y en la selva, ningún periódico recordó que el primer antecedente de esos intentos de levantar en armas al pueblo para establecer el socialismo en el Perú había sido ese episodio ínfimo, afantasmado por los años, en la provincia de Jauja, y nadie recuerda hoy a sus protagonistas.

Cuando me voy a dormir oigo, por fin, un ruido cadencioso. No, no son los pájaros nocturnos; es el viento, que hace chapalear contra la terraza del Albergue las aguas de la laguna de Paca. Esa suave música y el hermoso cielo estrellado de la noche jaujina sugieren un país apacible, de gentes reconciliadas y dichosas. Mienten, igual que una ficción.

X

La PRIMERA vez que vine a Lurigancho fue hace cinco años. Los presos del pabellón número dos me invitaron a la inauguración de una biblioteca, a la que alguno tuvo la idea de poner mi nombre, y acepté, movido por la curiosidad de comprobar si era cierto lo que había oído sobre la cárcel de Lima.

Para llegar hasta allí hay que pasar frente a la Plaza de Toros, atravesar el barrio de Zárate, y, después, pobres barriadas, y, por fin, muladares en los que se alimentan los chanchos de las llamadas «chancherías clandestinas». La pista pierde el asfalto y se llena de agujeros. En la húmeda mañana, entonces, medio borrados por la neblina, aparecen los pabellones de cemento, incoloros como los arenales del contorno. Incluso a gran distancia se advierte que las innumerables ventanas han perdido todos los vidrios, si alguna vez los tuvieron, y que la animación en los cuadraditos simétricos son caras, ojos, atisbando el exterior.

De esa primera visita recuerdo el hacinamiento, esos seis mil reclusos asfixiados en unos locales construidos para mil quinientos, la suciedad indescriptible y la atmósfera de violencia empozada, a punto para estallar con cualquier pretexto en refriegas y crímenes. En esa masa desindividualizada, que tenía más de horda o jauría que de colectividad humana, se encontraba entonces Mayta, ahora lo sé con seguridad. Pudiera ser que lo hubiera mirado y hasta cambiado una venia con él. ¿Estaría entonces en el pabellón número dos? ¿Asistiría a la inauguración de la biblioteca?

Los pabellones se alinean en dos hileras, los impares adelante y los pares atrás. Rompe la simetría un pabellón excéntrico, recostado contra las alambradas y muros occidentales, donde tienen aislados a los maricas. Los pabellones pares son de presos reincidentes o de delitos mayores, en tanto que ocupan los impares los primerizos, aún no condenados o que cumplen condenas leves. Lo que quiere decir que Mayta, en los últimos años, ha sido inquilino de un pabellón par. Los presos están barajados en los pabellones por los barrios de donde proceden: el Agustino, Villa El Salvador, La Victoria, El Porvenir. ¿En cuál catalogarían a Mayta?

El auto avanza despacio y me doy cuenta que desacelero a cada momento, de manera inconsciente, tratando de retardar lo más posible esta segunda visita a Lurigancho. ¿Me asusta la idea de enfrentarme por fin con el personaje sobre el que he estado investigando, interrogando a la gente, fantaseando y escribiendo hace un año? ¿O mi repugnancia a ese lugar es más fuerte aun que mi curiosidad por conocer a Mayta? Al terminar aquella primera visita pensé: «No es verdad que los reclusos vivan como animales: éstos tienen más espacio para moverse; las perreras, pollerías, establos, son más higiénicos que Lurigancho.»

Entre los pabellones corre el llamado, sarcásticamente, Jirón de la Unión, un pasadizo estrecho y atestado, casi a oscuras de día y en tinieblas de noche, donde se producen los choques más sangrientos entre las bandas y los matones del penal y donde los cafiches subastan a sus pupilos. Tengo muy presente lo que fue cruzar el pasadizo de pesadilla, entre esa fauna calamitosa y como sonámbula, de negros semidesnudos y cholos con tatuajes, mulatos de pelos intrincados, verdaderas selvas que les llovían hasta la cintura, y blancos alelados y barbudos, extranjeros de ojos azules y cicatrices, chinos escuálidos e indios en ovillos contra las paredes y locos que hablaban solos. Sé que Mayta regenta desde hace años un quiosco de alimentos y bebidas en el Jirón de la Unión. Por más que busco, en mi memoria no se delinea, en el bochornoso corredor, ningún puesto de venta. ¿Estaba tan turbado que no me di cuenta? ¿O el quiosco era una manta en el suelo donde Mayta, en cuclillas, ofrecía jugos, frutas, cigarrillos y gaseosas?

Para llegar al pabellón número dos tuve que circundar los pabellones impares y franquear dos alambradas. El director del penal, despidiéndome en la primera, me dijo que de allí en adelante seguía por mi cuenta y riesgo, pues los guardias republicanos no entran a ese sector ni nadie que tenga un arma de fuego. Apenas crucé la reja, una multitud se me vino encima, gesticulando, hablando todos a la vez. La delegación que me había invitado me rodeó y así avanzamos, yo en medio de la argolla, y, afuera, una muchedumbre de reos que, confundiéndome con alguna autoridad, exponían su caso, desvariaban, protestaban por abusos, vociferaban y exigían diligencias. Algunos se expresaban con coherencia pero la mayoría lo hacía de manera caótica. Noté a todos desasosegados, violentos, aturdidos. Mientras caminábamos, tenía, a la izquierda, la explicación de la sólida hediondez y las nubes de moscas: un basural de un metro de altura en el que debían haberse acumulado los desperdicios de la cárcel a lo largo de meses y años. Un reo desnudo dormía a pierna suelta entre las inmundicias. Era uno de los locos a los que se acostumbra distribuir en los pabellones de menos peligrosidad, es decir en los impares. Recuerdo haberme dicho, luego de aquella primera visita, que lo extraordinario no era que hubiera locos en Lurigancho, sino que hubiera tan pocos, que los seis mil reclusos no se hubieran vuelto, todos, dementes, en esa ignominia abyecta. ¿Y si, en estos años, Mayta se hubiera vuelto loco?

Volvió un par de veces más a la cárcel, después de pasar cuatro años preso por los sucesos de Jauja, la primera a los siete meses de haber sido amnistiado. Es sumamente difícil reconstruir su historia desde entonces —una historia policial y penal—, porque, a diferencia de aquel episodio, no hay casi documentación sobre los hechos en los que fue acusado de intervenir, ni testigos que quieran abrir la boca. Los sueltos periodísticos que he podido encontrar, en la hemeroteca de la Biblioteca Nacional, son tan escuetos que es prácticamente imposible saber qué papel jugó en esos asaltos de los que, al parecer, fue protagonista. Es también imposible deslindar si esas acciones fueron políticas o simples delitos comunes. Conociendo a Mayta, puede pensarse que es improbable que no fueran operaciones políticas, pero ¿qué quiere decir «conociendo a Mayta»? El Mayta sobre el que he investigado tenía unos cuarenta años. El de ahora más de sesenta. ¿Es el mismo?

¿En qué pabellón de Lurigancho habrá pasado estos últimos diez años? ¿El cuatro, el seis, el ocho? Todos ellos deben ser, más o menos, como el que conocí: recintos de techo bajo, de luz mortecina (cuando la electricidad no está cortada), fríos y húmedos, con unos ventanales de rejas herrumbradas y un socavón parecido a una cloaca, sin rastro de servicios higiénicos, donde la posesión de un espacio para tenderse a dormir, entre excrementos, bichos y desperdicios, es una guerra cotidiana. Durante la ceremonia de inauguración de la biblioteca —un cajón pintado, con un puñadito de libros de segunda mano— vi varios borrachos, tambaleándose. Cuando sirvieron, en unas latitas, una bebida para brindar, supe que se emborrachaban con chicha de yuca fermentada, fuertísima, fabricada en los propios pabellones. ¿Se emborracharía también con esa chicha, en momentos de depresión o de euforia, mi supuesto condiscípulo?

El episodio que regresó a Mayta a la cárcel, después de lo de Jauja, hace veintiún años, ocurrió en La Victoria, cerca de la calle que era la vergüenza del barrio, un hormiguero de prostitutas: el Jirón Huatica. Tres hampones, dice *La Crónica*, único diario que informó al respecto, capturaron un garaje donde funcionaba el taller de mecánica de Teodoro Ruiz Candia. Cuando éste llegó al lugar, a las ocho de la mañana, encontró que adentro lo esperaban tres sujetos con revólveres. Así cayó también prisionero el aprendiz Eliseno Carabías López. El objetivo de los asaltantes era el Banco Popular. Al fondo del garaje, una ventana se abría sobre un descampado al que daba la puerta falsa de esa agencia bancaria. A mediodía, una camioneta entraba al descampado y por la puerta falsa sacaban el dinero depositado en el Banco para llevarlo a la oficina central, o metían a la sucursal el dinero que les enviaba la matriz para sus transacciones. Hasta esa hora, permanecieron en el taller con sus dos prisioneros. Espiaban por la ventanita y fumaban. Se cubrían las caras pero tanto el dueño como el aprendiz aseguraron que uno de ellos era Mayta. Más: que él daba las órdenes.

Cuando se oyó un motor, saltaron por la ventana al descampado. En verdad, no hubo tiroteo. Los asaltantes tomaron de sorpresa al chofer y al guardia y los desarmaron, cuando los empleados del banco ya habían colocado en la camioneta una bolsa sellada con una recaudación de tres millones de soles. Luego de obligarlos a tenderse en el suelo, uno de los hampones abrió la puerta del descampado a la Avenida 28 de Julio y se trepó a la carrera a la camioneta del Banco en la que habían subido sus dos compañeros con el botín. Salieron acelerados. Por nerviosismo o torpeza del conductor, la camioneta embistió a un afilador de cuchillos y fue a estrellarse contra un taxi. Dio, según *La Crónica*, dos vueltas de campana antes de quedar patas arriba. Pero los ladrones consiguieron salir del vehículo y darse a la fuga. Mayta fue capturado horas después. La información no dice si el dinero fue recobrado ni he logrado averiguar si, más tarde, cayeron los otros dos cómplices.

No he conseguido saber tampoco si Mayta llegó a ser juzgado por el atraco. Un parte policial que rescaté de los archivos de la Comisaría de La Victoria repite, detalles más detalles menos, la información de *La Crónica* (la humedad ha deteriorado de tal modo el papel que es arduo descifrarlo). No hay rastro de instructiva judicial. En los expedientes del Ministerio de Justicia, donde se lleva la estadística de los reos y sus prontuarios, en el de Mayta el asunto figura confusamente. Hay una fecha —16 de abril de 1963— que debe ser el día en que fue pasado de la Comisaría a la cárcel, luego la indicación «Tentativa de asalto a entidad bancaria, con heridos y contusos, más secuestro, accidente de tránsito y embestida a peatón», y, finalmente, la mención del Juzgado a cargo del asunto. No hay más datos. Es posible que la instructiva se dilatara, el Juez se muriera o perdiera su puesto y todas las causas quedaran estancadas, o, simplemente, que el legajo se perdiera. ¿Cuántos años estuvo Mayta en Lurigancho por este suceso? Tampoco he podido saberlo. Está registrado su ingreso pero no su salida. Es una de las cosas que me gustaría preguntarle. Su rastro, en todo caso, se me pierde hasta hace diez años, cuando volvió a la cárcel. Esta vez sí fue debidamente juzgado y sentenciado a quince años por «extorsión, secuestro y atraco criminal resultante en pérdida de vida». Si las fechas del expediente son exactas, lleva poco menos de once años en Lurigancho.

He llegado, por fin. Me someto al trámite: registro de pies a cabeza por la guardia republicana y entrega de mis documentos que se quedarán en la Prevención hasta el fin de la visita. El Director ha indicado que me hagan pasar a su oficina. Un auxiliar de civil me lleva hasta aquí, luego de cruzar un patio, fuera de las alambradas, desde el que se domina el penal. Este sector es el más aseado y el menos promiscuo de la cárcel.

El despacho del Director está en el segundo piso de una construcción de cemento, fría y descascarada. Un cuartito donde hay, apenas, una mesa de metal y un par de sillas. Paredes totalmente desnudas; en el escritorio no se ve siquiera un lápiz o un papel. El Director no es el de hace cinco años sino un hombre más joven. Está informado sobre el motivo de mi visita y ordena que traigan aquí al reo con el que quiero conversar. Me prestará su oficina para la entrevista, pues éste es el único sitio donde estaré tranquilo. «Ya habrá visto que aquí en Lurigancho no hay donde moverse con la cantidad de gente.» Mientras esperamos, añade que las cosas nunca marchan bien, por más esfuerzos que se hagan. Ahora, los reclusos, alborotados, amenazan con una huelga de hambre porque, según ellos, se les quiere limitar las visitas. No hay nada de eso, me asegura. Simplemente, para controlar mejor a esas visitas que son las que introducen la droga, el alcohol y las armas, se ha dispuesto un día para las visitas mujeres y otro para los hombres. Así habrá menos gente cada vez y se podrá registrar con más cuidado a cada visitante. Si por lo menos se pudiera frenar el contrabando de cocaína, se ahorrarían muchas muertes. Porque es sobre todo por la pasta, por los pitos, que se agarran a chavetazos. Más que por el alcohol, la

315

plata o los maricas: por la droga. Pero, hasta ahora, ha sido imposible impedir que la metan. ¿Los guardianes y celadores no hacen también negocios con las drogas? Me mira, como diciéndome: «Para qué pregunta lo que sabe.»

—También eso es imposible de evitar. Por más controles que uno invente, siempre los burlan. Metiendo unos miligramos de pasta, una sola vez, cualquier guardia dobla su sueldo. ¿Sabe usted cuánto ganan ellos? Entonces, no hay que extrañarse. Se habla mucho del problema de Lurigancho. No hay tal. El problema es el país.

Lo dice sin amargura, como una evidencia que conviene tener presente. Parece empeñoso y bien intencionado. La verdad, no le envidio el puesto. Unos golpecitos en la puerta nos interrumpen.

—Lo dejo con el sujeto, entonces —me dice, yendo a abrir—. Tómese el tiempo que haga falta.

El personaje que entra en el despacho es un flaquito crespo y blancón, de barba rala, que tiembla de pies a cabeza, embutido en una casaca que le baila. Calza unas zapatillas rotosas y sus ojos asustadizos revolotean en las órbitas. ¿Por qué tiembla así? ¿Está enfermo o asustado? No atino a decir nada. ¿Cómo es posible que sea él? No se parece lo más mínimo al Mayta de las fotografías. Se diría veinte años menor que aquél.

—Yo quería hablar con Alejandro Mayta —balbuceo.

—Me llamo Alejandro Mayta —responde, con vocecita raquítica. Sus manos, su piel, hasta sus pelos parecen aquejados de desasosiego.

—¿El del asunto de Jauja, con el Alférez Vallejos? —vacilo.

—Ah, no, ése no —exclama, cayendo en cuenta—. Ése ya no está aquí.

Parece aliviado, como si haber sido traído a la Dirección entrañara algún peligro que se acaba de

316

disipar. Da media vuelta y toca fuerte, hasta que abren y aparece el Director, acompañado de dos hombres. Siempre azogado, el crespito explica que no es él a quien busco sino al otro Mayta. Se va de prisa, con sus zapatillas silentes, siempre vibrando.

—¿Usted lo ubica, Carrillo? —pregunta el Director a uno de sus acompañantes.

—Claro, claro —dice un gordo canoso, con el pelo cortado al rape y una barriga que le rebalsa el cinturón—. El otro Mayta. ¿No fue un poco político, ése?

—Sí —le digo—. Ése es el que busco.

—Lo perdió usted por puesta de manos —me aclara, de inmediato—. Salió el mes pasado.

Pienso que lo perdí y que nunca lo encontraré y que tal vez sea mejor. Acaso el encuentro con el Mayta de carne y hueso en lugar de ayudarme estropearía lo que llevo haciendo. ¿No saben adónde ha ido? ¿Nadie tiene alguna dirección donde ubicarlo? No la tienen ni sospechan su paradero. Le digo al Director que no se moleste en acompañarme. Pero Carrillo viene conmigo, y, mientras bajamos la escalera, le pregunto si recuerda bien a Mayta. Claro que lo recuerda; él lleva tanto tiempo aquí como el más viejo de los reclusos. Entró como simple chulillo y ahora es Sub-Director del penal. ¡Las cosas que habrán visto sus ojos!

—Un preso muy formal y tranquilo, no se metía nunca en líos —dice—. Concesionario de un puesto de alimentos en el pabellón cuatro. Tipo muy trabajador. Se las arregló para mantener a su familia mientras cumplía la condena. Se ha estado aquí por lo menos diez años, la última vez.

—¿Su familia?

—Mujer y tres o cuatro hijos —añade—. Ella venía a verlo cada semana. Me acuerdo muy bien del cholo Mayta. Caminaba pisando huevos ¿no?

Estamos cruzando el patio, entre las alambradas,

hacia la Prevención, cuando el Sub-Director se para.

—Espérese. Pudiera tener su dirección Arispe. Ha heredado el puestito de alimentos del pabellón cuatro. Creo que siguen siendo socios, incluso. Lo haré llamar y a lo mejor tiene suerte.

Carrillo y yo permanecemos en el patio, frente a las alambradas. Para llenar el tiempo, le pregunto sobre Lurigancho y él, igual que el Director, dice que aquí siempre surgen problemas. Porque aquí, sí señor, hay mala gente, tipos que parecen nacidos sólo para ensañarse hasta lo indescriptible con el prójimo. A lo lejos, rompiendo la simetría de los pabellones, está el recinto de los maricas. ¿Siguen encerrándolos ahí? Sí. Aunque no sirve de gran cosa, pese a las tapias y barrotes los reclusos se meten y los maricas se salen y el tráfico es más o menos el de siempre. De todos modos, desde que tienen pabellón propio, hay menos líos. Antes, cuando andaban mezclados con los otros, las peleas y asesinatos por ellos eran todavía peores. Recuerdo, de mi primera visita, una breve conversación con un médico del penal, sobre las violaciones de los recién llegados. «El caso más frecuente es el recto supurando, gangrenado, cancerizado.» Pregunto a Carrillo si siempre hay tantas violaciones. Él se ríe. «Es inevitable, con gente que anda tan aguantada ¿no cree? Tienen que desfogarse de alguna manera.» Llega por fin el preso que ha mandado llamar. Le explico por qué busco a Mayta, ¿sabe dónde podría ubicarlo?

Es un hombre de buen aspecto, vestido con relativa corrección. Me escucha sin hacerme ninguna pregunta. Pero lo veo dudar y estoy seguro que no me facilitará ninguna pista. Le pido entonces que la próxima vez que vea a Mayta le dé mi teléfono. Bruscamente, se decide:

—Trabaja en una heladería —me dice—. En Miraflores.

Es una pequeña heladería que existe hace muchos años, en la arbolada calle Bolognesi, que conozco muy bien, pues, de muchacho, vivía por allí una chica lindísima con nombre de jardín: Flora Flores. Estoy seguro que la heladería existía ya en ese tiempo y que alguna vez entramos allí con la bella Flora a tomar un barquillo de lúcuma. Un local pequeñito, un simple garaje o algo así, algo insólito en esa calle donde no hay tiendas sino las típicas casitas miraflorinas de los años cincuenta, de dos pisos, con sus jardines a la entrada y las inevitables matas de geranios, la buganvilia y la ponciana de flores rojas. Un nerviosismo incontrolable me gana cuando, al fin, doblo el Malecón y enfilo por Bolognesi. Sí, está exactamente donde recordaba, a pocos pasos de esa casa gris, con balcones, donde yo veía aparecer la carita dulce y los ojos incandescentes de Flora. Estaciono unos metros antes de la heladería y apenas puedo echar llave al auto por lo torpes que se me han puesto las manos.

No hay nadie en el local, que, en efecto, es pequeño, aunque moderno, con unas mesitas de hule floreado pegadas a la pared. La persona que atiende es Mayta. Está en mangas de camisa, algo más gordo, algo más viejo que en las fotos, pero lo hubiera reconocido al instante entre decenas de personas.

—Alejandro Mayta —le digo, alargándole la mano—. ¿No?

Me escudriña unos segundos y sonríe, abriendo una boca en la que faltan dientes. Pestañea, tratando de reconocerme. Al fin, renuncia.

—Lo siento, pero no caigo —dice—. Dudaba que fuese Santos, pero tú, usted, no es Santos ¿no?

—Lo busco hace tiempo —le digo, acodándome en el mostrador—. Le va a sorprender mucho, le advierto. Ahora mismo vengo de Lurigancho. El que me dijo cómo encontrarlo fue su socio del pabellón cuatro, Arispe.

Lo observo con cuidado, a ver cómo reacciona.

No parece sorprenderse ni inquietarse. Me mira con curiosidad, un resto de sonrisa perdida en la cara morena. Viste una camisita de tocuyo y le noto unas manos toscas, de tornero o labrador. Lo que más me llama la atención es su absurdo corte de pelo: lo han tijereteado a la mala, su cabeza es una especie de escobillón, algo risible. Me hace recordar mi primer año de París, de grandes aprietos económicos, en que con un amigo de la Escuela Berlitz, donde enseñábamos español, íbamos a cortarnos el pelo a una academia de peluqueros, cerca de la Bastilla. Los aprendices, unos niños, nos atendían gratis, pero nos dejaban la cabeza como se la han puesto a mi inventado condiscípulo. Me mira achicando los ojos oscuros y cansados —todo el rededor lleno de arrugas— con una naciente desconfianza titilando en las pupilas.

—Me he pasado un año investigando sobre usted, conversando con la gente que lo conoció —le digo—. Fantaseando y hasta soñando con usted. Porque he escrito una novela que, aunque de manera muy remota, tiene que ver con la historia esa de Jauja.

Me mira sin decir nada, ahora sí sorprendido, sin comprender, sin estar seguro de haber oído bien, ahora sí inquieto.

—Pero... —tartamudea—. Por qué se le ocurrió, cómo ha sido eso de...

—No sé por qué ni cómo, pero es lo que he estado haciendo todo este año —le digo, con precipitación, atemorizado de su temor, de que se niegue a seguir esta charla, a tener otra. Le aclaro—: En una novela siempre hay más mentiras que verdades, una novela no es nunca una historia fiel. Esa investigación, esas entrevistas, no eran para contar lo que pasó realmente en Jauja, sino, más bien, para mentir sabiendo sobre qué mentía.

Me doy cuenta de que, en vez de tranquilizarlo,

320

lo confundo y alarmo. Pestañea y se queda con la boca entreabierta, mudo.

—Ah, usted es el escritor —sale del paso—. Sí, ya lo reconocí. Hasta leí una de sus novelas, creo, hace años.

En eso entran tres muchachos sudorosos que vienen de hacer deporte, a juzgar por su indumentaria. Piden gaseosas y helados. Mientras Mayta los atiende, puedo observarlo, moviéndose entre los objetos de la heladería. Abre la nevera, los depósitos, llena los barquillos, destapa las botellas, alcanza los vasos con una desenvoltura y familiaridad que delatan buena práctica. Trato de imaginármelo en el pabellón cuatro de Lurigancho, sirviendo jugos de frutas, paquetes de galletas, tazas de café, vendiendo cigarrillos a los otros reos, cada mañana, cada tarde, a lo largo de diez años. Físicamente, no parece vencido; es un hombre fortachón, que lleva con dignidad sus sesenta y pico de años. Después de cobrar a los tres deportistas, vuelve a mi lado, con una sonrisa forzada.

—Caramba —murmura—. Esto sí que era lo último que se me hubiera ocurrido. ¿Una novela?

Y mueve la incrédula cabeza de derecha a izquierda, de izquierda a derecha.

—Por supuesto que no aparece su nombre verdadero —le aseguro—. Por supuesto que he cambiado fechas, lugares, personajes, que he enredado, añadido y quitado mil cosas. Además, inventé un Perú de apocalipsis, devastado por la guerra, el terrorismo y las intervenciones extranjeras. Por supuesto que nadie reconocerá nada y que todos creerán que es pura fantasía. He inventado también que fuimos compañeros de colegio, de la misma edad y amigos de toda la vida.

—Por supuesto —silabea él, escrutándome con incertidumbre, descifrándome a poquitos.

—Me gustaría conversar con usted —añado—.

Hacerle algunas preguntas, aclarar ciertas cosas. Sólo lo que usted quiera y pueda contarme, desde luego. Tengo muchos enigmas dándome vueltas en la cabeza. Además, esta conversación es mi último capítulo. No puede usted negármela, me dejaría la novela coja.

Me río y él también se ríe y oímos a los tres deportistas riéndose. Pero ellos se ríen de algún chiste que acaban de contarse. Y en eso entra una señora a pedir media libra de pistacho y chocolate mitad mitad, para llevar. Cuando termina de atenderla, Mayta vuelve a mi lado.

—Hace dos o tres años, unos muchachos de Vanguardia Revolucionaria fueron a verme a Lurigancho —dice—. Querían saber lo de Jauja, un testimonio escrito. Pero yo me negué.

—No es lo mismo —le digo—. Mi interés no es político, es literario, es decir...

—Sí, ya sé —me interrumpe, alzando una mano—. Bueno, le regalo una noche. No más, porque no tengo mucho tiempo, y, la verdad, no me gusta hablar de esos asuntos. ¿El martes próximo? Es la que me conviene, el miércoles sólo comienzo aquí a las once y puedo acostarme tarde la víspera. Los otros días salgo a las seis de mi casa, pues hasta aquí tengo tres ómnibus.

Quedamos en que vendré a buscarlo a la salida de su trabajo, después de las ocho. Cuando estoy yéndome, me llama:

—Tómese un helado, por cuenta de la casa. Para que vea qué buenos son. A ver si se hace cliente nuestro.

Antes de volver a Barranco, doy una pequeña caminata por el barrio, tratando de poner en orden mi cabeza. Voy a pararme un rato bajo los balcones de la casa donde vivió la bellísima Flora Flores. Tenía una melenita castaña, piernas largas y ojos aguamarina. Cuando llegaba a la pedregosa playa de Miraflores, con su ropa de baño negra y sus zapatillas blancas, la mañana se llenaba de luz, el sol calentaba más, las olas corrían más alegres. Recuerdo que se casó con un aviador y que éste se mató a los pocos meses, en un pico de la Cordillera, entre Lima y Tingo María, y que alguien me contó, años después, que Flora se había vuelto a casar y que vivía en Miami. Subo hasta la avenida Grau. En esta esquina había un barrio de muchachos con los que nosotros —los de Diego Ferré y Colón, en el otro confín de Miraflores— disputábamos intensos partidos de fulbito en el Club Terrazas, y recuerdo con qué ansiedad esperaba yo de niño esos partidos y la terrible frustración cuando me ponían de suplente. Al volver al auto, luego de una media hora, ya estoy algo recuperado del encuentro con Mayta.

El episodio por el que éste volvió a Lurigancho, por el que se ha pasado allá estos últimos diez años, está bien documentado en los diarios y en los archivos judiciales. Ocurrió en Magdalena Vieja, no lejos del Museo Antropológico, al amanecer de un día de enero de 1973. El administrador de la sucursal del Banco de Crédito de Pueblo Libre regaba su jardincito interior —lo hacía todas las mañanas, antes de vestirse— cuando tocaron el timbre. Pensó que el lechero pasaba más temprano que otras veces. En la puerta, cuatro tipos que tenían las caras cubiertas con pasamontañas lo encañonaron con pistolas. Fueron con él al cuarto de su esposa, a la que amarraron en la misma cama. Luego —parecían conocer el lugar— entraron al dormitorio de la única hija, una muchacha de diecinueve años, estudiante de Turismo. Esperaron que la chica se vistiera y advirtieron al señor que, si quería volver a verla, debía llevar cincuenta millones de soles en un maletín al Parque Los Garifos, en las cercanías del Estadio Nacional. Desaparecieron con la muchacha en un taxi que habían robado la víspera.

El señor Fuentes dio parte a la policía y, obedeciendo sus instrucciones, llevó un maletín abultado con papeles al Parque Los Garifos. En los alrededores había investigadores de civil. Nadie se le acercó y el señor Fuentes no recibió ningún aviso por tres días. Cuando él y su esposa estaban ya desesperados hubo una nueva llamada: los secuestradores sabían que había informado a la policía. Le daban una última oportunidad. Debía llevar el dinero a una esquina de la Avenida Aviación. El señor Fuentes explicó que no podía conseguir cincuenta millones, el Banco jamás le facilitaría semejante suma, pero que estaba dispuesto a darles todos sus ahorros, unos cinco millones. Los secuestradores insistieron: cincuenta o la matarían. El señor Fuentes se prestó dinero, firmó letras y llegó a juntar unos nueve millones que esa noche llevó adonde le habían indicado, esta vez sin alertar a la policía. Un auto sobreparó y el que estaba al lado del chofer cogió el maletín, sin decir palabra. La muchacha apareció horas después en casa de sus padres. Había tomado un taxi en la Avenida Colonial, donde la abandonaron sus captores después de tenerla tres días, con los ojos vendados y semianestesiada con cloroformo. Estaba tan perturbada que debieron internarla en el Hospital del Empleado. A los pocos días, se levantó del cuarto que compartía con una operada de apendicitis y, sin decir a ésta palabra, se arrojó al vacío.

El suicidio de la muchacha fue explotado por la prensa y excitó a la opinión pública. Pocos días después la policía anunció que había detenido al cabecilla de la banda —Mayta— y que sus cómplices estaban por caer. Según la policía, Mayta reconoció su culpabilidad y reveló todos los pormenores. Ni los cómplices ni el dinero aparecieron nunca. En el juicio, Mayta negó que hubiera intervenido en el rapto, ni siquiera sabido de él, e insistió en que la falsa confesión le había sido arrancada con torturas.

El proceso duró varios meses, al principio entre cierta alharaca de los diarios que pronto decayó. La sentencia fue de quince años de cárcel para Mayta, a quien el tribunal reconoció culpable de secuestro, extorsión criminal y homicidio indirecto, pese a sus protestas de inocencia. Que el día del secuestro estaba en Pacasmayo haciendo averiguaciones sobre un posible trabajo, como repetía, no pudo ser verificado. Fueron muy perjudiciales para él los testimonios de los Fuentes. Ambos aseguraron que su voz y su físico correspondían a uno de los tipos con pasamontañas. El defensor de Mayta, un oscuro picapleitos cuya actuación en todo el proceso fue torpe y desganada, apeló la sentencia. La Corte Suprema la confirmó un par de años después. Que Mayta fuera puesto en libertad al cumplir dos tercios de la pena corrobora, sin duda, lo que me ha dicho el señor Carrillo en Lurigancho: que su conducta durante estos diez años fue ejemplar.

El martes a las ocho de la noche, cuando paso a buscarlo a la heladería, Mayta me está esperando, con un maletín donde debe llevar la ropa que usa para el trabajo. Se acaba de lavar la cara y peinar esos pelos disparatados; unas gotitas de agua le corren por el cuello. Tiene una camisa azul a rayas, una casaca gris a cuadros, desteñida y con remiendos, un pantalón caqui arrugado y unos zapatos espesos, de esos que se usan para largas travesías. ¿Tiene hambre? ¿Vamos a algún restaurante? Me dice que nunca come de noche y que más bien busquemos un sitio tranquilo. Unos minutos después estamos en mi escritorio, frente a frente, tomando unas gaseosas. No ha querido cerveza ni nada alcohólico. Me dice que dejó de fumar y de beber hace años.

El comienzo de la charla es algo melancólico. Le pregunto por el Salesiano. Allí estudió ¿no es cierto? Sí. No ha vuelvo a ver a sus compañeros hace siglos y apenas sabe de alguno que otro, profesional, hombre de negocios, político, cuando aparece de pronto en los diarios. Y tampoco de los Padres, aunque, me cuenta, precisamente hace unos días se encontró en la calle con el Padre Luis. El que enseñaba a los párvulos. Viejecito viejecito, casi ciego, encorvado, arrastraba los pies ayudándose con un palo de escoba. Le dijo que salía a darse sus paseítos por la Avenida Brasil y que lo había reconocido, pero, sonríe Mayta, por supuesto que no tenía la menor idea de con quién hablaba. Debía ser centenario, o raspando.

Cuando le muestro los materiales que he reunido sobre él y la aventura de Jauja —recortes de periódicos, fotocopias de expedientes, fotografías, mapas con itinerarios, fichas sobre los protagonistas y testigos, cuadernos de notas y de entrevistas— lo veo husmear, ojear, manosear todo aquello con una expresión de estupor y embarazo. Varias veces se levanta para ir al baño. Tiene un problema en los riñones, me explica, y continuamente siente deseos de orinar, aunque la mayoría de las veces es falsa alarma y sólo orina gotitas.

—En los ómnibus, de mi casa a la heladería, es una vaina. Dos horas de viaje, ya le he dicho. Imposible aguantar, por más que orine antes de subir. A veces no tengo más remedio que mojar el pantalón, como las guaguas.

—¿Fueron muy duros esos años en Lurigancho? —le pregunto, estúpidamente.

Me mira desconcertado. Hay un silencio total allá afuera, en el Malecón de Barranco. No se oye ni la resaca.

—No es una vida de pachá —responde, al cabo de un rato, con una especie de vergüenza—. Cuesta al principio, más que nada. Pero uno se acostumbra a todo ¿no?

Por fin algo que coincide con el Mayta de los testimonios: ese pudor, la reticencia a hablar de sus

326

problemas personales, a revelar su intimidad. A lo que nunca se acostumbró fue a los guardias republicanos, admite de pronto. No había sabido lo que era odiar hasta que descubrió el sentimiento que inspiraban a los presos. Odio mezclado con terror pánico, por supuesto. Porque, cuando cruzan las alambradas para poner fin a una gresca o una huelga, lo hacen siempre disparando y golpeando, caiga quien caiga, justos y pecadores.

—Fue al fin del año pasado ¿no? —le digo—. Cuando hubo esa matanza.

—El 31 de diciembre —asiente—. Entraron un centenar, a hacerse las Navidades. Querían divertirse y, como decían, cobrar el aguinaldo. Estaban muy borrachos.

Fue a eso de las diez de la noche. Vaciaban sus armas desde las puertas y ventanas de los pabellones. Arrebataron a los presos todo el dinero, el licor, la marihuana, la cocaína, que había en el penal y hasta la madrugada estuvieron divirtiéndose, tiroteándolos, rajándolos a culatazos, haciéndolos ranear, pasar callejón oscuro, o rompiéndoles la cabeza y los dientes a patadas.

—La cifra oficial de muertos fue treinta y cinco —dice—. En realidad, mataron el doble o más. Los periódicos dijeron después que habían impedido un intento de fuga.

Hace un gesto de cansancio y su voz se vuelve murmullo. Los reos se echaban unos encima de otros, como en el rugby, formando montañas de cuerpos para protegerse. Pero no es ése su peor recuerdo de la cárcel. Sino, tal vez, los primeros meses, cuando era llevado de Lurigancho al Palacio de Justicia para la instructiva, en esos atestados furgones de paredes metálicas. Los presos tenían que ir en cuclillas y con la cabeza tocando el suelo, pues, al menor intento de levantarla y espiar afuera, eran salvajemente golpeados. Lo mismo al regresar: para subir al furgón, desde la carceleta, había que atravesar a toda carrera una doble valla de republicanos, escogiendo entre cubrirse la cabeza o los testículos, pues en todo el trayecto recibían palazos, puntapiés y escupitajos. Se queda pensativo —acaba de volver del baño— y añade, sin mirarme:

—Cuando leo que matan a uno de ellos, me alegro mucho.

Lo dice con un rencor súbito, profundo, que se evapora un instante después, cuando le pregunto por el otro Mayta, ese flaquito crespo que temblaba tan raro.

—Es un ladronzuelo que anda con la cabeza derretida ya de tanta pasta —dice—. No va a durar mucho.

Su voz y su expresión se dulcifican al hablar del quiosco de alimentos que administró con Arispe en el pabellón cuatro.

—Produjimos una verdadera revolución —me asegura, con orgullo—. Nos ganamos el respeto de todo el mundo. El agua se hervía para los jugos de fruta, para el café, para todo. Cubiertos, vasos y platos se lavaban antes y después de usarse. La higiene, lo primero. Una revolución, sí. Organizamos un sistema de cupones a crédito. Aunque no me lo crea, sólo una vez intentaron robarnos. Recibí un tajo aquí en la pierna, pero no pudieron llevarse nada. Incluso creamos una especie de Banco, porque muchos nos daban a guardar su plata.

Es evidente que, por alguna razón, le incomoda tremendamente hablar de lo que a mí me interesa: los sucesos de Jauja. Cada vez que trato de llevarlo hacia ellos, comienza a evocarlos y, muy pronto, de manera fatídica, desvía la charla hacia temas actuales. Por ejemplo, su familia. Me dice que se casó en el interregno de libertad entre sus dos últimos períodos en Lurigancho, pero que, en verdad, conoció a su mujer actual en la cárcel, la vez anterior. Ella venía a visitar a un hermano preso, quien se la presentó. Se escribieron y cuando él salió libre se casaron. Tienen cuatro hijos, tres hombres y una niña. Para su mujer fue muy duro que a él lo internaran de nuevo. Los primeros años, tuvo que romperse el alma para dar de comer a las criaturas, hasta que él pudo ayudarla gracias a la concesión del quiosco. Esos primeros años su mujer hacía tejidos y los vendía de casa en casa. Él procuraba también vender algo —las chompas tenían cierta demanda— allá en Lurigancho.

Mientras lo oigo, lo observo. Mi primera impresión de un hombre bien conservado, sano y fuerte, era falsa. No debe estar bien de salud. No sólo por ese problema en los riñones que a cada momento lo lleva al baño. Suda mucho y por instantes se congestiona, como si lo acosaran ráfagas de malestar. Se seca la frente con el pañuelo y, a ratos, víctima de un espasmo, se le corta el habla. ¿Se siente mal? ¿Quiere que suspendamos la entrevista? No, está perfectamente, sigamos.

—Me parece que no le gusta tocar el tema de Vallejos y de Jauja —le digo, de sopetón—. ¿Le molesta por el fracaso que significó? ¿Por las consecuencias que tuvo en su vida?

Niega con la cabeza, varias veces.

—Me molesta porque me doy cuenta que usted está mejor informado que yo —sonríe—. Sí, no es broma. Se me han olvidado muchas cosas y otras las tengo confusas. Quisiera echarle una mano y contarle. Pero, el problema es que ya no sé muy bien todo lo que pasó, ni cómo pasó. Hace mucho de todo eso, dése cuenta.

¿Habladuría, pose? No. Sus recuerdos son vacilantes, y, a menudo, errados. Debo rectificarlo a cada paso. Me asombra, porque, todo este año, obsesionado con el tema, suponía ingenuamente que el protagonista también lo estaba y que su memoria se-

329

guía escarbando en lo ocurrido en aquellas horas, un cuarto de siglo atrás. ¿Por qué hubiera sido así? Aquello fue para Mayta un episodio en una vida en la que, antes y después, hubo muchos otros, tanto o acaso más graves. Es normal que éstos desplazaran o empobrecieran a aquél.

—Hay un asunto, sobre todo, que me resulta incomprensible —le digo—. ¿Hubo traición? ¿Por qué desaparecieron los que estaban comprometidos? ¿Dio contraorden el Profesor Ubilluz? ¿Por qué lo hizo? ¿Por miedo? ¿Porque desconfiaba del proyecto? ¿O fue Vallejos, como asegura Ubilluz, quien adelantó el día de la insurrección?

Mayta reflexiona unos segundos, en silencio. Se encoge de hombros:

—Nunca estuvo claro y nunca lo estará —murmura—. Ese día, me pareció que era traición. Después, se volvió más enredado. Porque yo no supe de antemano la fecha prevista para el levantamiento. La fijaron sólo Vallejos y Ubilluz, por razones de seguridad. Éste ha dicho siempre que la fecha acordada era cuatro días después y que Vallejos la adelantó porque se enteró de que lo iban a transferir, debido a un incidente que tuvo con los apristas dos días antes.

Lo del incidente es cierto, está documentado en un periodiquito jaujino de la época. Hubo una manifestación aprista en la Plaza de Armas, para recibir a Haya de la Torre, quien pronunció un discurso desde el atrio de la Catedral. Vallejos, vestido de civil, el Chato Ubilluz y un pequeño grupo de amigos se apostaron en una esquina de la Plaza y al entrar el cortejo le lanzaron huevos podridos. Los búfalos apristas los corretearon, y, después de un conato de refriega, Vallejos, Ubilluz y sus amigos se refugiaron en la peluquería de Ezequiel. Esto es lo único probado. La tesis de Ubilluz y de otra gente, en Jauja, es que Vallejos fue reconocido por los apristas y que éstos hicieron una enérgica protesta por la participación del jefe de la cárcel, un oficial en servicio activo, contra un mitin político autorizado. A consecuencia de esto, habrían advertido a Vallejos que lo iban a transferir. Dicen que fue llamado de urgencia por su jefatura inmediata, la de Huancayo. Ello lo habría impulsado a adelantar cuatro días la rebelión, sin advertir a todos los otros comprometidos. Ubilluz asegura que él se enteró del suceso cuando el Alférez estaba ya muerto y los rebeldes detenidos.

—Antes me parecía que no era cierto, que se corrieron —dice Mayta—. Después, ya no supe. Porque en el Sexto, en el Frontón, en Lurigancho, fueron cayendo, meses o años después, algunos de los tipos que estuvieron comprometidos. Los encarcelaban por otros asuntos, sindicales o políticos. Todos juraban que el alzamiento los sorprendió, que Ubilluz los había citado para otro día, que jamás hubo repliegue o volteretazo. Para hablarle francamente, no lo sé. Sólo Vallejos y Ubilluz sabían la fecha acordada. ¿La adelantó? A mí no me lo dijo. Pero, no es imposible. Él era muy impulsivo, muy capaz de hacer una cosa así, aun corriendo el riesgo de quedarse solo. Lo que entonces llamábamos un voluntarista.

¿Está criticando al Alférez? No, es un comentario distanciado, neutral. Me cuenta que, aquella primera noche, cuando vino la familia de Vallejos a llevarse el cadáver, el padre se negó a saludarlo. Entró cuando a él lo interrogaban y Mayta le estiró la mano pero el señor no se la estrechó y más bien lo miró con ira y lágrimas, como responsabilizándolo de todo.

—No sé, pudo haber algo de eso —repite—. O, también, un malentendido. Es decir, que Vallejos estuviera seguro de un apoyo que, en realidad, no le habían prometido. En las reuniones a las que me llevaron, en Ricrán, donde Ubilluz, con los mineros, sí, se habló de la revolución, todos parecían de acuerdo. ¿Pero, ofrecieron realmente coger un fusil y venirse al monte el primer día? Yo no los oí decirlo. Para Vallejos era un sobreentendido, algo fuera de toda duda. A lo mejor sólo recibió vagas promesas, apoyo moral, la intención de ayudar desde lejos, siguiendo cada cual su vida corriente. O, tal vez, se comprometieron y, por miedo o porque el plan no los convenció, se echaron atrás. No puedo decírselo. La verdad, no lo sé.

Tamborilea con los dedos en el brazo del asiento. Sigue un largo silencio.

—¿Lamentó alguna vez haberse metido en esa aventura? —le pregunto—. Supongo que, en la cárcel, habrá pensado mucho, todos estos años, en lo que pasó.

—Arrepentirse es cosa de católicos. Yo dejé de serlo hace muchos años. Los revolucionarios no se arrepienten. Hacen su autocrítica, que es distinto. Yo hice la mía y se acabó. —Parece enojado. Pero, unos segundos después, sonríe—: No sabe usted qué raro me resulta hablar de política, recordar hechos políticos. Es como un fantasma que volviera, desde el fondo del tiempo, a mostrarme a los muertos y a cosas olvidadas.

¿Dejó de interesarse en la política sólo en estos últimos diez años? ¿En su prisión anterior? ¿O cuando estuvo preso por lo de Jauja? Queda en silencio, pensativo, tratando de aclarar sus recuerdos. ¿También se le ha olvidado?

—No me había puesto a pensar en eso hasta ahora —murmura, secándose la frente—. No fue una decisión mía, en realidad. Fue algo que ocurrió, algo que las circunstancias impusieron. Acuérdese que cuando me fui a Jauja, para el levantamiento, había roto con mis camaradas, con mi partido, con mi pasado. Me había quedado solo, políticamente hablando. Y mis nuevos camaradas sólo lo fueron unas horas. Vallejos murió, Condori murió, Zenón Gonzales

332

regresó a su comunidad, los josefinos volvieron al colegio. ¿Se da cuenta? No es que yo dejara la política. Ella me dejó a mí, más bien.

Lo dice de una manera que no le creo: a media voz, con los ojos huidizos, removiéndose en el asiento. Por primera vez en la noche, estoy seguro de que miente. ¿No volvió a ver nunca a sus antiguos amigos del POR(T)?

—Se portaron bien conmigo cuando estuve en la cárcel, después de lo de Jauja —exclama—. Iban a verme, me llevaban cigarrillos, se movieron mucho para que me incluyeran en la amnistía que dio el nuevo gobierno. Pero el POR(T) se deshizo al poco tiempo, por los sucesos de La Convención, de Hugo Blanco. Cuando salí de la cárcel el POR(T) y el POR a secas ya no existían. Habían surgido otros grupos trotskistas con gente venida de la Argentina. Yo no conocía a nadie y no estaba interesado ya en política.

Con las últimas palabras, se levanta a orinar.

Cuando regresa, veo que también se ha lavado la cara. ¿De veras no quiere que salgamos a comer algo? Me asegura que no, repite que no come nunca de noche. Quedamos un buen rato sumidos en cavilaciones propias, sin hablar. El silencio sigue siendo total esta noche en el Malecón de Barranco; sólo habrá en él silenciosas parejas de enamorados, protegidas por la oscuridad, y no los borrachines y marihuaneros que los viernes y sábados hacen siempre tanto escándalo. Le digo que, en mi novela, el personaje es un revolucionario de catacumbas, que se ha pasado media vida intrigando y peleando con otros grupúsculos tan insignificantes como el suyo, y que se lanza a la aventura de Jauja no tanto porque lo convenzan los planes de Vallejos —tal vez, íntimamente, es escéptico sobre las posibilidades de éxito— sino porque el Alférez le abre las puertas de la acción. La posibilidad de actuar de manera con-

creta, de producir en la realidad cambios verifica-
bles e inmediatos, lo encandila. Conocer a ese joven
impulsivo le descubre retroactivamente la inanidad
en que ha consistido su quehacer revolucionario. Por
eso se embarca en la insurrección, aun intuyendo
que es poco menos que un suicidio.

—¿Se reconoce algo en semejante personaje? —le
pregunto—. ¿O no tiene nada que ver con usted, con
las razones por las que siguió a Vallejos?

Se queda mirándome, pensativo, pestañeando,
sin saber qué contestar. Alza el vaso y bebe el resto
de la gaseosa. Su vacilación es su respuesta.

—Esas cosas parecen imposibles cuando fraca-
san —reflexiona—. Si tienen éxito, a todo el mundo
le parecen perfectas y bien planeadas. Por ejemplo,
la Revolución Cubana. ¿Cuántos desembarcaron con
Fidel en el Granma? Un puñadito. Tal vez menos de
los que éramos nosotros ese día en Jauja. A ellos les
salió y a nosotros no.

Se queda meditando, un momento.

—A mí nunca me pareció una locura, mucho menos un suicidio —afirma—. Estaba bien pensado. Si
destruíamos el puente de Molinos y retrasábamos a
los policías, hubiéramos cruzado la Cordillera. En la
bajada a la selva, ya no nos encontraban. Hubiéramos...

Se le apaga la voz. La falta de convicción con que
habla es tan visible que, se habrá dicho, no tiene sentido tratar de hacerme creer algo en lo que él tampoco cree. ¿En qué cree ahora mi supuesto ex-con-
discípulo? Allá, en el Salesiano, hace medio siglo,
creía ardientemente en Dios. Luego, cuando murió
Dios en su corazón, creyó con el mismo ardor en la
revolución, en Marx, en Lenin, en Trotski. Luego,
los sucesos de Jauja, o, acaso, antes, esos largos años
de insulsa militancia, debilitaron y mataron también
esa fe. ¿Qué otra la reemplazó? Ninguna. Por eso da
la impresión de un hombre vacío, sin emociones que

respalden lo que dice. Cuando empezó a asaltar Bancos y a secuestrar por un rescate ¿ya no podía creer en nada, salvo en conseguir dinero a como diera lugar? Algo, en mí, se resiste a aceptarlo. Sobre todo ahora, mientras lo observo, vestido con esos zapatos de caminante y esa ropa misérrima; sobre todo ahora que he visto cómo se gana la vida.

—Si usted quiere, no tocamos ese tema —lo alerto—. Pero tengo que decirle algo, Mayta. Me cuesta entender que, al salir de la cárcel, luego de lo de Jauja, se dedicara a asaltar Bancos y a secuestrar gente. ¿Podemos hablar de eso?

—No, de eso no —contesta inmediatamente, con cierta dureza. Pero se contradice, añadiendo—: No tuve nada que ver. Falsificaron pruebas, presentaron testigos falsos, los obligaron a declarar contra mí. Me condenaron porque hacía falta un culpable y yo tenía antecedentes. Mi condena es una mancha para la justicia.

Nuevamente se le corta la voz, como si en ese momento lo ganaran la desmoralización, la fatiga, la certidumbre de que es inútil tratar de disuadirme de algo que, por obra del tiempo, ha adquirido irreversible consistencia. ¿Dice la verdad? ¿Puede ser cierto que no fuera uno de los asaltantes de La Victoria, uno de los secuestradores de Pueblo Libre? Sé muy bien que en las cárceles del país hay gente inocente —acaso tanta como criminales afuera, gozando de consideración— y no es imposible que Mayta, con su prontuario, sirviera de chivo expiatorio a jueces y policías. Pero vislumbro, en el hombre que tengo al frente, tal estado de apatía, de abandono moral, tal vez de cinismo, que tampoco me resulta imposible imaginármelo cómplice de los peores delitos.

—El personaje de mi novela es maricón —le digo, después de un rato.

Levanta la cabeza como picado por una avispa. El disgusto le va torciendo la cara. Está sentado en un sillón bajito, de espaldar ancho, y ahora sí parece tener sesenta o más años. Lo veo estirar las piernas y frotarse las manos, tenso.

—¿Y por qué? —pregunta, al fin.

Me toma de sorpresa: ¿acaso lo sé? Pero improviso una explicación.

—Para acentuar su marginalidad, su condición de hombre lleno de contradicciones. También, para mostrar los prejuicios que existen sobre este asunto entre quienes, supuestamente, quieren liberar a la sociedad de sus taras. Bueno, tampoco sé con exactitud por qué lo es.

Su expresión de desagrado se acentúa. Lo veo alargar la mano, coger el vaso de agua que ha colocado sobre unos libros, manosearlo y, al advertir que está vacío, volverlo a su sitio.

—Nunca tuve prejuicios sobre nada —murmura, luego de un silencio—. Pero, sobre los maricas, creo que tengo. Después de haberlos visto. En el Sexto, en el Frontón. En Lurigancho es todavía peor.

Queda un rato pensativo. La mueca de disgusto se atenúa, sin desaparecer. No hay asomo de compasión en lo que dice:

—Depilándose las cejas, rizándose las pestañas con fósforos quemados, pintándose la boca, poniéndose faldas, inventándose pelucas, haciéndose explotar igualito que las putas por los cafiches. Cómo no tener vómitos. Parece mentira que el ser humano pueda rebajarse así. Mariquitas que le chupan el pájaro a cualquiera por un simple pucho... —Resopla, con la frente nuevamente llena de sudor. Agrega entre dientes—: Dicen que Mao fusiló a todos los que había en China. ¿Será cierto?

Se vuelve a levantar para ir al baño y mientras espero que vuelva, miro por la ventana. En el cielo casi siempre nublado de Lima, esta noche se ven las estrellas, algunas quietas y otras chispeando sobre la mancha negra que es el mar. Se me ocurre que

Mayta, allá en Lurigancho, en noches así, debía contemplar hipnotizado las estrellas lucientes, espectáculo limpio, sereno, decente: dramático contraste con la degradación violenta en que vivía.

Cuando regresa, dice que lamenta no haber viajado nunca al extranjero. Era su gran ilusión, cada vez que salía de la cárcel: irse, empezar en otro país, desde cero. Lo intentó por todos los medios, pero resultaba dificilísimo: por falta de dinero, de papeles en regla, o por ambas cosas. Una vez llegó hasta la frontera, en un ómnibus que iba a llevarlo a Venezuela, pero a él lo desembarcaron en la aduana del Ecuador, pues su pasaporte no estaba en regla.

—De todas maneras no pierdo las esperanzas de irme —gruñe—. Con tanta familia es más difícil. Pero es lo que me gustaría. Aquí no hay perspectiva de trabajo, de nada. No hay. Por donde uno mire, simplemente no hay. Así que no he perdido las esperanzas.

Pero sí las has perdido para el Perú, pienso. Total y definitivamente ¿no, Mayta? Tú que tanto creías, que tanto querías creer en un futuro para tu desdichado país. Echaste la esponja ¿no? Piensas, o actúas como si lo pensaras, que esto no cambiará nunca para mejor, sólo para peor. Más hambre, más odio, más opresión, más ignorancia, más brutalidad, más barbarie. También tú, como tantos otros, sólo piensas ahora en escapar antes que nos hundamos del todo.

—A Venezuela, o a México, donde también dicen que hay mucho trabajo, por el petróleo. Y hasta a los Estados Unidos, aunque no hable inglés. Eso es lo que me gustaría.

De nuevo se le va la voz, extenuada por la falta de convicción. A mí también se me va algo en ese instante: el interés por la charla. Sé que no voy a conseguir de mi falso condiscípulo nada más de lo que he conseguido hasta ahora: la deprimente com-

probación de que es un hombre destruido por el sufrimiento y el rencor, que ha perdido incluso los recuerdos. Alguien, en suma, esencialmente distinto
del Mayta de mi novela, ese optimista pertinaz, ese
hombre de fe, que ama la vida a pesar del horror y
las miserias que hay en ella. Me siento incómodo,
abusando de él, reteniéndolo aquí —es cerca de la
medianoche— para una conversación sin consistencia, previsible. Debe ser angustioso para él este es-
carbar recuerdos, este ir y venir de mi escritorio al
baño, una perturbación de su diaria rutina, que imagino monótona, animal.

—Lo estoy haciendo trasnochar demasiado —le
digo.

—La verdad es que me acuesto temprano —responde, con alivio, agradeciéndome con una sonrisa
que ponga punto final a la charla—. Aunque duermo muy poco, me bastan cuatro o cinco horas. De
muchacho, en cambio, era dormilón.

Nos levantamos, salimos, y, en la calle, pregunta
por dónde pasan los ómnibus al centro. Cuando le
digo que voy a llevarlo, murmura que basta con que
lo acerque un poco. En el Rímac puede tomar un
micro.

Casi no hay tráfico en la Vía Expresa. Una garúa
menudita empaña los cristales del auto. Hasta la Avenida Javier Prado intercambiamos frases inocuas, sobre la sequía del Sur y las inundaciones del Norte,
sobre los líos en la frontera. Cuando llegamos al
puente, susurra, con visible molestia, que tiene que
bajarse un ratito. Freno, se baja y orina al lado del
auto, escudándose en la puerta. Al volver, murmura
que en las noches, a causa de la humedad, el problema de los riñones se acentúa. ¿Ha ido donde el médico? ¿Sigue algún tratamiento? Está arreglando
primero lo de su seguro; ahora que lo tenga irá al
Hospital del Empleado a hacerse ver, aunque, parece, se trata de algo crónico, sin cura posible.

Estamos callados hasta la Plaza Grau. Allí, súbitamente —acabo de pasar a un vendedor de emoliente—, como si hablara otra persona, le oigo decir:

—Hubo dos asaltos, cierto. Antes de ese de La Victoria, ese por el que me encerraron. Lo que le dije es verdad: tampoco tuve nada que ver con el secuestro de Pueblo Libre. Ni siquiera estaba en Lima cuando ocurrió, sino en Pacasmayo, en un trapiche.

Se queda callado. No lo apresuro, no le pregunto nada. Voy muy despacio, esperando que se decida a continuar, temiendo que no lo haga. Me ha sorprendido la emoción de su voz, el aliento confidencial. Las calles del centro están oscuras y desiertas. El único ruido es el motor del auto.

—Fue al salir de la cárcel, después de lo de Jauja, después de esos cuatro años adentro —dice, mirando al frente—. ¿Se acuerda de lo que ocurría en el Valle de La Convención, allá en el Cusco? Hugo Blanco había organizado a los campesinos en sindicatos, dirigido varias tomas de tierras. Algo importante, muy diferente de todo lo que venía haciendo la izquierda. Había que apoyar, no permitir que les ocurriera lo que a nosotros en Jauja.

Freno ante un semáforo rojo, en la Avenida Abancay, y él también hace una pausa. Es como si la persona que está a mi lado fuera distinta de la que estuvo hace un rato en mi escritorio y distinta del Mayta de mi historia. Un tercer Mayta, dolido, lacerado, con la memoria intacta.

—Así que tratamos de apoyarlos, con fondos —susurra—. Planeamos dos expropiaciones. En ese momento era la mejor manera de poner el hombro.

No le pregunto con quiénes se puso de acuerdo para asaltar los Bancos; si sus antiguos camaradas del POR(T) o del otro POR, revolucionarios que conoció en la cárcel u otros. En esa época —comienzos de los sesenta— la idea de la acción directa impregnaba el aire y había innumerables jóvenes que, si no actuaban ya de ese modo, por lo menos hablaban día y noche de hacerlo. A Mayta no debió serle difícil conectarse con ellos, ilusionarlos, inducirlos a una acción santificada con el nombre absolutorio de expropiaciones. Lo ocurrido en Jauja debía haberle ganado cierto prestigio ante los grupos radicales. Tampoco le pregunto si él fue el cerebro de aquellos asaltos.

—El plan funcionó en los dos casos como un reloj —agrega—. Ni detenciones ni heridos. Lo hicimos en dos días consecutivos, en sitios distintos de Lima. Expropiamos... —Una breve vacilación, antes de la fórmula evasiva—: ...varios millones.

Queda en silencio otra vez. Noto que está profundamente concentrado, buscando las palabras adecuadas para lo que debe ser lo más difícil de contar. Estamos frente a la Plaza de Acho, mole de sombras difuminadas en la neblina. ¿Por dónde sigo? Sí, lo llevaré hasta su casa. Me señala la dirección de Zárate. Es una amarga paradoja que viva, ahora que está libre, en la zona de Lurigancho. La avenida, aquí, es una sucesión de huecos, charcos y basuras. El auto se estremece y da botes.

—Como estaba requetefichado, se acordó que yo no llevara el dinero al Cusco. Allá debíamos entregarlo a la gente de Hugo Blanco. Por una precaución elemental decidimos que yo fuera después, separado de los otros, por mi cuenta. Los camaradas partieron en dos grupos. Yo mismo los ayudé a partir. Uno en un camión de carga, otro en un auto alquilado.

Vuelve a callar y tose. Luego, con sequedad y un fondo de ironía, añade rápido:

—Y, en eso, me cayó la policía. No por las expropiaciones. Por el asalto de La Victoria. En el que yo no había estado, del que yo no sabía nada. Vaya casualidad, pensé. Vaya coincidencia. Qué bien, pensé.

Tiene su lado positivo. Los distrae, los va a enredar. Ya no me vincularían para nada con las expropiaciones. Pero no, no era una coincidencia...

De golpe, ya sé lo que me va a contar, he adivinado con toda precisión adónde culminará su relato.

—No lo entendí completamente hasta años después. Quizá porque no quería entenderlo. —Bosteza, con la cara congestionada, y mastica algo—. Incluso, vi un día en Lurigancho un volante a mimeógrafo, sacado por no sé qué grupo fantasma, atacándome. Me acusaban de ladrón, decían que me había robado no sé cuánto dinero del asalto al Banco de La Victoria. No le di importancia, creí que era una de esas vilezas normales en la vida política. Cuando salí de Lurigancho, absuelto por lo de La Victoria, habían pasado dieciocho meses. Me puse a buscar a los camaradas de las expropiaciones. Por qué, en todo ese tiempo, no me habían hecho llegar un solo mensaje, por qué no habían tomado contacto conmigo. Por fin encontré a uno de ellos. Entonces, hablamos.

Sonríe, entreabriendo la boca de dientes incompletos. Ha cesado la llovizna y en el cono de luz de los faros del auto hay tierra, piedras, desperdicios, perfiles de casas pobres.

—¿Le contó que el dinero no llegó nunca a manos de Hugo Blanco? —le pregunto.

—Me juró que él se había opuesto, que él trató de convencer a los otros que no hicieran una chanchada así —dice Mayta—. Me contó montones de mentiras y echó a los demás la culpa de todo. Él había pedido que me consultaran lo que iban a hacer. Según él, los otros no quisieron. «Mayta es un fanático», dice que le dijeron. «No entendería, es demasiado recto para estas cosas.» Entre las mentiras que me contó, se reconocían algunas verdades.

Suspira y me ruega que pare. Mientras lo veo, al lado de la puerta, desabotonándose y abotonándose

la bragueta, me pregunto si el Mayta que me sirvió
de modelo podría ser llamado fanático, si el de mi
historia lo es. Sí, sin duda, los dos lo son. Aunque,
tal vez, no de la misma manera.

—Es verdad, yo no hubiera entendido —dice, suavemente, cuando vuelve a mi lado—. Es verdad. Yo
les hubiera dicho: la plata de la revolución quema
las manos. ¿No se dan cuenta que si se quedan con
ella dejan de ser revolucionarios y se convierten en
ladrones?

Vuelve a suspirar, hondo. Voy muy despacio, por
una avenida en tinieblas, a cuyas orillas hay a veces
familias enteras durmiendo a la intemperie, tapadas
con periódicos. Perros escuálidos salen a ladrarnos,
los ojos encandilados por los faros.

—Yo no los hubiera dejado, por supuesto —repite—. Por eso me denunciaron, por eso me implica-
ron en el asalto de La Victoria. Sabían que yo, antes que dejarlos, les hubiera pegado un tiro. Mataron
dos pájaros, delatándome. Se libraron de mí y la
policía encontró un culpable. Ellos sabían que yo no
iba a denunciar a unos camaradas a los que creía
arriesgando la vida para llevar a Hugo Blanco el pro-
ducto de las expropiaciones. Cuando, en los interrogatorios, me di cuenta de qué me acusaban, dije:
«Perfecto, no se la huelen». Y, durante un tiempo,
los estuve hueveando. Creía que era una buena coartada.

Se ríe, despacito, con la cara seria. Queda en silencio y se me ocurre que no dirá nada más. No
necesito que lo diga, tampoco. Si es cierto, ahora sé
qué lo ha destruido, ahora sé por qué es el fantasma que tengo a mi lado. No el fracaso de Jauja, ni
todos esos años de cárcel, ni siquiera purgar culpas
ajenas. Sino, seguramente, descubrir que las expropiaciones fueron atracos; descubrir que, según su
propia filosofía, había actuado «objetivamente» como
un delincuente común. ¿O, más bien, haber sido un

342

ingenuo y un tonto ante camaradas que tenían menos años de militancia y menos prisiones que él? ¿Fue eso lo que lo desengañó de la revolución, lo que hizo de él este simulacro de sí mismo?

—Durante un tiempo, pensé buscarlos, uno por uno, y tomarles cuentas —dice.

—Como en *El conde de Montecristo* —lo interrumpo—. ¿Leyó alguna vez esa novela?

Pero Mayta no me escucha.

—Después, la rabia y el odio también se me fueron —prosigue—. Si quiere, digamos que los perdoné. Porque, hasta donde supe, a todos les fue tan mal o peor que a mí. Menos a uno, que llegó a diputado.

Se ríe, con una risita ácida, antes de enmudecer. No es cierto que los hayas perdonado, pienso. Tampoco te has perdonado a ti mismo por lo que ocurrió. ¿Debo pedirle nombres, precisiones, tratar de sonsacarle algo más? Pero la confesión que me ha hecho es excepcional, una debilidad de la que tal vez se arrepienta. Pienso en lo que debió ser rumiar, entre las alambradas y el cemento de Lurigancho, la burla de que fue objeto. Pero ¿y si esto que me ha contado es exageración, pura mentira? ¿No será todo una farsa premeditada para exculparse de un prontuario que lo avergüenza? Lo miro de soslayo. Está bostezando y desperezándose, como con frío. A la altura de la bifurcación a Lurigancho, me indica que siga derecho. Termina el asfalto de la avenida; ésta se prolonga en una huella de tierra que se pierde en el descampado.

—Un poco más allá está el pueblo joven donde vivo —dice—. Camino hasta aquí a tomar el ómnibus. ¿Se acordará y podrá regresar, ahora que me deje?

Le aseguro que sí. Quisiera preguntarle cuánto gana en la heladería, qué parte de su sueldo se le va en ómnibus y cómo distribuye lo que le queda. También, si ha intentado conseguir algún otro trabajo y si quisiera que le eche una mano, haciendo alguna gestión. Pero todas las preguntas se me mueren en la garganta.

—En una época se decía que en la selva había perspectivas —le oigo decir—. Estuve dándole vueltas a eso, también. Ya que lo del extranjero era difícil, tal vez irme a Pucallpa, a Iquitos. Decían que había madereras, petróleo, posibilidades de trabajo. Pero era cuento. Las cosas en la selva andan igual que aquí. En este pueblo joven hay gente que ha regresado de Pucallpa. Es lo mismo. Sólo los traficantes de coca tienen trabajo.

Ahora sí, estamos terminando el descampado y, en la oscuridad, se vislumbra una aglomeración de sombras chatas y entrecortadas: las casitas. De adobes, calaminas, palos y esteras, dan, todas, la impresión de haberse quedado a medio hacer, interrumpidas cuando empezaban a tomar forma. No hay asfalto ni veredas, no hay luz eléctrica y no debe haber tampoco agua ni desagüe.

—Nunca había llegado hasta aquí —le digo—. Qué grande es esto.

—Allá, a la izquierda, se ven las luces de Lurigancho —dice Mayta, mientras me guía por los vericuetos de la barriada—. Mi mujer fue una de las fundadoras de este pueblo joven. Hace ocho años. Unas doscientas familias lo crearon. Se vinieron de noche, por grupos, sin ser vistas. Trabajaron hasta el amanecer, clavando palos, tirando cordeles, y, a la mañana siguiente, cuando llegaron los guardias, ya el barrio existía. No hubo manera de sacarlas.

—O sea que, al salir de Lurigancho, usted no conocía su casa —le pregunto.

Me dice que no con la cabeza. Y me cuenta que, el día que salió, después de casi once años, se vino solito, caminando a través del descampado que acabamos de cruzar, apartando a pedradas a los perros que querían morderlo. Al llegar a las primeras casitas empezó a preguntar: «¿Dónde vive la señora Mayta?» Y así fue que se presentó a su hogar y le dio la sorpresa a su familia.

Estamos frente a su casa, la tengo presa en el cono de luz de los faros del auto. La fachada es de ladrillo y la pared lateral también, pero el techo no ha sido vaciado aún, es una calamina sin asegurar, a la que impiden moverse unos montoncitos de piedra, enfilados cada cierto trecho. La puerta, un tablón, está sujeta a la pared con clavos y pitas.

—Estamos luchando por el agua —dice Mayta—. Es el gran problema aquí. Y, por supuesto, la basura. ¿Seguro que podrá usted llegar hasta la avenida?

Le aseguro que sí y le digo que, si no le importa, luego de algún tiempo, lo buscaré para que conversemos y me cuente algo más sobre la historia de Jauja. Acaso le vuelvan a la memoria otros detalles. Él asiente y nos despedimos con un apretón de manos.

No tengo dificultad en salir nuevamente al afirmado que va hacia Zárate. Lo hago despacio, deteniéndome a observar la pobreza, la fealdad, el abandono, la desesperanza que transpira este pueblo joven cuyo nombre ignoro. No hay nadie en la calle, ni siquiera un animal. Por todas partes se acumulan, en efecto, altos de basura. La gente, imagino, se limita a arrojarla desde las casas, resignada, a sabiendas de que no hay nada que hacer, de que ningún camión municipal vendrá a recogerla, sin ánimos para ponerse de acuerdo con otros vecinos e ir a arrojarla más allá, al descampado, o enterrarla o quemarla. También habrán bajado los brazos y echado la esponja. Imagino lo que la plena luz del día mostrará, pululando, en estas pirámides de inmundicias acumuladas frente a las casuchas, en medio de las cuales deben corretear los niños del vecindario: las moscas, las cucarachas, las ratas, las innumerables alimañas. Pienso en las epidemias, en los hedores, en las muertes precoces.

Estoy pensando en las basuras de la barriada de Mayta todavía cuando diviso, a mi izquierda, la mole de Lurigancho y recuerdo al reo loco y desnudo, durmiendo en el inmenso muladar, frente a los pabellones impares. Y poco después, cuando acabo de cruzar Zárate y la Plaza de Acho y estoy en la Avenida Abancay, en la recta que me llevará hacia la Vía Expresa, San Isidro, Miraflores y Barranco, anticipo los malecones del barrio donde tengo la suerte de vivir, y el muladar que uno descubre —lo veré mañana, cuando salga a correr— si estira el pescuezo y atisba por el bordillo del acantilado, los basurales en que se han convertido esas laderas que miran al mar. Y recuerdo, entonces, que hace un año comencé a fabular esta historia mencionando, como la termino, las basuras que van invadiendo los barrios de la capital del Perú.

ÍNDICE

PROBLEMA: LOS ANDES

→ UN PAIS DIVIDIDO
POR UNA MURALLA

⟹ PROBLEMA DE AMÉRICA
LATINA SEGÚN
ANDERSON

LA FICCIÓN: PARA SUPLIR
LOS OLVIDOS DE LA
HISTORIA

LA CRÍTICA: PARA REVELAR LOS
ASPECTOS HISTÓRICOS
(CONTEXTUALES) DENTRO DE LA
FICCIÓN

HISTORIA/FICCIÓN/CRÍTICA: AFÁN
DE RESOLVER LAS CONTRADICCIONES
DE LOS HECHOS
(COSMOGRAFÍA)

Impreso en el mes de noviembre, 1984
en Romanyà/Valls,
Verdaguer, 1
Capellades
(Barcelona)